AHMED HULÛSİ

DUA VE ZİKİR

KAPAK HAKKINDA

Ön kapak zeminindeki siyah renk karanlığı ve bilgisizliği, üzerindeki harflerin beyaz rengi ise aydınlığı ve bilgiyi temsil eder.

Kapakta yer alan amblem, Kûfi hat sanatı ile yazılmış olan "Lâ ilâhe illâ Allâh; Muhammed Rasûlullâh" cümlesidir ve bu "tanrılık kavramı yoktur, yalnızca Allâh adıyla işaret edilen vardır; Muhammed (AleyhisSelâm) bu anlayışın Rasûlü'dür" anlamını taşır.

Amblemin ön kapakta ve her şeyin üzerinde yer alması, Ahmed Hulûsi'nin bu anlayışı tüm eserlerinde ve hayatı boyunca her anlamda baş tacı yapmış olmasının sembolik ifadesidir.

Karanlıktan aydınlığa açılan Kelime-i Tevhid penceresinden Allâh Rasûlü'nün nûrunu temsil eden yeşil renkte yansıyan ışık, Ahmed Hulûsi'nin kaleminden, işaret ettiği konuda aydınlanmayı amaçlayan "kitap isminde" beyaz renkte somutlaşmıştır.

Allâh Rasûlü'nün nûruyla yayılan bilginin, onu değerlendirebilenlere sağladığı aydınlanma da kitap içeriğinin özetlendiği arka kapak zeminindeki beyaz renk ile ifade edilmiştir.

Tüm eserlerimiz gibi, bu kitabın da telif hakkı yoktur.

Ayrıca bu kitap ASLA PARAYLA SATILMAZ. Ancak bastıranın hediyesi olarak dağıtılabilir. Allâh, bu kitabı bastırıp dağıtanların ve basımda karşılıksız emeği geçenlerin âhirete geçmişlerine ve yaşayanlarına rahmet eylesin.

Bu kitap orijinaline sadık kalmak kaydıyla herkes tarafından basılabilir, çoğaltılabilir, yayımlanabilir ve tercüme edilebilir.

ALLÂH ilminin karşılığı alınmaz.

AHMED HULÛSİ

DUA VE ZİKİR

AHMED HULÛSİ

Yayın ve Dağıtım: KİTSAN

ISBN: 978-975-7557-27-7

1. Baskı: Mayıs 1991
40. Baskı: Şubat 2011

Yayın Yönetmeni: Cenân Özderici
Kapak Tasarımı: Serdar Okan
Grafik Tasarım: Öznur Erman
Dizgi: Semanur Gürleyik

Film, Baskı ve Cilt: Bilnet Matbaacılık
Biltur Basım Yayın ve Hizmet A.Ş.
Dudullu Organize Sanayi Bölgesi 1.Cad.
No:16 Ümraniye / İSTANBUL
Tel: +90 216 444 44 03
info@bilnet.net.tr

KİTSAN KİTAP BASIM YAYIN DAĞITIM LTD. ŞTİ.
Divanyolu Cad. Ticarethane Sok. Tevfikkuşoğlu İşhanı
No:41/3, 34400 Cağaloğlu - İstanbul
Tel: 0212 5136769, Faks: 0212 5115144
www.kitsan.com

AHMED HULÛSİ

DUA VE ZİKİR

www.ahmedhulusi.org

"Dua müminin silahıdır."
                    Hz. Muhammed (s.a.v.)

"Soru ilmin yarısıdır."
                    Hz. Muhammed (s.a.v.)

"İnsanı gerçeği görmekten alıkoyan en büyük engel ÖNYARGILI yaklaşımıdır."
                    Ahmed Hulûsi

Orijinali:

Okunuşu:
Lâ ilâhe illAllâh

Anlamı:
Tanrı yoktur, sadece ALLÂH vardır.

İngilizcesi:
There is no GOD, only ALLAH.

SUNU

Bak Dostum;

Bil ki, bu kitap, sana hayatında verilen en değerli şeylerden biridir!..

Bu kitap, sana Rabbinin seslenişi; sana açtığı özel kapıdır!.. Kim olursan ol; işin, meşgalen ne olursa olsun; hangi dinden olursan ol; bil ki Rabbin seni beklemektedir ve kapısı sana açıktır!..

Sorma, Rabbimin kapısı nerede diye; sende "O" kapı; gönlünde!.. Senden sana açılan bir kapının ardında!..

Bu kapı, **DUA ve ZİKİR** kapısıdır!.. Gönlünden Rabbine açılan kapıdır!..

Rabbine yöneliş ve **HÂCET** kapısıdır!..

Gökte ve **ötende** sandığın **TANRI**'nı terk et; **sonsuz-sınırsız ALLÂH'a yönel;** O'nun, her noktada ve zerrede mevcut olduğunu fark et; ve **O'nu GÖNLÜNDE** bulmaya çalış!

Sonra iste O'ndan, ne istersen!.. Eşini, işini, aşını; ister Mevlânı, ister şifanı!

Bil ki seni, her isteğine ve her arzuna kavuşturacak tek şey **DUA ve ZİKİR**'dir...

◆ ◆ ◆

Bil ki dostum; her zerrede tüm özellikleriyle mevcut olan ve kendinden gayrının varlığı asla söz konusu olmayan **ALLÂH, SENDEN SANA İCABET EDECEKTİR!..**

SEN, bilesin ki, yeryüzünde **"HALİFETULLÂH"**sın!..

ALLÂH'ın **HALİFESİ** olarak sana, **gönlüne, BEYNİNE** bahşedilmiş yüce güçlerden haberin var mı?..

DUA ile, ZİKİR ile, o muhteşem BEYNİN ile, kendindeki mekanizmayı harekete geçirebileceğinden haberin var mı?..

"EN GÜÇLÜ SİLAH" olarak sana bağışlanmış DUA mekanizmasını biliyor musun?..

Fakir, garîp, nice kişiler DUA ve ZİKİR ile nice ZÂLİM SULTANLARI helâk ettiler!

Nice yoksullar, büyük zenginliklere hep DUA ve ZİKİR ile eriştiler!..

Nice dertli, sıkıntılı, hastalıklı, ezâ, çile çekenler kurtuluşu, selâmeti hep DUA ve ZİKİR'de buldular!..

Bil ki dostum;

SENDE, dünyanın en güçlü silahı olan DUA ve ZİKİR cihazı mevcuttur... BEYNİNDEKİ, GÖNLÜNDEKİ bu en güçlü silahı kullanmasını öğrenerek; bu yaşadığın dünyanın ve ölüm ötesi yaşamın tüm güzelliklerine erişebilirsin!.. Ya da, DUA ve ZİKİR mekanizmasını kullanmaz, paslandırıp, bir kenara terk edersin ki bunun cezasını da sonsuza dek çekersin!..

Sana, karşılıksız, bedava verilmiş bir mekanizmadır bu! Hibedir!..

DUA ve ZİKİR için kimseye muhtaç değilsin ve kimseyi aracı koymak zorunda da değilsin! İster, bu kitaptan yararlan; ister gönlünden geldiği gibi yönel!.. Ama kesinlikle, kendindeki, bu dünyanın en kıymetli cihazı olan DUA ve ZİKİR cihazını kullanmasını öğren...

Göreceksin dünyan nasıl güzelleşecek.

AHMED HULÛSİ

Bu kitabımı, dünyada çok sevdiğim insan olan annem ADALET'e, babam AHMET EKREM'e ithaf ediyorum. Allâh hepsine rahmet eylesin indînden... Ruhlarına Fâtiha'yı esirgemeyin.

İÇİNDEKİLER

1. Giriş 21
2. Niçin "DUA"? 25
3. "Dua"nın Şekli 29
4. "Dua"nın Yeri 37
5. "Dua"nın Zamanı 39
6. Dua ve Kader 41
7. ZİKİR Hakkında 45
8. Zikir Niçin Çok Önemli? 51
9. Özel ve Genel Zikirler 59
10. Çok Zikreden Deli mi Olur? 65
11. Zikir Tenhada mı Yapılmalıdır? 69
12. Zikirde Niye Arapça Kelimeler Kullanılır? 71
13. Kur'ân-ı Kerîm Nasıl Anlaşılır? 75
14. İSTİĞFAR Hakkında 83
15. Niçin ve Neden İstiğfar? 89
16. Seyyîdül İstiğfar 91

17. Gizli ŞİRK Hakkında ...99

18. En Büyük Zikir: Kur'ân-ı Kerîm ...101

19. ÂYET'EL KÜRSÎ ...105

20. ÂMENER RASÛLÜ ...109

21. VEMEN YETEKILLÂHE ...115

22. YÂSİYN Sûresi ...117

23. FETH Sûresi ...129

24. VÂKI'A Sûresi ...141

25. MÜLK Sûresi (Tebâreke) ...151

26. NEBE' Sûresi (Amme) ...159

27. 'ALAK Sûresi (96. Sûre: 1-5. âyetler) ...163

28. İNŞİRAH Sûresi ...165

29. Bazı Kısa Sûrelerin Faziletleri Hakkında ...167

30. ZİLZÂL Sûresi (Zelzele) ...169

31. FELAK ve NÂS Sûreleri ...177

32. Kur'ân-ı Kerîm'den Örnek Dualar ...181

33. Rasûlullâh'a Salâvatlar ...199

34. Rasûlullâh AleyhisSelâm'dan Üç Açıklama ...211

35. Tespih Bahsi 213

36. İsm-i Â'zâm Bahsi 225

37. Allâh'ın İsimleri ve Mânâları 231

38. ESMÂ ÜL HÜSNÂ 233

39. Özel Zikir Önerilerimiz 261

40. Tespih Namazı 277

41. Rasûlullâh'ın Öğrettiği Çok Özel Dualar 279

42. Özel Bir 19'lu Hâcet Duası 289

43. Hâcet (İhtiyaç) Namazı 293

44. İstihare Namazı 297

45. Belâlardan Muhafaza 301

46. Büyük Hâcet Duası 309

47. Rızkın Artması ve Borçlar için Dualar 313

48. Çok Faydalı Bazı Dualar 315

49. Bazı Namaz Sûreleri ve Duaları 319

50. Veda 327

Rabbi inniy messeniyeş şeytanu Bi nusbin ve azâb; Rabbi eûzü BiKE min hemezâtiş şeyâtıyn ve eûzü BiKE Rabbi en yahdurûn. Ve hıfzan min külli şeytanin mârid.

(38.Sâd: 41 – 23.Mu'minûn: 97-98 – 37.Sâffât: 7)

Eûzü BiVechillâhil Keriym, ve kelimâtillâhit tâmmâtilletiy lâ yücâvizhünne berrun velâ fâcirun, min şerri mâ yenzilu minesSemâi ve mâ ya'rucu fiyhâ, ve min şerri mâ zerae fil ardı ve mâ yahrucu minhâ, ve min fitenilLeyli venNehâri, ve min şerri külli târikın illâ târikan yatruku bihayrin, yâ Rahmân!

(Açıklama için bakınız sayfa 315-316)

1

♦

GİRİŞ

1965 yılında, ilk kitabımız olan **"Manevî İbadetler Rehberi"**ni çıkartmıştık...
O gün için, kitap piyasasında, bu konuda çok büyük bir boşluk vardı. Son derece yetersiz dua kitapları arasında iken böyle bir eserin yayınlanması şart olmuştu. Biz de elimizden geldiğince, az fakat öz bir dua kitabını, tamamen klasik anlayışa uygun bir biçimde hazırlayıp, değerli müslüman kardeşlerimizin hizmetine vermiştik.

Aradan geçen uzun yıllar içinde pek çok sayıda baskı yapan bu kitabın Türkiye'ye ne kadar yayılmış olduğunu bilemiyorum ama o kadar çok kişinin elinde-evinde bulunduğunu görüp duyuyorum ki bunun şükrünü edâda âciz kalırım...

♦ ♦ ♦

"Çocukluğumda babam, bir dua kitabı ile döndü eve...
"REHBERİ İBADÂT'İL MANEVİYYE (Manevî İbadetler

◆ GİRİŞ

Rehberi)"... **Ben de annem kadar hevesli ve meraklı olduğum için kitabı okuyup, güncel sıkıntılarım doğrultusunda değerlendirmeye çalıştım. Örneğin hâcet için, imanımı güçlendirmek için... Ve çok yararlarını gördüm kesinlikle. Evlenirken, babam bir tane de bana aldı aynı kitaptan; ve hâlâ okumaya devam ediyorum..."**

Şimdi kocaman çocukları olduğunu belirten bir okuyucumun mektubundan bir paragraf arz ettim yukarıda sizlere...

Evet, Elhamdülillâh, nesillere ulaşan klasik kitap hüviyetini kazanmış oldu bu ilk kitabımız.

Oysa, aradan geçen yıllar içinde, gerek araştırmalarımız sonucu ve gerekse İlham-ı Rabbanî ile daha birçok formüllere ulaştık... Ve istedik ki, bu yararlı bilgileri olabildiğince çok müslüman kardeşlerimiz ile paylaşalım.

Ayrıca, öyle bir "**DUA ve ZİKİR**" kitabı olsun ki bu iki konuda pek çok sorunun cevabını, yetişmekte olan nesillerin ilmine ve anlayışına göre açıklasın...

İlk kitabımızı, gençliğin verdiği tecrübesizlikle, bir naşirin inhisârına bırakmıştık, telif hakkını vermemiz yüzünden... Oysa bu defa, Allâh'ın inayetiyle, bu eserimizi tüm müslüman kardeşlerimize hibe ediyoruz. Bu kitabımızın telif hakkı yoktur! Para için yazılmamıştır. Herkes; orijinaline sâdık kalmak suretiyle bu kitaptan yararlanabilir ve çevresindekileri yararlandırabilir, kitabı konuya ilgi duyan dostlarına hediye edebilir. Bize de bir "**Allâh razı olsun**" deyip; "**Üç İhlâs, bir Fâtiha**" gönderirse ne âlâ...

"**Bir hayra vesile olan, o hayrı yapmış gibidir**" buyurmuş **Rasûlümüz Muhammed Mustafa** AleyhisSelâm Efendimiz.

Niyaz ederim; Allâh bizleri ömür boyu hayra vesile kılsın; şerre âlet olmaktan, yarın çok pişmanlık duyacağımız fiiller or-

GİRİŞ ◆

taya koymaktan muhafaza buyursun.

Allâh, cümlemize, bu kitabı en güzel şekilde değerlendirmeyi nasip etsin ve elimizdeki değerin kıymetini idrak ettirsin.

2

♦

NİÇİN "DUA"?

"**DUA MÜMİNİN SİLAHIDIR**" diyor **Rasûlullâh Muhammed** Mustafa AleyhisSelâm... Ve gene, şöyle başka bir açıklama getiriyor "**DUA**" konusuna:
"**DUA İBADETİN ÖZÜDÜR.**"
Bu hadîs-î şerîf'in hemen arkasından şu âyeti kerîmeyi hatırlayalım: "**BEN CİNNİ VE İNSİ YALNIZCA (ESMÂ ÖZELLİKLERİMİ AÇIĞA ÇIKARMAK SURETIYLE) KULLUK ETMELERİ İÇİN YARATTIM!**" (51.Zariyat: 56)
En basit anlamıyla kulluk, dua ve zikirdir!
En geniş anlamıyla kulluk, birimin varoluş gayesinin gereğini yerine getirmesidir...
— Peki, biz dua ettiğimiz zaman, kabul olur mu?..
"**Eğer kulum, bana ellerini kaldırır da dua ederse, ben o elleri boş olarak geri çevirmekten hayâ ederim.**" Evet, bu bir hadîs-î kudsî...

◆ NİÇİN "DUA"?

Bu konudaki bir başka hadîs-î kudsî de şöyle:

"Ey Âdemoğlu, dua senden, icabet benden; istiğfar senden, bağışlamak benden; tövbe senden, kabul etmek benden; şükür senden, fazlasıyla vermek benden; sabır senden, yardım benden... Ne istedin ki benden sana vermedim..."

İşte yukarıdaki hadîs-î kudsî'yi destekleyen bir âyeti kerîme: **"BANA DUA EDİN, SİZE İCABET EDEYİM!"** (40. Mu'min: 60)

Bu konuya açıklık getiren diğer bir hadîs-î kudsî ise şöyle: **"Ben, kulumun zannı üzereyim. Artık dilediği gibi düşünsün!.."** Yani siz dua ederken, o duanızın kesinlikle kabul göreceğini düşünürseniz, biliniz ki mutlaka isteğiniz meydana gelecektir!

Nitekim, bu açıdan olaya bakıldığı içindir ki, önde gelen evliyaullâhdan **İmamı Rabbanî Ahmed Faruk Serhendî** şöyle demiştir: **"Bir şeyi istemek, ona nail olmak demektir. Zira Allâhû Teâlâ kabul etmeyeceği duayı kuluna ettirmez."**

Esasen dua etmek söz konusu olduğunda, bir şey isteyeceğimizde, hemen şu âyeti kerîmeyi hatırlamamız gerekmektedir: **"RABB-ÜL ÂLEMÎN OLAN ALLÂH DİLEMEDİKÇE, SİZ DİLEYEMEZSİNİZ."** (81.Tekviyr: 29)

Yani, sizde ortaya çıkan bu istek, gerçekte Allâh istemiş olduğu için sizde ortaya çıkmaktadır! Eğer, Allâh istememiş olsaydı, siz dahi o şeyi isteyemezdiniz.

En kolay, en ucuz -yani bedava- ve en tesirli şey **DUA**'dır... İşte bu yüzdendir ki, **DUA** için, **"Müminin silahıdır"** buyurulmuştur.

"DUA" nasıl silah olur?..

Bunu anlayabilmek için, tasavvufun derinliklerine inmek

NİÇİN "DUA"? ◆

gereklidir...

İnsan, gerçeği itibarıyla, Allâh'ın Zâtî sıfatlarıyla yaratılmış, **O'nun varlığı ile kaîm ve daim** varlıktır...

Allâh'ın **"HAYY"** ismiyle işaret edilen şekilde **HAYAT** sıfatıyla vardır; yaşar.

Allâh'ın **"ALÎYM"** ismiyle işaret edilen şekilde, **İLİM** sıfatıyla bilgi, ilim sahibidir, yaşamına yön verir...

Allâh'ın **"MÜRÎYD"** ismiyle işaret edilen şekilde, **İRADE** sıfatıyla isteklerini tahakkuk ettirmeye yönelir... Dolayısıyladır ki insan, kendi varlığında mevcut olan bu isimlerin mânâlarını ortaya çıkartabildiği ölçüde, takdir edilen nispette, arzularına nail, korktuğundan emin olur.

◆ ◆ ◆

DUA nedir?..

Ötedeki bir tanrıdan talep mi?..

Özünde ve varlığının her boyut ve zerresinde kendisiyle kaîm olduğun Allâh'ın gücünün ortaya çıkmasını talep mi?..

DUA, insanın varlığındaki ilâhî gücün ortaya çıkartılması tekniğinden başka bir şey değildir!..

Bu yüzdendir ki; insan, tam bir konsantrasyon ile **DUA** edebildiği anda, pek çok imkânsızmış gibi görünen şeyin gerçekleştiğini fark edebilir.

Bu yüzdendir ki, insanın en güçlü silahı **DUA**'dır.

DUA mekanizmasından en büyük verimi almak istiyorsak, özellikle ve öncelikle şekli, yeri ve zamanı konusunda bazı hususlara önem vermek zorundayız.

3

◆

"DUA"NIN ŞEKLİ

DUA ederken bazı hareketler oldukça önemlidir...
Dua ederken, kollar koltuk altı görülecek bir şekilde yana açılıp, eller yüze paralel bir şekilde öne uzatılmalıdır. Takriben yüzden otuz santimetre mesafede parmak aralıkları hafif açık olan ellerin, parmaklardan çıkan ışınların, alından çıkan ışınlarla ilerde bir birleşim yapacak şekilde yönlendirilmesi son derece faydalıdır.

Bakın bu konuda Hazreti **Rasûl** AleyhisSelâm ne buyuruyor:
"Herhangi bir kul, koltuğunun altı görülecek şekilde ellerini kaldırır ve Allâh'tan bir dilekte bulunursa; acele etmediği takdirde kesinlikle duasına icabet edilir..."

— Acele nasıl olur yâ Rasûlullâh?..

— **Dua ettim ettim, kabul olmadı, der** (de vazgeçer)... İşte bu yanlıştır; olana kadar ısrar etmek gerekir.

Ellerden parmak uçlarından yayılan dalgalarla, beyinden

◆ "DUA"NIN ŞEKLİ

"**yönlendirilen**" dalgalar[1] bir noktada birleşerek lazer ışını gibi etki ederek belli hususların oluşmasında son derece önemli rol oynarlar.

Burada fark edileceği gibi, **DUA**'nın oluşmasını sağlayan ana güç, insana dışarıdan gelmeyip; tamamıyla, insanın varlığında mevcut olan Allâh isimlerinin manevî gücünden ortaya çıkmaktadır.

Kısacası **DUA**, kişinin kendindeki ilâhî güçler eşliğinde isteklerini gerçekleştirme faaliyetidir. Ve elbette ki bunun bir tekniği ve bilimsel açıklaması vardır.

DUA esas itibarıyla, beynin "**yönlendirilmiş dalgalarıdır.**"

Evrenin oluşumu, Allâh tasavvurunun, ilim boyutunun enerjiye ve kuantsal yapıya dönüşümüyle meydana geldiği gibi; insanın bütün istek ve arzuları dahi, bilincin ilim boyutundan kaynaklanan istek ve arzularının beyinin yönlendirilmiş dalgalarıyla yoğunlaştırılması suretiyle meydana gelir.

Bu sebepledir ki, konsantrasyon ne derece güçlü olursa, **DUA**'ya icabet de o derece süratli olur... Bunun için denmiştir, "**Mazlumun duası yerde kalmaz; âh alan felâh bulmaz!**"

Zira, o "**âh**" eden kişi, öyle bir sıkıntıyla, öyle bir konsantrasyonla, menfi beyin dalgalarını o kişiye yöneltir ki, o yayın okundan kurtulmak asla mümkün olmaz.

Dedesinde çıkmasa, torununda çıkar o "**âh**"ın neticesi!.. Nasıl mı, çok basit!

Dedenin aldığı "**âh**" dalgaları, onun genetik düzenini öyle bir etkiler ki; neticesi kendisinde ortaya çıkmasa bile, çocuğunda veya torununda genetik intikâl dolayısıyla ortaya çıkar ve dedesinin cezasına maruz kalır. İşte bu yüzden denmiştir; "**Dedesi erik çalmış, torunun dişi kamaşmış**" diye...

Evet, eller ileri kollar açık dua demiştik... Efendimiz böyle

---
(1) Yönlendirilmiş dalgalar konusunun detaylarını "İNSAN VE SIRLARI" isimli kitabımızda bulabilirsiniz.

"DUA"NIN ŞEKLİ ◆

yapmış... Çölde yaralı bir hâlde kendilerini bulan, yaralarını temizleyen, onları iyileştiren kimseleri öldürüp kaçanlar için Hazreti **Rasûlullâh** (s.a.v.) ayakta, elleri yukarıda tarif ettiğimiz biçimde açık olarak ashab ile beraber dua etmiş ve kaçan kişiler çok kısa süre içinde bulunarak yaptıklarının karşılığını almışlardır.

Ayakta, eller tarif ettiğimiz biçimde avuç içleri yüze, kollar ileriye dönük olarak parmak uçları aracılığıyla **"yönlendirilmiş"** dalgalar şeklinde yapılan **DUA** gibi, ayrıca, **SECDE** hâlinde yapılan **DUA** da son derece etkilidir.

Özellikle, gece yarısından sonra, yani Güneş'in bulunduğunuz yerin tam arkasında olduğu ve güneş radyasyonunun en asgariye indiği saatlerde **SECDE** hâlinde yapılan **DUA** son derece etkilidir. Şayet kılınan hâcet namazının; veya herhangi bir namazın son secdesinde bu **DUA** yapılırsa, tesir gücü bir hayli daha fazla olur...

Namazın, yani gece kılınan bir namazın son secdesinde, çeşitli kusurlarını itiraf edip, onlardan bağışlanma dilendikten sonra **DUA** edilirse; ve istenen şeyin mahiyetine göre, birkaç gün üst üste veya günaşırı bir şekilde bu çalışmaya devam edilirse; takdiri ilâhî, o şeyin oluşmasına mutlaka cevap verir... Çünkü; o **DUA**'nın ısrarla devamına müsaade olunması, o duaya icabet edileceğinin de göstergesidir. Zira, Allâh, kabul etmeyeceği **DUA**'ya ısrarla devam şansı tanımaz.

Kişi, bir konudaki **DUA**'sında ısrarlı değilse, o **DUA**'nın yerine gelme şansı da son derece düşüktür.

SECDE hâlinde yapılan **DUA**, hele kusurların itirafından sonra olursa, son derece güçlüdür demiştik. Niçin?

SECDE hâlinde, bedendeki kan yoğun bir biçimde başa, beyne akmakta, oksijen ve diğer enerji kaynakları tarafından

♦ "DUA"NIN ŞEKLİ

beyin son derece mükemmel şekilde beslenmektedir. Bu sebeple de çok güçlü dalgalar yayabilmektedir.

Ayrıca gene secde hâlinde yapılan kusurları itiraf fiiliyle çok güçlü bir konsantrasyon ve yönelim meydana gelmekte, bu da arzulanan şey doğrultusunda güçlü dalgalar yayılmasına vesile olmaktadır.

DUA'yı güçlendiren ve gerçekleştiren en önemli faktör ise **DUA** anında, kişinin şuurunun **VEHİM** tasarrufundan uzak kalmasıdır. Ve bu hâl de, **secde** yani, **benlik kavramının kalktığı** bir hâldir. Nitekim bu konuda bizi uyaran Hazreti **Rasûl** (s.a.v.), "**şeksiz şüphesiz, kabul olacağından emin olunarak**" **DUA** edilmesini tavsiye etmiştir.

DUA'nın tesirini kesen en önemli güç, gene kişinin kendisinde bulunan **VEHİM-VESVESE** kuvvesidir...

Kişide, **VEHİM-VESVESE** ne derece gerilemiş ise, **DUA**'sı o derece keskin ve süratli bir şekilde gerçekleşir.

Allâh'a yakîn elde etmiş kişilerin **DUA**'sının kabulündeki en önemli etkenlerden biri de, o kişilerdeki **VEHİM-VESVESENİN** oldukça düşük olmasıdır. Ayrıca, bu kişilerin, yaptıkları çalışma ve lütfu ilâhî sonucu olarak, çeşitli ilâhî güçlerin yapılarında ortaya çıkması da, elbette ki **DUA**'larının süratle gerçekleşmesinde önemli bir faktördür.

Ayrıca, **DUA** konusunda, **ŞEYTAN** vasfıyla bilinen **CİNLER**'in insana çok yanlış fikirler telkini de söz konusudur; ki bu da insanı bu çok etkili silahı kullanmaktan mahrum bırakır. Tam içinizden **DUA** etmek gelmişken, **ŞEYTAN** ismiyle, **şeytaniyet** vasıfları dolayısıyla lakaplanmış olan **CİNLER**, hemen bir vesvese verirler... Örneğin:

"**Aman canım niye dua edeyim, nasıl olsa kaderde varsa olur...**"
"**DUA etsem de etmesem de iş olacağına varır, ne diye DUA**

edeyim?.."
Ve, böylelikle siz, **DUA** etmekten vazgeçip; en güçlü **SİLAH** olan **DUA**'dan mahrum kalırsınız. **DUA**'dan mahrum kalmak, **DUA** etmemek suretiyle de nelerden mahrum kaldığınızı asla hayal bile edemezsiniz. İşte bu yüzdendir ki, Hazreti **Rasûlullâh** AleyhisSelâm bakın bize neler tavsiye ediyor:

"**Nalınınızın tasmasına, koyununuzun otuna kadar her şeyi Allâh'tan isteyiniz.**"

"**Allâh'ın fazlı kereminden isteyiniz, çünkü istenilmesinden hoşlanır...**"

"**Şüphesiz ki Allâh, ısrarla DUA eden kullarını çok sever.**"

"**Hassas olduğunuz saatlerde DUA etmeyi ganimet biliniz... Çünkü bu hâl rahmet saatinin hâlidir.**"

Bu son yazmış olduğum hadîs-î şerîf'te işaret edilen mânâ şudur: Hassas olduğunuz demek, tamamıyla bir konuya konsantre olmaktan ileri gelen bir biçimde, son derece duygusal olma anlamı taşır. İşte bu an, kişinin tamamıyla **ALLÂH**'a, net bir biçimde yönelmesi, anlamını taşır ve bu yöneliş, beynin tümüyle tek bir gayeye yönelik biçimde, kendisindeki ilâhî güçlerin ortaya konulması sonucunu doğurur.

DUA'nın gerçekleşmesinde en önemli faktör, kişinin kendisini aradan çıkartarak; dilinde **DUA**'yı okuyan, beyninde o talebi oluşturan olarak **HAKK**'ın kalmasıdır... Bu takdirde; "**BİR İŞİN OLMASINI DİLERSE "OL" DER VE OLUR!**" (2.Bakara: 117)

DUA'da daha önce de belirtildiği gibi en önemli yardımcı faktörlerden biri de istenilen şey hususunda ısrarlı olmaktır. Herhangi bir konuda bir iki defa dua edip arkasını bırakmak son derece yanlıştır. **DUA** edilecek konuda mutlaka ısrarlı olunmalı ve istenilen şeyin olabildiğince ölüm ötesi hayatımıza dönük ve

♦ "DUA"NIN ŞEKLİ

yararlı olmasına özellikle dikkat edilmelidir. Zira, yanlış bir istek ile kendi kendimizi büyük ölçüde yaralamış olabiliriz. Elektriği, çok yararlı şekilde kullanabildiğimiz gibi, kendimizi yaralamak ve hatta öldürmek içinde yanlış bir şekilde kullanmak mümkündür.

DUA, varlığındaki, benliğindeki, **NEFS**'indeki **ALLÂH**'a **AİT GÜÇ** ile **tahakkuk** yoludur, demiştik. Öyleyse, bu silahı ne derece bilinçli olarak ve yerinde kullanma imkânına sahip olursak, o derece düşmanlarımızdan korunabilir; isteklerimizi gerçekleştirebilir; ve dahi **ALLÂH**'a **yakîn** elde edebiliriz.

"**İNSAN ve SIRLARI**" isimli kitabımızda; **DUA**'nın beyin gücüne dayandığından, zira, beynin ilâhî güçle teçhiz edilmiş, donatılmış bir yapı olduğundan bahsetmiş ve bunun sisteminden söz ederek; gerekirse, insanın beyin dalgalarıyla silahları dahi geçersiz kılabileceğini yazmıştık 1984 yılında...

Bakın Rus bilim insanı Profesör. Dr. Kaznatcheev beyni nasıl değerlendiriyor 11 Haziran 1991 tarihli Sabah Gazetesi'nin 8. sayfasında... Yayımlanan şu haberi dikkatle okuyalım:

"**GELECEĞİN SAVAŞLARI TELEPATİK OLACAK!**"

Rusya'nın ünlü bilim adamı Vlail Kaznatcheev, insan beyninin telepati yoluyla savaşları etkileyebileceğini belirtti. Prof. Kaznatcheev, dâhilerin çalıştığı, Novossibirsk Akademisi bünyesinde kurulan özel bir laboratuvarda çalışmalarını sürdürüyor.

MOSKOVA-Rusya Bilimler Akademisi'nin en saygın üyelerinden biri olan Profesör Vlail Kaznatcheev insan beyninin, bedenin bulunduğu noktanın çok uzağında yer alan, insanlar, düşünceler ve elektronik donanımlar üzerinde etkili olabileceğini belirtti.

Birçok kişi tarafından deli saçması olarak nitelendirilen bu görüşü ispat etmek için yoğun bir çalışmaya giren **Kaznatcheev**,

"DUA"NIN ŞEKLİ ◆

ülkesi Rusya'da büyük ilgi görüyor. Kendisine **Rusya** dâhilerinin yetiştirildiği **Novossibirsk Akademisi** bünyesinde her türlü donanıma sahip bir laboratuvar ve araştırmalarında yardımcı olacak asistanlar tahsis eden hükümet, **Kaznatcheev**'in araştırmalarından çok şey bekliyor.

KGB koruması Kaznatcheev'in araştırmalarının en büyük özelliği insan beyninin telepatik gücünü bir silah olarak kullanmaya çalışması. Ona göre, sırf düşünce gücüyle bilgisayar sistemlerini, havaalanlarının radarlarını, hatta modern teknolojinin geliştirebileceği her türlü silahı etkisiz kılmak mümkün.

Bu araştırmaları son derece yakından izleyen ve denetleyen hükümet, **Kaznatcheev**'in CIA tarafından kaçırılmasını engellemek için **KGB**'nin en yetenekli ajanlarını seferber etmiş durumda. Ünlü bilim insanı görüşlerini çok basit örneklerle açıklıyor:

"Eğer çalıştığınız bilgisayar aniden arızalanırsa suçu üretici firmada aramayın. Sizin stres içinde olmanız ya da çalışırken biraz bile olsa sinirlenmeniz aletin teknik donanımını etkileyebilir. Çünkü sıradan bir insan beyni, en üstün bilgisayardan daha güçlüdür ve insan bazen farkında olmadan doğanın kendine verdiği güçleri kullanabilir."

Kaznatcheev'e göre eğer insan çok uzun zamandan beri görmediği birini yoğun olarak düşünürse ve o sıralarda ondan bir telefon, ya da mektup alırsa bu şans olarak nitelendirilmemelidir. Bu doğrudan, insanın yoğunlaştırdığı düşünceleri ile düşündüğü kişiyi etkilemesidir.

Kaznatcheev, son olarak **Rusya** televizyonunda katıldığı bir programda laboratuvarında bulunan bir bitkiyi uzun uzun gösterdi ve programı izleyenlerden bir saat süreyle sadece bu bitkinin gelişimini düşünmelerini istedi. Sonuç gerçekten şaşırtıcıydı, bitki çok kısa zaman zarfında akıl almaz bir gelişme

◆ "DUA"NIN ŞEKLİ

sergiledi.
İşte **Kaznatcheev**'in araştırmalarının temelinde de, düşünce gücünün sonsuzluğunu yakalamak yatıyor. İnsanın bilinçaltına ulaşmayı amaçlayan para psikolojiyi bilimle birleştirerek araştırmalarını sürdüren **Kaznatcheev**, bulgularının düşmanın teknik donanımını felç etmek açısından ileride çok önemli sonuçlar vereceğini, ancak bunun bir silah olarak değil, savaşları engelleyecek caydırıcı bir etken olarak kullanılmasından yana olduğunu belirtiyor.

İşte bu yüzdendir ki, **DUA** insana bahşedilmiş en mükemmel güç olarak tanımlanabilir.

4

◆

"DUA"NIN YERİ

Gayrı ihtiyarî hemen aklımıza gelebilir; canım **DUA**'nın da yeri mi olur? **DUA** etmek için özel yer mi arayacağız? Yerin ne münasebeti vardır **DUA** ile?..

Evet, her yerde **DUA** edilebilir!.. **DUA** için özel bir yer aramaya zaruret yoktur!

Ancak...

İnsan beyninin çalışma sistemi ve bulunduğu yerin manyetik alanı ile bulunduğu alandaki ışınsal ortam son derece yakından bağlantılıdır.

Yeraltındaki **"ley hatlarının"** oluşturduğu müspet enerji hatlarının gücünü arkasına alması, o beyin için son derece önemli olduğu gibi; ayrıca, beyinin içinde bulunduğu ortamı kaplayan ışınsal alanının oluşturduğu tesirler dahi son derece önemlidir.

DUA eden kişinin çevresindeki kişilerin beyin dalgaları, kendisininki ile birleşerek son derece güçlü dalgalar üretilebileceği gibi; toplu **DUA**'lar dahi büyük tesirler meydana getirir. Bu

◆ "DUA"NIN YERİ

sebeptendir ki Hazreti **Rasûlullâh** AleyhisSelâm şöyle buyurur:
"**Üç kişi bir araya geldikleri zaman, birlikte ettikleri DUA'yı ALLÂH geri çevirmez.**"
Niçin belirli yerler? Mesela nereleri?..
Kâbetullâh'ta yapılan DUA'lar, **Arafat**'ta yapılan DUA'lar, **Medine**'de Hazreti **Rasûlullâh** AleyhisSelâm'ın Makâmı'nda yapılan DUA'lar, **Efes**'te **Meryem Ana Evi'nde** yapılan DUA'lar, **İstanbul**'da **Eyyûb** Sultan namıyla bilinen sahabeden zâtın makâmında yapılan DUA'lar; bunun gibi her beldede, o beldedeki bilinen evliyaullâhtan olan zevâtın makâmlarında yapılan DUA'lar, daima güçlü DUA'lar olarak yerini bulur.

Burada iki önemli faktör mevcuttur:

1. O **yerin** kendi manyetik alanının yaydığı enerji...
2. O yere **defnedilmiş zâtın ruhaniyetinin** yaymış olduğu enerji...

İşte, **DUA** eden kişi, bu iki etkiyi arkasına takviye alarak **DUA** ettiği zaman, büyük ölçüde **DUA**'sı kabul olma yani yerine gelme şansına sahiptir.

Ayrıca manevî gücü yüksek olduğuna inanılan kişinin huzurunda, bir cemaat eşliğinde yapılan **DUA**'lar da son derece yüksek tesir gücüne sahip olarak tespit edilmiştir.

5

"DUA"NIN ZAMANI

Her aklınıza estiği, içinizden geldiği zamanda **DUA** edebileceğiniz gibi, belirli günlerin ve gecelerin de **DUA**'nın gerçekleşmesi hususunda büyük rolü vardır.

Cuma günü hutbe saati ile ikindi arası...
Recep ayının girdiği gece ve on beşinci gecesi...
Mi'râc gecesi...
Recep ayının yirmi yedinci günü...
Şaban ayının on beşinci günü ve gecesi...
Arife günleri ve geceleri...
Ramazan günleri...
Ramazan ayının yirmisinden sonraki tek geceler...
Ramazan ve Hac Bayramları geceleri...
Muharrem ayının onuncu günü ve gecesi...
Zilhicce ayının onuncu günü...

Bu günleri böylece verdikten sonra, özellikle geceler üzerinde durulması ve dahi, gece yarısından sonraki saatlerin iyi

◆ "DUA"NIN ZAMANI

değerlendirilmesi üzerinde duralım.

DUA'nın zamanı denilince özellikle iki husus önemlidir:
1- İç şartlar
2- Dış şartlar

İç şartlar, içinde bulunduğumuz hâleti ruhiye demektir. Gerçekten, yürekten gelir bir biçimde; içi yana yana denilen bir şekilde DUA etmek önemlidir... Zira ancak böyle bir hâl, tam konsantrasyon sağlar... Beynin güçleri ancak böylelikle tek bir noktaya, tek bir konuda yoğunlaşarak, isteğe yönelik yayın yapar.

İkinci olarak belirtilen **dış şartlar** ise tamamıyla ortam şartları ile alâkalıdır. Bu dış şartların birincisi Güneş'in parlamaması, hatta ışıklarının tamamıyla kaybolmasıdır. Zira Güneş'in yaydığı kozmik ışınım büyük ölçüde beyin gücünü keser.

Dış şartlar konusunda bir diğer önemli husus da Jüpiter ve Venüs gibi gezegenlerin yumuşak ve besleyici radyasyonunun beyni etkilediği saatlerdir. Bu saatleri bulmak için gerekli hesaplama usullerini **İbrahim Hakkı Erzurumî** "MARİFETNAME" isimli eserinde bütün detayları ile izah etmektedir. Bunun için, piyasadan, içinde bu bölümün de olduğu **TAM tercüme** seçilmelidir. Zira, bir Mars saatinde, olacak iş, münakaşaya dökülüp olmazken; bir Venüs veya Jüpiter saatinde olmayacak iş, şaşırtıcı biçimde oluşuverir de hayretler içinde kalabiliriz.

Bu sebeple elbette ki bazı saatlere riayet etmenin çok büyük yararları mevcuttur.

6

♦

DUA VE KADER

DUA söz konusu olduğu zaman, hemen pek çoğumuz yanlış bilgiyle şartlanmak yüzünden, **"Aman canım kaderde ne varsa o olacak, DUA'ya ne gerek var!"** deyiveririz.

Oysa, bu tamamıyla yanlış bir görüştür!

Kader konusunda gerçek bilgileri, **Kur'ân-ı Kerîm** âyetlerine ve tamamıyla Hazreti **Rasûlullâh** (s.a.v.)'in buyruklarına dayanan biçimde **"İNSAN ve SIRLARI"** isimli kitabın kader konusuyla ilgili bölümünde okurlarımıza açıkladık. **KADER** kesindir ve hiç kimse bunun dışına asla çıkamaz. Nitekim, Hazreti **Rasûlullâh** (s.a.v.) açıklamalarında, bunu en dar anlayışlıların dahi fark edebileceği bir biçimde vurguluyor. Ne yazık ki, bu gerçeği yansıtan hadîs-î şerîfleri, hadis kitapları hariç, hiçbir kitapta bulamıyorsunuz. Yazamıyorlar!.. Ama gerçek, yazılmasa da, söylenmese de gerçektir. Hele **Rasûlullâh** (s.a.v.) tarafından da en yalın bir biçimde açıklanmışsa!..

Burada çok önemli olan husus şudur: **KADER**'in tekniği!..

◆ DUA VE KADER

KADER-DUA ilişkisini izaha girmeden önce, bu konudaki **Rasûlullâh'ın** birkaç buyruğunu nakletmeye çalışalım size...
"KADER"i ancak DUA değiştirir. Ömrü ise ancak iyilik uzatır. Şüphesiz ki, kişi işlemiş olduğu günah sebebiyle rızıktan mahrum edilir."

◆ ◆ ◆

"KAZA'yı ancak DUA geri çevirir... Ömrü ise iyilik uzatır."

◆ ◆ ◆

"Tedbirin kadere faydası olmaz; DUA'nın ise gelmiş ve gelmemiş musîbetlere faydası vardır; şüphesiz ki belâ iner, DUA onu karşılar ve kıyamete kadar çarpışırlar."

◆ ◆ ◆

Evet, bir yandan, **kaderin değişmeyeceği** belirtiliyor; diğer yandan **DUA'nın kaderi, kazayı geri çevireceği** açıklanıyor. Bu iki hususu nasıl birleştirip, nasıl bir sonuç elde edeceğiz?
Bilelim ki...
İnsanların kaderi takdir edilmiştir; her şey gibi... Ne var ki, **DUA** faktörü de bu **KADER** sistemi içinde yer alan bir faktördür; **DUA** ederseniz, kaderdeki olayı geri çevirebilirsiniz, kazayı reddedebilirsiniz; ancak bu **DUA**'yı yapmak, gene kaderinizin elvermesiyle mümkün... Yani, kaderiniz müsaitse **DUA** edebilirsiniz ve böylece de o gelecek olan olayı geri çevirebilirsiniz.
Kaderinizde kolaylaştırılmışsa **DUA** etmek, size o belâ veya musîbet gelmeden önce **DUA** edersiniz ve o olayın zararından korunmuş olursunuz.
Dolayısıyladır ki, **tedbirle takdiri değiştiremezsiniz;** fakat,

takdirde varsa tedbir alır ve böylece de kazayı geri çevirmiş olursunuz.

Bu hususta **Halife Ömer** (r.a.), bize bir uygulamasıyla son derece önemli bir uyarıda bulunmuştu:

Orduyla Şam'a giden **Halife Ömer** (r.a.) şehre yaklaştığı zaman, veba salgını olduğunu haber alınca orduya geri dönülmesi talimatını verir. Bu durum üzerine, kader kavramını anlayamayan ve işin şeklinde kalanlar şaşırırlar ve sorarlar:

— **Allâh'ın kaderinden mi kaçıyorsun yâ Ömer?..**

Kaderin tekniğini anlamış olan **Hazreti Ömer** (r.a.)'ın cevabı hepimize bir derstir:

— **Allâh'ın kazasından Allâh'ın kaderine kaçıyorum!..**

İşte yukarıda anlatılan cevap, bu **kader** konusunun "**püf noktası**"dır.

Kader mutlak ve kesindir!..

İnsan ise, kendisinden meydana gelenlerin neticesini görecektir!..

"...**İNSAN İÇİN YANLIZCA ÇALIŞMALARININ** (kendisinden açığa çıkanların) **SONUCU OLUŞACAKTIR!**" (53.Necm: 39) âyetini hatırlayalım...

İşte bu sebepledir ki, siz ne yapabiliyorsanız, elinizden ne geliyorsa onu yapmak zorundasınız... **DUA** edebiliyorsanız, hemen ediniz! Bir çalışma yapma imkânına sahipseniz, hemen yapınız! Korunmak için elinizden gelen bir şey varsa, hemen tatbik ediniz.

Biliniz ki; yapabildiğiniz, kaderinizin müsaade ettiğidir ve yaptığınızın sonucunu da mutlaka görürsünüz.

Bu yüzden denilmiştir; "**DUA** kazayı reddeder", diye... Yani, o kazanın reddi sizin duanıza bağlıdır!.. O musîbetin size isâbet etmemesi, sizin o hususta dua etmenize bağlıdır. Dolayı-

◆ DUA VE KADER

sıyla, dua edersiniz ve o kaza veya hoşlanmadığınız olay size isâbet etmez; ya da umduğunuz, olmasını istediğiniz olay o duanız vesilesiyle gerçekleşir.

Hazreti **Rasûlullâh** (s.a.v.) **"KEŞKE"** demeyi şeytan ameli olarak nitelemiştir. Bunun mânâsını çok düşünmek ve bu hususu iyi anlamak mecburiyetindeyiz... Niçin, **"KEŞKE"** demek yasaklanmıştır?..

Bilelim ki **DUA**, kader sistemi içinde yer alan çok önemli bir unsurdur...

DUA edebiliyorsanız, edebildiğiniz kadar **DUA** ediniz; hepsinin de faydasını, dünya hayatında anlayamayacağınız kadar fazlasıyla göreceksiniz. Zira, **Allâh**, kulunda ortaya çıkartacağı pek çok özelliği **DUA şartına bağlamış**; takdir ettiği pek çok şeye **DUA'yı vesile kılmıştır**. Bu yüzdendir ki, **"DUA müminin silahı"** olmuştur.

DUA, takdirin tüm güzelliklerinin size ulaşmasına vesile olan en değerli nimettir. Onu elden geldiğince çok ve güçlü olarak kullanan, en büyük nimetlere kavuşacak olandır.

Kaderi anlamayan cahil ise, DUA'yı terk eder; tüm mahrumiyet ve çileler de onu bekler!..

Konuyu **Rasûlullâh** AleyhisSelâm'ın şu açıklamasıyla bağlayalım:

"İçinizden her kime DUA KAPISI AÇILMIŞ ise, muhakkak ona rahmet kapıları açılmıştır ve Allâh'tan, kendisinden âfiyet istenilmesinden daha sevimli bir şey istenmemiştir."

"DUA, inen belâya ve inmeyen belâya karşı faydalıdır. Ey Allâh'ın kulları, DUAYA SIMSIKI SARILINIZ!.."

7

♦

ZİKİR HAKKINDA

ZİKİR, bize göre, bir insanın dünyada yapabileceği, en yararlı çalışma türüdür.

ZİKİR, her ne kadar "Allâh'ı anma" diye tercüme edilirse de, böyle bir ifade son derece yetersizdir.

1. **ZİKİR**, beyinde tekrar edilen kelimenin mânâsı istikametinde, beyin kapasitesini arttırır.

2. **ZİKİR**, beyinden üretilen ışınsal enerjinin **RUH**'a, yani bir tür **holografik ışınsal bedene** yüklenmesini ve böylece ölüm ötesi yaşamda güçlü bir **RUH**'a sahip olunmasını sağlar.[2]

3. **ZİKİR**, tekrar edilen mânâlar istikametinde beyinde anlayış, idrak ve o mânâların hazmedilmesi gibi özellikleri geliştirir.

4. **ZİKİR**, Allâh'a yakîn sağlar.

5. **ZİKİR**, ilâhî mânâlar ile tahakkuku temin eder.

İşte, birkaçını saydığımız bu özellikler dolayısıyla **Kur'ân-ı Kerîm**'de, **"ZİKİR"** son derece övülen bir çalışma olarak belirtilmiş ve bu konuda **ZİKRE önem vermeyenler şiddetle uyarıl-**

---

(2) **ZİKİR** konusunda beynin faaliyetlerini ve sistemini **"İNSAN ve SIRLARI"** isimli kitabımızda bütün detaylarıyla okuyabilirsiniz.

mışlardır:

"**Kim** (dünyevî-dışa dönük şeylerle) **Rahmân'ın zikrinden** (Allâh Esmâ'sının hakikati olduğunu hatırlayarak bunun gereğini yaşamaktan) **âmâ** (kör) **olursa, ona bir şeytan** (vehim, kendini yalnızca beden kabulü ve beden zevkleri için yaşama fikri) **takdir ederiz; bu** (kabulleniş), **onun** (yeni) **kişiliği olur! Muhakkak ki bunlar onları** (hakikate erme) **yolundan alıkoyarlar da, onlar hâlâ kendilerinin doğru yolda olduklarını zannederler!**" (43.Zuhruf: 36-37)

♦ ♦ ♦

"**Şeytan** (yalnızca beden olma fikri) **onlara yerleşti de, onlara Allâh'ın zikrini** (hatırlatılan hakikatlerini, bedeni terk edip Allâh Esmâ'sıyla var olmuş yapılarıyla {şuur} sonsuza dek yaşayacaklarını) **unutturdu! İşte onlar Hizbüş Şeytan'dır** (şeytanî fikir yandaşları - kendini yalnızca beden sananlar)**... Dikkat edin, muhakkak ki Hizbüş Şeytan** (kendini yalnızca beden sananlar) **hüsrana uğrayanların ta kendileridir!**" (58.Mücâdele: 19)

♦ ♦ ♦

"**Ey iman edenler! Allâh'ı çok zikredin!**" (33.Ahzâb: 41)

♦ ♦ ♦

"**Kim zikrimden** (hatırlattığım hakikatinden) **yüz çevirir ise, muhakkak ki onun için** (beden-bilinç kayıtlarıyla) **çok sınırlı yaşam alanı vardır ve onu kıyamet sürecinde kör olarak haşrederiz.**" (20.Tâhâ: 124)

♦ ♦ ♦

ZİKİR HAKKINDA

"**O hâlde beni zikredin** (anın-düşünün) **ki sizi zikredeyim...**" (2.Bakara: 152)

◆ ◆ ◆

"**Kullarım sana BEN'den sorarlarsa, şüphesiz ki ben Kariyb'im** (anlayış sınırı kadar yakın!) ("Şahdamarından yakınım" âyetini hatırlayalım)... **Yönelip isteyene** (dua) **icabet ederim...**" (2.Bakara: 186)

◆ ◆ ◆

"... **Elbette ki Allâh zikri** (hatırlanışı) **Ekber'dir** (Ekberiyeti hissettirir)!.." (29.Ankebût: 45)

◆ ◆ ◆

ZİKİR'in insana ne kadar büyük yararları olduğuna bakın Hazreti Rasûl AleyhisSelâm nasıl işaret ediyor... İşte "**Allâh katında çalışmaların en sevimlisi hangisidir?**" sorusuna cevabı: "**Dilin, Allâh'ı zikretmeye devam ettiği hâlde ölmendir!**"

"Size çalışmalarınızın en hayırlısını, Allâh indînde en temiz olanını, derecelerinizi en fazla yükseltenini ve sizin için altın ve gümüş infak etmekten, düşmanlarınızla savaş meydanında karşılaşıp boyun vurmanızdan ve onların sizin boyunlarınızı Allâh yolunda vurmalarından daha hayırlı bir çalışmadan haber vereyim mi?
İşte o Allâh'ı ZİKRETMEKTİR."

◆ ◆ ◆

"**Allâh'ın azabından, Allâh'ı ZİKRETMEKTEN daha fazla hiçbir şey kurtaramaz.**"

♦ ZİKİR HAKKINDA

"Allâh katında kıyamet gününde kulların hangisinin derecesi daha faziletlidir?" sorusuna şu cevabı verdi:
— Allâh'ı çok ZİKREDENLER...
Soruldu ki, "Ya Allâh yolunda cihad eden gazininki?.."
Buyuruldu:
— Kâfirler ve müşrikler içerisinde kılıcı ile kırılıncaya kadar ve kana bulanıncaya kadar savaşsa da, şüphesiz ki, Allâh'ı çok zikredenlerin derecesi, ondan daha faziletli olur.

"...Kul, şeytandan ANCAK, Allâh'ı ZİKRETMEKLE korunur!"

♦ ♦ ♦

"Sahip olduklarınızın en faziletlisi, Allâh'ı zikreden dil, şükreden kalp, imanında yardımcı olan eştir."

♦ ♦ ♦

"Allâh'ı ZİKREDEN ile etmeyenin benzeri, diri ile ölü gibidir!.."

♦ ♦ ♦

"Allâh'ı o kadar çok zikredin ki insanlar size, deli mi bu desin!.."

♦ ♦ ♦

"Münafıkların size 'gösteriş için yapıyorsunuz' diyecekleri kadar çok Allâh'ı zikrediniz..."

♦ ♦ ♦

"Müferridûn geçti!.. Buyruğuna soruldu, kimdir müferridûn diye..."

ZİKİR HAKKINDA

"Allâh'ı çokça zikretmeye düşkün olanlardır. Zikir, onların ağırlıklarını hafifletir. Böylece kıyamet günü de hafif olarak gelirler."

♦ ♦ ♦

"ŞEYTAN, ağzını 'Âdemoğlu'nun kalbine koymuştur. O Allâh'ı zikrettikçe şeytan çekilir... Gaflete düşüp zikri bırakınca kalbini yutar!.." Bu hâdis-i şerîf teşbih yani benzetme yollu bir anlatımdır... Kişi Allâh'ı zikrettikçe, cinler ondan uzak dururlar ve ona vesvese vererek düşüncelerini bulandıramazlar; ama zikir terk edilince, cinler onun beynini istedikleri gibi etkileyerek hüküm altına alır, mânâsındadır.

♦ ♦ ♦

"Allâh'ın bir kula verdiği en faziletli şey, ona ZİKRİNİ ilham etmesidir."

♦ ♦ ♦

"Hiçbir sadaka Allâh'ı zikretmekten daha faziletli değildir."

♦ ♦ ♦

"Cennetlikler hiçbir şeye üzülmezler, dünyada iken ZİKİRsiz geçen anları hariç!"

♦ ♦ ♦

"Kim Allâh'ı çok zikretmezse imandan uzaklaşır."

♦ ♦ ♦

"İnsan, üzerinden geçip de, içinde Allâh'ı zikretmediği her an dolayısıyla kıyamette büyük pişmanlık duyar."

♦ ZİKİR HAKKINDA

"Herhangi bir topluluk, bir mecliste toplanır, Allâh'ı zikretmeden dağılırlarsa, bu meclis kıyamet gününde kendileri için bir pişmanlık olur!"

♦ ♦ ♦

"Kim Allâh'ı çok ZİKREDERSE, münafıklıktan uzak olur!.."

♦ ♦ ♦

İşte bunlar gibi daha pek çok **Rasûlullâh** AleyhisSelâm hadîs-î şerîfi bize **ZİKİR** konusunda büyük uyarıda bulunmaktadır.

8

♦

ZİKİR NİÇİN ÇOK ÖNEMLİ?

"**İNSAN ve SIRLARI**" isimli kitabımızda tafsilâtlı olarak bunları yazmamıza rağmen, önemi dolayısıyla burada da **ZİKRİN** zorunluluğu üzerinde durmak istiyorum.

Kesin olarak bilinmelidir ki; **DİN** tamamıyla, bilimsel gerçekler üzerine oturtulmuş, günün şartları içindeki sembolik anlatımdır.

İslâm Dini'nde, -**sadece Kur'ân-ı Kerîm ve Hadîs-î Şerîfler**- mevcut olan bütün hükümler, insanın gerek bugünü ve gerekse ölüm ötesi yaşamı için zorunlu olarak ihtiyaç duyacağı şeyleri temin gayesiyle gelmiştir. Ayrıca, insanın bu önerilere uyması, onun gelecekte kendisine zarar verici birçok şeyden korunmasına da vesile olacaktır.

İnsanın yaşamı ise, bilindiği üzere **BEYİN** ile düzenlenir. İnsan'da ortaya çıkan her şey, **BEYİN** aracılığıyladır.

Ölüm ötesi yaşam bedeni olan **RUH** dahi beyin tarafından **"yüklenir!"**

◆ ZİKİR NİÇİN ÇOK ÖNEMLİ?

Allâh'ın isimlerinin işaret ettiği mânâlar, insan beyninde açığa çıkar. İnsan şuuru, Allâh'ı, ancak beyin kapasitesi kadar tanıyıp **"yakîn"** elde eder.

İşte böyle olunca, **ZİKİR** olayının önemini kavrayabilmek için, önce beynin çalışma sistemini kavramak, sonra da zikir hâlinde beyinde nasıl bir işlem oluştuğunu idrak etmek zorunda kalırız.

Milyarlarca hücreden oluşan **beyin**, esas itibarıyla **biyoelektrik enerji üretip, bunu ışınsal enerjiye çeviren** ve kendisinde oluşan mânâları, bir yandan **RUH dediğimiz yapıya yükleyen** ve diğer yandan da **dışarıya yayan bir organik cihazdır.**

Genelde, doğuştan alınan ilk tesirlerle yüzde beş, yüzde on kapasiteyle çalışan beyin, aldığı çeşitli etkilerin de aracılığıyla, sıradan bir yaşam türü geçirir, bildiğimiz herkes gibi...

Oysa **beyindeki bu kapasitenin arttırılması mümkündür!**[1]

---

(1) Zikrin önemi, bizim bu konuda yaptığımız açıklamalardan on sene sonra bilim dünyasında ilk defa olarak tespit edilmiştir. Aşağıda okuyacağınız metinler bu söylediklerimizin ispatıdır.
NOKTA 6 Mart 1994 tarih 11. Sayı'sında; *"Batı, zikri geç keşfetti!"* başlığı altında;
John Horgan'ın Bilim dergisinin (Scientific American) Ocak 1994 sayısında yayımlanan "Dağınık İşlevler" makalesinde savunduğu görüşlerin, ilk kez 1986 yılında Ahmed Hulûsi tarafından yazıldığını biliyor muydunuz?
Bilimsel konularda aşağılık kompleksimizi yenmek zaman alacak. İçimizden birinin yıllar önce savunduğu görüşleri dikkate almaktansa, o görüşlerin benzerlerinin dışarıda da kabul edilmeye başlanmasını bekleriz. Bazen de, aşağıda anlatacağımız, Ahmed Hulûsi örneğinde olduğu gibi şaşırtıcı tesadüflerle karşılaşabiliriz. Bilim Dergisi'nde yayımlanan "Dağınık İşlevler" adlı yazıda John Horgan, "Beyinde entegrasyonu sağlayan beyin üstü bir yapı var mı?" sorusuna yanıt arıyor ve 1993 yılında yapılan deneylerden yola çıkarak çeşitli tezler öne sürüyor. Ahmed Hulûsi ise, 1986 yılında yayımladığı **"Din ve Bilim Işığında İnsan ve Sırları"**, **"Dua ve Zikir"** adlı kitaplarında bu soruların yanıtını çok daha önceden veriyor.
Sözü edilen makalede, John Horgan şu deneye yer veriyor: Deneyde gönüllülere isimler içeren bir liste veriliyor ve kendilerinden bu isimleri yüksek sesle okumaları ve her isimle ilişkili bir yüklem söylemeleri isteniyor. Örneğin, "köpek" sözcüğü okununca "havlamak" gibi bir yüklem söylenmesi

ZİKİR NİÇİN ÇOK ÖNEMLİ? ◆

gerekiyor. Bu deneyde, beynin pek çok farklı bölgesindeki nöron aktivitesinde artış gözleniyor. Fakat aynı isimleri içeren listenin sürekli olarak tekrarlanması, nöron aktivitesinin değişik bölgelere kaymasına yol açıyor. Gönüllülere yeni bir isim listesi verildiğinde ise nöron aktivitesinin arttığı ve ilk bölgelere döndüğü görülüyor.

Ahmed Hulûsi, 1986'da yayımlanan **"İnsan ve Sırları"** kitabının, "Dünyadaki En Önemli Çalışma Zikir" adlı bölümünde bu konuyla ilgili şunları söylüyor: "Yaklaşık 14 milyar hücreden oluşan insan beyninin ancak cüzi bir kısmı doğum sırasında aldığı ışınlarla faaliyete girer; bundan sonra da yeni tesirlerle yeni açılımlara kavuşması imkânsızdır. Beyin, doğum anından sonra dışarıdan gelen ışın etkileriyle yeni hücre gruplarını devreye sokamaz. Ancak beyindeki devreye girmemiş kapasite ilelebet atıl durmak için varedilmiş demek değildir bu.

"Allâh ismini dilinizle söylediğinizi kabul edelim... 'Allâh' kelimesinin beyinde hatırlanması demek, bu kelimenin mânâsını oluşturan hücre grupları arasında bir biyoelektriğin akışı demektir... Esasen beyindeki tüm fonksiyonlar, beyin hücreleri arasındaki biyoelektrik faaliyetten başka bir şey değildir!.. Her mânâya göre beyindeki değişik hücre grupları arasında bir biyoelektrik akışı söz konusudur... Bu akış neticesinde devreye giren hücre grubuna göre ortaya sayısız mânâlar çıkmaktadır..."

Belleğin işlevi, John Horgan, "Dağınık İşlevler" makalesinde aynı konuyu şöyle açıklıyor: "Bu deney beynin bir bölgesinin sözcük türetmeyi gerektiren kısa süreli bellek görevi gördüğünü, ama iş otomatikleştikten sonra beynin başka bir bölümünün bu görevi devraldığını gösteriyor. Diğer bir deyişle, bellek yalnızca içeriğine göre değil, aynı zamanda işlevine göre de bölümlere ayrılıyor."

Ahmed Hulûsi'nin, yine **"İnsan ve Sırları"** adlı kitabındaki yanıtı ise şöyle: "Zikir yaptığınız zaman -yani Allâh'a ait olarak bilinen bir mânâyı tekrar ettiğiniz zaman- beyinde ilgili hücre grubunda bir biyoelektrik akım meydana geliyor ve bu, bir tür enerji şeklinde, manyetik bedene yükleniyor! Aynı zamanda siz bu mânâyı tekrara devam ederseniz -yani, bu kelimeyi tekrara devam ederseniz-, bu defa tekrarlanan kelimenin tekrarından oluşan biyoelektrik, daha da güçlenerek yeni hücre birimlerini devreye sokuyor ve bir kapasite genişlemesi söz konusu oluyor."

Sonuç olarak, zikrin bilimsel açıklamasının elimizdeki iki yorumu var. İlki, 1986 yılında, tam yirmi üç yıl önce Ahmed Hulûsi, diğeri ise bu açıklamadan tam sekiz yıl sonra 1994 yılında, dünyaca ünlü bir bilim dergisinin Türkçe sayısında, John Horgan adlı bir Batılı tarafından yapılmış. Batılının dediklerine dört elle sarılmadan önce, Ahmed Hulûsi'yi bir kez daha okumakta yarar var.

◆ ◆ ◆

BİLİM DERGİSİ Ocak 1994 Sayısı, Sayfa 12'de; *"Dağınık İşlevler"*
Beyinde entegrasyonu sağlayan beyin-üstü bir yapı mı var?
Modern nöroloji bilimlerinde tanımlanan hâliyle beyin, uzmanlaşmanın

♦ ZİKİR NİÇİN ÇOK ÖNEMLİ?

neredeyse saçmalık noktasına vardırıldığı bir hastaneye benzer. Örneğin beynin dil ile ilgili bölümünde, bazı nöronlar (sinir hücreleri), yalnızca özel isimleri, bazı nöronlar ise yalnızca düzensiz fiilleri kavramaya yönelik çalışırlar. Görme ile ilgili bölümünde, sinir hücrelerinin bir bölümü turuncu kırmızı renklere, bir bölümü güçlü kontrastlı diyagonal çizgilere, bir kısmı ise soldan sağa hızlı hareketlere yönelik çalışırlar. Şimdi sorulması gereken soru, beyinin değişik bölgelerinin sahip olduğu bu son derece özelleşmiş işlevlerin, nasıl yeniden bir araya getirilerek, düşünce ve algılamanın bileşimi olan aklı oluşturduğudur.

Bağlantı problemi (binding problem) olarak da bilinen bu bulmaca, yapılan deneylerin, beynin daha da özelleşmiş bölmelerini ortaya çıkarmasıyla daha da zorlaşmış bulunuyor.

Bazı kuramcılar algılamanın değişik öğelerinin "birleştirici bölgeler" (convergent zones) adlı verilen yerlerde bir araya geldiği düşüncesini ortaya attılar. Bu bölgelerin en belirgin adayları, birçok konuya hemen yönelebilen "kısa süreli" (short-term) ya da "çalışan" (working) bellek alanlarıdır. Birinde elektrotlarla monitorize edilen maymunların, diğerinde ise PET (positron emission tomography) ile taranan insanların deneklik etmiş olduğu, 1993 yılında yapılan iki deneyde "çalışan bellek"te oldukça özelleşmiş bölgeler bulunduğu görülmüştür. Yale Üniversitesi Tıp Fakültesi'nden Fraser A.W. Wilson, Séamas P.Ó Scalaidhe ve Patricia S. Goldman-Rakic tarafından yapılan deneylerde görevliler, maymunları "çalışan belleğin" kullanılmasını gerektiren iki işi başarmaları için eğitiyorlar. Bu işlerden biri maymunların gözlerini bir ekranın ortasındaki sabit bir noktaya dikmeleri. Bu sırada ekranın başka bir yerinde yanıp sönen bir kare de, maymunun görüş alanı içinde yer alıyor. Karenin kaybolmasından birkaç saniye sonra maymun, bakışlarını karenin bulunmuş olduğu noktaya yönlendiriyor.

Diğer iş, görüntünün konumundan çok niteliği ile ilgili bilginin akılda tutulmasını gerektiriyor. Araştırmacılar ekran merkezinde yanıp sönen bir görüntü oluşturuyorlar. Her maymun, görüntü kayboluncaya kadar beklemek ve gözlenen şekle bağlı olarak gözlerini sağa ya da sola çevirmek için eğitiliyor. Elektrotlarla, maymun beyninin pre-frontal korteks sinir hücreleri ekranda görülüyor. Per-frontal korteks adlı bölgesindeki nöronların aktiviteleri, elektrotlarla ekrana yansıtılıyor.

Her testte sadece bir nöron grubu harekete geçiyor. Konumla ilgili "nerede" testi, pre-frontal korteksin bir bölgesindeki nöronları aktive ederken, şeklin içeriği ile ilgili olan "ne" testi diğerine komşu ama ayrı bir bölgedeki nöronları harekete geçiriyor. Goldman-Rakic, pre-frontal korteksin şimdiye değin hep bilginin yönlendirildiği ve planlama, düşünme, anlama ve istem için sentez edildiği yer olarak düşünüldüğünü belirterek, bu alanın en azından duyusal ve motor bölgeler kadar bölümlenmiş olduğunu gösterdiklerini söylüyor.

Geçen yıl içinde, Washington Üniversitesi'ndeki araştırmacılar tarafından ortaya koyulan tamamlayıcı bulgular, insanlar üzerinde PET ile yapılan çalış-

ZİKİR NİÇİN ÇOK ÖNEMLİ? ◆

malardan kaynaklanıyor. Deneyde gönüllülere, isimler içeren bir liste veriliyor ve kendilerinden bu isimleri yüksek sesle okumaları ve her isimle ilişkili bir yüklem söylemeleri isteniyor. Örneğin, "köpek" sözcüğü okununca "havlamak" gibi bir yüklem söylenmesi gerekiyor.

Bu deneyde pre-frontal ve cingulate korteks de dahil olmak üzere, beynin pek çok farklı bölgesindeki nöron aktivitesinde artış gözleniyor. Fakat aynı isimleri içeren listenin sürekli olarak tekrarlanması nöron aktivitesinin değişik bölgelere kaymasına yol açıyor. Gönüllülere yeni bir isim listesi verildiğinde ise, nöron aktivitesinin arttığı ve ilk bölgelere döndüğü görülüyor.

Bu deney, beynin bir bölgesinin sözcük türetmeyi gerektiren kısa süreli bellek görevi gördüğünü, ama iş otomatikleştikten sonra beynin başka bir bölümünün bu görevi devraldığını gösteriyor. Diğer bir deyişle, bellek yalnızca içeriğine göre değil, aynı zamanda işlevine göre bu bölümlere ayrılıyor. Washington Üniversitesi'nden Steven E. Petersen, bu sonuçları Goldman-Rakic'in düşünceleriyle uyum içerisinde olduğunu söylüyor.

Peki nasıl oluyor da beyindeki bu özelleşmiş alanlar birbirleriye büyük bir uyum içerisinde çalışabiliyorlar? Aktiviteler tek bir merkezden mi, yoksa beyne yayılmış olan bir çeşit entegrasyon ağı tarafından mı koordine ediliyor? Petersen, algılama, bellek ve istemin entegre edildiği bir tek lokalize alan ya da lokalize olmuş birkaç alan bulunduğu düşüncesini savunuyor. Goldman-Rakic'in görüşleri ise, farklı fakat eşdeğer bölgelerin birbirleri ile bağlantı ve ilişki içerisinde bulunduğu, hiyerarşik olmayan bir modele daha yakın. San Diego'daki California Üniversitesi'nde bellekle ilgili araştırmalar yapan Larry R. Squire, "bağlantı problemi"nin çözümünün uzun yıllar alabileceğini, bağlantı mekanizmasının ne olduğu konusunda gerçek bir ipucunun bulunmadığını düşünüyor. Ama öte yandan hızla gelişen teknolojinin son ürünlerinden biri olan mikroelektrotlar, vücuda zarar vermeyen görüntüleme teknikleri (örneğin PET ve Manyetik Rezonans ile Görüntüleme gibi) ve bilgisayarlar sayesinde, bu sorunların yakın bir gelecekte yanıtlanacağından ve deneysel bilgilerle yeni modeller oluşturulabileceğinden umutlu Squire'ın da dediği gibi: "Bu teknolojik destek olmadan artık hiçbir şey yapılamaz."

John Horgan

Kısa ömürlü radyoaktif maddelerin kan dolaşımına verilmesiyle nöron aktivitesinin dolaylı olarak ölçülmesi.

Yukarıdaki yazı SCIENTIFIC AMERICAN Dergisi'nin Ocak 1994 sayısının tercümesidir.

Normalde çok küçük bir yüzde ile çalışıp geri kalan miktarı kullanılmaz bir hâlde bekleyen beynin, bu boş duran kapasitesinin devreye sokulması yolu ZİKİR'den geçer.

ZİKİR ile beynin belli bir bölgesindeki hücre grupları

◆ ZİKİR NİÇİN ÇOK ÖNEMLİ?

arasında üretilen biyoelektrik enerji, zikrin devamı hâlinde, bu bölgeden taşarak, görevsiz bekleyen yan hücrelere yayılır ve onları da mevcut kapasiteye ilave ederek devreye sokar.

ZİKİR konusu ne ise, o anlamda bir frekans yayarak bu hücreleri devreye alan beyinde, elbette ki o istikamette de faaliyet gelişir...

İleride de daha detaylı izah edeceğimiz üzere, mesela Allâh'ın **İRADE** sıfatının ismi olan **"MÜRİYD"** ismi zikredildiğinde, kişinin beyninde boş duran hücreler, bu ismin frekansında titreşimle programlanarak devreye girdiği için, bir süre sonra o kişide **İRADE** gücünün arttığı ve eskiden başaramadığı birçok şeyi başardığı görülür. Ancak hemen burada kesinlikle idrak edilmesi zorunlu bir husus da vardır ki, o da şudur:

Herkesin beyin yapısının kendine has bir orijinalitesi vardır ve bu tür **"Esmâ"** yani Allâh'ın isimlerine dayalı zikir türünde, mutlaka bu işin ehlinden bilgi alma zorunluluğu vardır!.. Kendi aklına geldiği gibi **ZİKİR** yapmak, farkında olmadan **CİNLERİN İLHAMIYLA ZİKİR** yolunu açar ki; kişinin bilinçsizce kendini cinlere teslim etmesine sebep olabilir... Nitekim, bu yüzden bazı evliyaullâh, **"Yetiştiricisi olmayanın yetiştiricisi şeytan olur"** demişlerdir.

Evet, esas itibarıyla ham, yani programlanmamış olan beyin hücrelerini, **ZİKİR** yoluyla, erişilmek istenen gaye istikametinde programlayarak eskisinden çok daha güçlü çalışan bir beyne sahip olunabilir.

Şimdi, bu satırları okuyan bazı **ZİKİR İNKÂRCILARI**, hemen şu soruyu soracaklardır: Mâdemki **ZİKİR** bu derece beyni geliştiriyor da, niçin İslâm âlemi devamlı zikir yapmasına rağmen, üstün bir beyin çıkartamıyor ve bütün gelişmeler batıdan, gayrimüslimlerden geliyor?

ZİKİR NİÇİN ÇOK ÖNEMLİ? ◆

Bu sorunun cevabı son derece basittir... Ancak, işin tekniğini bilen bir kişi için!

Allâhû Teâlâ'nın lütfu ve Hazreti **Rasûlullâh** (s.a.v.)'in inayetiyle, bize keşf yollu açılan **ZİKİR** sırrına binâen, konunun tekniğini izah etmek suretiyle size bu sorunun cevabını verelim...

9

◆

ÖZEL VE GENEL ZİKİRLER

ZİKİR birkaç çeşittir ve öncelikle ikiye ayrılır:
1. Genel zikir
2. Özel zikir

GENEL ZİKİR de kendi içinde ikiye ayrılır:
A. Ruhaniyet zikri
B. Özel gayeye yönelik zikir

Aynı şekilde **ÖZEL ZİKİR** de ikiye ayrılır:
a- Özel gayeye yönelik zikirler
b- Kişiye özel zikirler

Demiştik ki, belirli kelimelerin veya kelime gruplarının beyinde tekrarının adıdır **ZİKİR**...

Yapılan her zikirde, ne kelime olursa olsun, beyinde belirli bir frekansta dalga boyu üretilerek, beynin görev dışı olan

♦ ÖZEL VE GENEL ZİKİRLER

hücreleri, o frekansla programlanır.

Şayet CİNNÎ ilhamla gelmiş bir kelime ya da **Budistlerin** meşhur **"om"** kelimesi gibi bir zikir yapılırsa; kişinin beyninde o istikamette bir gelişme sağlanır ve **insan farkında olmadan CİNLER ile rezonansa girerek** bir takım ilhamlar almaya başlar ve bunun sonunda, verilen ilhamlara göre, kendini, **UZAYLI, EVLİYA, MEHDİ NEBİ** veya **ALLÂH** olarak görüp; çeşitli mantıksal bütünlükten uzak fikirler içinde heba eder...

Buna karşılık bir de **İslâmî** kaynaklarca öğretilen **GENEL ZİKİRLER** vardır ki; bunlar tamamıyla, kişinin **RUH** gücünün artmasına ve **RABBİNE** yaklaşmasına vesile olur...

Bu **GENEL ZİKİRLER**'e hemen bir iki misal verelim...

"SubhanAllâhi ve bihamdihi"
"SubhanAllâhi velhamdulillâhi ve lâ ilâhe illAllâhu vAllâhu ekber"
"Lâ ilâhe illAllâhu vahdehû lâ şeriyke leh"
"Lâ ilâhe illAllâhul melikül hakkul mubiyn"
"Subbûhun Kuddûsun Rabbul melâiketi ver Rûh"

♦ ♦ ♦

Bir de **GENEL ZİKİR** sınıflaması içinde yer alan **"Özel gayeye yönelik"** zikirler vardır; ilim talebine yönelik, kusurunu itirafa ve bağışlanmaya yönelik zikirler gibi... Hemen bunlara da örnek verelim:

"Rabbi zidniy ilmâ"
"Lâ ilâhe illâ ente subhaneKE inniy küntü minez zâlimiyn"
"Rabbic'alniy mukıymes Salâti ve min zürriyyetiy"

ÖZEL ZİKİR, esas olarak kişinin durumunu çeşitli yönlerde geliştirmeyi hedef alan, özel gayeler istikametinde gelişmeyi amaç edinen zikirlerdir.

ÖZEL VE GENEL ZİKİRLER ◆

ÖZEL ZİKİRLER, esas itibarıyla kişinin beyin programına, yani kendine has özellikleri, karakteristiği, kişisel arzu ve hedeflerine göre düzenlenen zikir formülleridir... Bu zikir terkipleri, belirli âyet ve hadislere dayanan dualar ile, o kişide kısa sürede gelişme sağlayacak, ilâhî isimler gruplarından oluşur...

◆ ◆ ◆

Tarikatlarda verilen zikir formülleri günümüzde genellikle hep **GENEL ZİKİR** kapsamında olduğu için gelişme sürecini de otuz-kırk yıl gibi çok uzun zaman dilimlerine yaymaktadır.

Oysa, bu **özel zikir** formüllerini deneyenler, kendilerinde bir-iki sene gibi çok kısa süreler içinde büyük gelişmeler hissetmektedirler.

ÖZEL ZİKRİN, özel gayeye yönelik bölümünde yer alan bazı zikirlere misal vermek gerekirse, bu konuda şunları örnek olarak söyleyebiliriz:

"**Allâhümme inniy es'elüke hubbeke**"
"**Allâhümme elhimniy rüşdiy**"
"**Kuddûs'üt tâhiru min külli sûin**"

ÖZEL ZİKİR bölümündeki (b) şıkkında yer alan kişiye özel zikirler ise...

MÜRİYD
KUDDÛS
FETTAH
HAKİYM
MU'MİN
RAHMÂN
RAHIYM
BÂSIT
VEDUD

♦ ÖZEL VE GENEL ZİKİRLER

CÂMİ'
RÂFİ'

Ve daha bunlar gibi Allâh'ın değişik isimlerinden oluşur.

Bunlar kişinin beyin programının ihtiyaç gösterdiği bir biçimde; kişiye özel sayılar ile formüle edilerek çekilir ve kişi üzerindeki etkileri kısa sürede açığa çıkar.

Ancak, burada hemen şunu ilave edelim; bu **ZİKİR** çalışması içinde, zikirle açılan ek kapasitenin değerlendirilmesi sırasında yoğun olarak **İLİME** ağırlık verilmesi ve artan kapasitenin **İLİM** ile değerlendirilmesi şarttır. Aksi hâlde bu kapasitenin **cinnî ilhamlar** istikametinde programlanması söz konusu olabilir ki; bu da hiç iyi olmaz...

Ayrıca bu tür zikirler sırasında kitabın girişinde yer alan **CİNLERE KARŞI KURÂN'DA ÖĞRETİLEN KORUNMA DUASININ** yapılması son derece yararlı olur.

♦ ♦ ♦

İşte kısaca bu ön bilgiyi verdikten sonra, az önce sorulan sorunun cevabını hemen açıklayalım...

İslâm camiasında genellikle **RUHANİYETİ arttırıcı zikirlere** devam edildiği için; maneviyatı son derece güçlü sayısız insan yetişmesine karşın; dünya ilimlerine dönük beyinler çok az çıkmıştır! Şayet beyin, sistemli bir şekilde dünya bilimlerine yönelik bir biçimde zikir ile takviye edilseydi, elbette ki o yönde gelişmiş üst düzey beyinler de çıkardı...

Ne var ki, "**yarın zorunlu olarak terk edeceğin şeye, bugün sahip çıkarak, kendini, o şeyi terk etmekten ileri gelen azaptan koru**" düşüncesinde olan **İslâm** camiası, dünyaya fazla bir değer vermemiş ve o yolda kendini fazla yormamıştır.

Önce anlaşılması son derece kolay olan şu misali verelim...

ÖZEL VE GENEL ZİKİRLER

Size son derece kıymetli mücevherle dolu bir kasa veriyorlar ve diyorlar ki:

— **Şayet anahtarını elde edersen, bu kasayı açabilirsin, içindeki her şey senin olabilir...**

Soruyorsunuz, peki anahtar nedir, nasıl açabilirim? Cevap:

— **Anahtar, ucu özel bir şekillendirmeye tâbi tutulmuş demirdir... Elde etmek için de şu kadar pahasını ödemek zorundasın...**

Diyorsun ki "Kasa nasıl olsa bende! O kadar paha ödeyeceğime, alırım bir demir, alırım bir eğe; çenterim demiri, olur anahtar!"

Ama ne çare ki, bir ömür boyu demir çentseniz, o kasanın özel kilit şifresine uygun anahtarın bir benzerini yapamazsınız... Ve bu yüzden de kasanızı açıp içindeki çok kıymetli mücevherlere kavuşamazsınız... Tâ ki, pahasını ödeyip özel şifresi için yapılmış anahtarı elde edene kadar... Unutmayalım ki her kilit ancak şifresine uygun anahtar ile açılır.

İşte bu misalde olduğu üzere, her beynin kendine özel bir formüle ihtiyacı vardır ki, çok kısa sürelerde büyük gelişmeler elde etsin... Ama bunun için de elbette, bu konudan anlayan, bu konu hakkında bilgi sahibi kişiyi bulmak zorunluluğu mevcuttur.

Bu devirde böylesine ehil kişiyi bulmanın çok zor olduğunu düşünerek bu kitapta, bize ihsan olunan ilim ölçüsünde, elden geldiğince çeşitli zikir formüllerinden söz edeceğiz... Ki bunlar **bizâtihi tecrübelerimize** göre son derece yararlı olmuşlardır...

Dileyen bu zikir formüllerini bir süre kendi üzerinde dener, fayda görürse devam eder, fayda bulmazsa da genel zikirlerle ruhaniyetini geliştirme yolunda çalışmalarına devam eder.

10

♦

ÇOK ZİKREDEN DELİ Mİ OLUR?

ZİKİR konusunda halkımızın çok korktuğu bir husus vardır; Elbette bunda en büyük faktör de **"menfi şartlandırma"**dır... **"Çok tespih çekme, deli olursun!.."** türünden, kasıtlı ya da kasıtsız söylentilerin kesinlikle belli olan bir yönü vardır ki -o da **"BİLİNÇSİZLİK"** olan ters şartlandırmadır- insanları **ZİKİR** konusunda son derece **ürkütmüştür.**

Kur'ân-ı Kerîm her hâlükârda, ayakta, otururken, yan yatarken **sürekli zikir** yapılmasını tavsiye ederken; maalesef bu bilinçsiz çevreler insanları ellerinden geldiğince **zikirden** uzak tutmaya çalışmaktadırlar...

"Onlar (öze ermişler) **ayakta, otururken ya da yanları üzere uzanmışken Allâh'ı anıp** (hatırlayıp), **semâların ve arzın yaratılışını** (günün getirisi ölçüsünde evren ve derûnu ya da beyin indînde bedenin yeri ve özelliklerini) **tefekkür edip; 'Rabbimiz, bunları boş yere yaratmadın! Subhan'sın** (yersiz ve anlamsız bir

♦ ÇOK ZİKREDEN DELİ Mİ OLUR?

şey yaratmaktan münezzeh, her an yeni bir şey yaratma hâlinde olansın)! (Açığa çıkardıklarını değerlendirmemenin getireceği pişmanlıktan) **yanmadan bizi koru'** (derler)." (3.Âl-u İmran: 191)

Evet, insan daima üç hâlden birindedir... Ya ayaktadır, ya oturuyordur, veyahut da yatmaktadır... İşte, yukarıdaki âyet, her üç hâlde de zikredilmesi gerektiğini bize açık seçik vurgulamaktadır.

♦ ♦ ♦

Öyleyse bize düşen, elden geldiğince, **zikir** yapmaktır!.. Nerede olursak olalım, ister abdestli, ister abdestsiz, olabildiğince **zikir** yapmak suretiyle beynimizi geliştirelim, **Allâh'a yakîn** elde edelim.

Bizim, nice içki içen ve hatta alkolik olan kişiye zikir tavsiyemiz vardır ki, bunlar meyhanede içki içerken zikre başlamışlardır... Bir elinde içki kadehi, diğer elinde tespihle işe başlayan bu kişiler; **zikrin** beyinde yaptığı yeni açılımların sonucu kendilerinde meydana gelen idrakla bir süre sonra içkiyi bırakmışlar, ve daha sonra da kendi içlerinden gelen bir şekilde, hiçbir dış baskı olmaksızın beş vakit namaz kılıp, Hacc'a gitmişlerdir.

Diyorum ki, **ZİKİR** insan için en güzel geleceklerin yegâne anahtarıdır; çünkü beyin kapasitesini geliştirmeye yönelik yegâne ve en güçlü çalışmadır. "Ya çok tespih çekip de deli olanlar?" diyeceksiniz...

Şunu kesinlikle ifade edeyim ki, çok tespih çekmek yüzünden hiçbir normal insan deli olmaz!

Ama şurası kesindir ki, çevresinde normal gibi tanınan oysa gerçekte **şizoid** ya da **megaloman** olan pek çok insan vardır!.. Bunların bu hasta durumları genellikle otuz beş-kırk yaşlarından sonra bazen de daha ileri yaşlarda ortaya çıkar... Hatta bazen de bir vesile olmazsa, hiç ortaya çıkmadan kapalı olarak bu dünyadan geçer giderler...

İşte, bu esasen hasta yapılı olan kişilerden biri, bir vesileyle tespih çekmeye başlamış ve daha sonra da yine bir vesileyle hastalığı ortaya çıkmışsa, art niyetli kişiler tarafından bu durum hemen tespih çekmeye ve zikir yapmaya bağlanarak, insanlar dinden ve zikirden soğutulur.

Oysa, normal yapılı, sağlıklı, akıl-mantık bütünlüğüne sahip bir insanda, **zikrin** asla hiçbir zararı yoktur!.. Aksine, bu tür bazı hastalıkları olan kişilerde dahi zikrin bazı faydaları olmakta; onların taşkın hâlleri zikir yoluyla oldukça kontrol altına alınabilmekte veya çok çok içe kapanık hâlleri daha dışa açılmaya yönlendirilebilmektedir...

◆ ◆ ◆

Her ne kadar, düne kadar Türkiye'de tarikatlar yasak idiyse de, basında okuduğumuz ve çevremizden duyduğumuz kadarıyla, Türkiye'de neredeyse her beldede bir şeyh vardır ve bunların, belki de toplam Türkiye nüfusunun yarısına yakın derviş topluluğu vardır... Yani en azıyla Türkiye'de on milyon zikir yapan insan söz konusudur. Bu sayının yüzde ya da binde ya da on binde kaçı, eskiden normalken, tespih çekmek yüzünden akıl hastası olmuştur?..

Şunu kesin olarak ifade edelim ki; normal, sağlıklı, mantıksal bütünlük içinde yaşayan hiçbir insan, zikir çekmeye başlaması yüzünden deli olmaz, kafayı üşütmez! Şayet, belki on binde bir kişi böyle bir sebepten hasta oldu denirse, "onun geçmişini araştırın" deriz. Ya genetiğinde ya da doğuştan gelen sebeplerle bu hastalığın o kişide mevcut olduğu açık-seçik görülecektir.

11

◆

ZİKİR TENHADA MI YAPILMALIDIR?

ZİKRİN ne olduğunu tam anlamamış kişilerin, zikir yapılırken uyulması zorunlu şart olarak öne sürdükleri bir husus vardır; **zikri** tenhada, kimsenin olmadığı bir yerde, sessizlikte yapacaksın! Bu son derece yanlış bir zorlamadır ve asla şart değildir.

Tenhada bir yerde, yalnız başına olunan bir yerde, tefekkürle yapılan **zikrin** elbette birçok faydalı yönleri vardır ve bu asla inkâr edilemez...

Ancak, imkânı olamayan, bu yüzden **zikir** yapamaz, yapmamalıdır gibi bir anlam da çıkarılmamalıdır. Her yerde, her zaman **zikir** yapılabilir demiştik. Nitekim, gerek **Kur'ân-ı Kerîm**'deki **"ayakta, otururken ve yatarken"** zikredilmesi gerektiğini bildiren âyet, gerekse de çarşı pazarda **"Lâ ilâhe illAllâhu vahdehu la şerîke leh, lehül mülkü ve lehül hamdu yuhyi ve yumitu ve huve hayyun lâ yemûtu ebeden biyed'ihil hayr, ve**

♦ ZİKİR TENHADA MI YAPILMALIDIR?

huve alâ külli şeyin Kaadir" zikrinin yapılmasının hadsiz hesapsız ecir getirdiğini anlatan hadîs-î şerîf kapsamında, deriz ki **her yerde her zaman zikir yapılır** ve yapılmalıdır!

Esasen bu çok önemli bir konudur.

Zikir yaparken mutlaka tefekkür şart mıdır? Veya namaz kılarken -ki o da dua ve zikirdir- aklına başka şeyler gelmesi namazı bozar mı? Zikir veya namaz sırasında akla başka şeyler gelirse, okunulan dua ve zikirlerin gene de faydası dokunur mu?..

Kesin olarak söyleyelim ki, zikir yapılırken veya namaz kılarken akla gelen şeyler, yapılan çalışmaya asla zarar vermez.

Beyin, aynı anda sayısız konuda ve yönde faaliyet göstermektedir ki, bunların her biri de kendisi ile alâkalı bölümlerce ifa edilmektedir ve hepsi de yerini bulur!

Mesela, yolda yürürken, bir yandan tespih çekip, bir yandan başka şeyler düşünür, bir yandan da çevrenizi seyredersiniz. Bu faaliyetin her biri beyinde ayrı ayrı birimlerde değerlendirilir ve hepsi de yerini bulur... Mesela; evde bir yandan bir şeyler okuyup bir yandan tespih çekersiniz, bir yandan odada konuşulanlar kulağınıza gelir bir yandan da televizyona gözünüz kayabilir. Bunların hepsini de aynı anda yapabilirsiniz. Bu, beyninizin gelişmişlik derecesi ve çok yönlü çalışabilme özelliğiyle alâkalıdır. Manevî yönü olan kişiler, bütün bunların üstüne, bir de manevî irtibatlar hâlinde olup, onların da hakkını rahatlıkla edâ edebilirler.

Burada mühim olan, beyinde yapılan çalışma ve onun neticesinin otomatik bir biçimde ruha yüklenmesidir. Siz ister farkında olun, ister hiç fark etmeyin, değişmez! Nitekim, misal vermiştik, meyhanede içki içerken, rakı kadehi elde zikre başlayan kişi, devamı sonunda Hacc'a gidecek duruma erişmiştir sekiz ayda! Dolayısıyla, **zikir** için yalnızlığa çekilmek şart değildir.

12

ZİKİRDE NİÇİN ARAPÇA KELİMELER KULLANILIR?

"**ZİKİR**"den söz edildiği zaman hemen akla takılan ve sorulan bir soru da şudur:

— Niçin biz bu kelimeleri Arapça olarak söyleyelim? Aynı kelimelerin Türkçe karşılığını söylesek olmaz mı? Allâh, sanki Türkçe anlamaz mı ki biz Türkçe okuyamıyoruz?

Elbette, bu sorunun cevabını da vermek böyle bir kitapta, bize düşer! Öyleyse, dilimiz döndüğünce, bunun da izahını yapalım...

Bilelim ki; sesle duyduğumuz bir kelime, yapılan işin en son safhasıdır! Olay beyinde, o anda içten -yani kozmik boyuttan- veya kozmik âleme ait bir varlıktan gelen; ya da dıştan -yani çevremizde algılamakta olduğumuz herhangi bir varlıktan- gelen bir impulsla yani bir mikrodalga -ışınsal etki- ile başlar.

◆ ZİKİRDE NİÇİN ARAPÇA KELİMELER KULLANILIR?

Bu gelen etki neticesinde, önce beynin biyomanyetiği, sonra biyoelektriği ve daha sonra da biyoşimik yapısı tesir alır... Biyoşimik yapı aldığı tesirle kendisindeki verileri bir araya getirdikten sonra, çıkan neticeyi tekrar biyoelektrik kata dönüştürerek, ilgili sinir sistemini uyarır ve hangi organla ilgili bir durum söz konusu ise olayı ona aktarır. Ve biz, o organdan yansıyan bir eylem olarak, sonucu algılarız!

Yani esas olan, dışta algıladığımız ses-görüntü değil, bir üst boyutta cereyan eden ışınsal yapı-biyoelektrik-biyoşimik üçlü sistemidir!

Şayet, beynin bu ana çalışma sistemini kavrayabildiysek, anlayacağız ki; **önemli olan**, kelimenin harf dizilişinden oluşan **lisan değil, kelimeleri meydana getiren frekans-titreşimdir!**

"ÜST MADDE" isimli ses ve video sohbetlerimde izah ettiğim üzere, evren ve içinde her boyutta var olan, tüm varlıklar orijini itibarıyla kuantsal kökenli ışınsal varlıklardır. Ve dahi bu ışınsal yapıların her biri, bir anlam taşımaktadır. Ki, bu ışınsal kökenli varlıklar tanımına uygun olarak, salt enerji varlıklar, belli bir anlam taşıyan ve o anlama yönelik görev yapan varlıklar dinde "MELEK" kavramı ile açıklanmıştır. Nitekim, "Melek" kelimesinin aslı **"melk"**ten gelir ki **"güç, kuvvet, enerji"** anlamındadır.

İşte, evrensel mânâda her titreşim-frekans bir anlam taşıdığı gibi, beyne ulaşan her kozmik ışın, frekans dahi bir anlam ihtiva eder biçimde evrende yer almakta ve bu yapılar bizim tarafımızdan "MELEK" adıyla bilinmektedir...

İnsan ise, **KENDİ ÖZ GERÇEĞİNİ, ALLÂH'I TANIMAK** için varedilmiş, yeryüzündeki en geniş kapsamlı birimdir.

İnsanın kendini bu beden sanması, **Kur'ân** tâbiriyle **"aşağıların en aşağısında var olması"**; buna karşılık özünün hükümleriy-

ZİKİRDE NİÇİN ARAPÇA KELİMELER KULLANILIR? ♦

le yaşaması ise **"cennet hayatı"** diye tanımlanmasına sebep olduğu için, insana tek bir görev düşmektedir: **KENDİNİ ÖZ YAPISINDA TANIMAK!**

Bunu da din, **"NEFSini bilen RABbini bilir"** diye formüllemiştir.

İşte, madde boyutunu asıl sanan beyin, kesitsel algılama araçlarının -beş duyu- kaydından ve onun getirdiği şartlanma blokajından kendini kurtarabildiği takdirde; ışınsal evren gerçeğini fark edip idrak edecek ve o gerçek boyutta, gerçek yerini almak için, gerçek varlığını hissetme arzusu duyacaktır.

Bu arzu, onun ışınsal yapıyla ilintisini güçlendirecek ve neticede fark edecektir ki, kendisinde meydana gelen tüm olaylar, ışınsal anlamların açığa çıkışından başka bir şey değildir.

Yani beyin, ışınsal anlamları, bildiğimiz boyuta transfer eden ve bu arada da, bir yandan bu kavramları bir tür hologramik ışınsal bedene yüklerken, diğer yandan da dışarıya yayan muazzam bir cihazdır.

"ZİKİR", ancak işte bu anlattıklarımızın kavranılmasından sonra anlaşılabilecek, idrak edilebilecek bir sebepledir ki, Arapça orijinal kelimelerle yapılan çalışmadır.

Zira, her bir kelime, harf; belli bir frekansın-titreşimin beyinde ses dalgalarına dönüşmüş hâlidir. Her frekans bir anlam taşıdığına göre; kelimeler, belli anlam taşıyan frekansların, ses dalgalarına dönüşmüş hâlidir ki; bu da **"zikir kelime ve kavramlarını"** oluşturur.

Yani, belirli evrensel anlamlar, kuantsal anlamlar, evrende dalga boyları, titreşimler hâlinde mevcut olduğundan; bunların ses frekansına dönüşmüş hâline de kelimeler dendiğinden; o anlamların titreşimine en uygun kelimeler Arapça olduğu için, zikir kelimeleri Arapça olmuştur.

♦ ZİKİRDE NİÇİN ARAPÇA KELİMELER KULLANILIR?

Dolayısıyla, siz o kelimeyi değiştirdiğiniz zaman, asla o frekansı tutturamaz ve asla, o istenilen frekansın ihtiva ettiği anlama ulaşamazsınız.

İşte bu sebepledir ki...

Kişi, **Allâh Rasûlü'nün, Kur'ân-ı Kerîm**'in insanlara idrak ettirmek istediği sırlara ermek ve evrensel gerçeklere vâkıf olmak istiyorsa, zikir kelimelerini geldiği gibi, yani Arapça orijinalinde olduğu gibi, tekrarlamak mecburiyetindedir.

Ve en az hayatında bir kere, **kesinlikle, Kur'ân-ı Kerîm'i Arapça orijinal kelimeleriyle beyninde tekrar etmek ve bunu RUHUNA yani bir tür hologramik ışınsal bedenine yüklemek zorundadır!** Ki, ölüm ötesi yaşamında sonsuza dek kendisinde bulunan bu bilgi kaynağından yararlanabilsin!

Ayrıca, bu kelimelerin Arapça olarak orijinaline uygun biçimde tekrar edilmesi zorunluluğunun bir diğer sebebi de şudur: Bu Arapça kelimeleri, eğer Türkçe'ye çevirmeye kalkarsanız, bazen bir sayfa, bazen daha fazla yazmak zorunda kalırsınız; o anlamı verebilmek, o mânâyı kavrayabilmek için. Oysa, bunu tek kelime olarak tekrar imkânı mevcutken!..

Bilmem anlatabildim mi, **"ZİKİR"**in neden daima geldiği orijinal lisanıyla yapılması gerektiğini?..

13

♦

KUR'ÂN-I KERÎM NASIL ANLAŞILIR?

En büyük **ZİKİR** olan **Kur'ân-ı Kerîm** bahsine gelmeden önce, kısa bir şekilde, Kur'ân-ı Kerîm'in nasıl anlaşılması gerektiği üzerinde, fazla derine girmeden, sadece ana hatlarıyla durmak istiyorum. Zira, bize **"ONU ANLAYASINIZ DİYE"** denilerek inzâl olmuştur.

Bütün mahlûkat, şartlandırılarak, ezberletilerek bir şeyler yapabilir. Ancak, sadece **İNSAN**, idrak ve tefekkür gücüne sahip varlık olarak, ve bu özelliği dolayısıyla, **"ALLÂH'IN YERYÜZÜNDE HALİFESİ"** olmak şerefine nail olmuş; bu gerçeği idrak edip gereğini yaşayabilenlere de **"ŞEREFLİ MÜSLÜMANLAR"** denilmiştir. Elbette ki, takliden bir şey yapabilenler de **"yakîn"**leri ölçüsünde bundan hisselerini alırlar.

Kur'ân-ı Kerîm'i anlamak için önce **"tâhir"** olmak, yani **"arınmış"** olmak gerekir. Çünkü, **"Arınmamış olanlar dokunma-**

♦ KUR'ÂN-I KERÎM NASIL ANLAŞILIR?

sınlar" deniliyor... Bu âyeti maalesef yanlış anlıyor; gidip suyla yıkanıp, abdest alıp **"arındığımızı"** sanıyoruz! **"Tâhir"**in zıddı olan **"necîs"**in yani necâsetin, yani pis-kirli olma hâlinin ne olduğunu, bakın nasıl tarif ediyor aynı **KUR'ÂN:**
"...KESİNLİKLE MÜŞRİKLER NECÎSTİR (pisliktir)!"
(9.Tevbe: 28) Yani, necîs olma hâlini meydana getiren **"şirk"** düşüncesidir!

İşte bu iki âyet bir bütünleme ile şunu ifade etmektedir:
"ŞİRK düşüncesiyle kirlenmiş olan müşrikler, bu pis düşünceden ARINMADAN KURÂN'A EL SÜRMESİNLER; çünkü şirk düşüncesiyle, ALLÂH'ın Vahdaniyetini, TEK'LİĞİNİ, EHADİYETİNİ anlatan bu 'Kutsal Kitabı' anlayamazlar..."

İnsanların, birimsellikten doğan bir biçimde, gökte hayal ettikleri TANRI'ya, bakış açılarına karşın; **ALLÂH**'ın **Vahdaniyetini, EHADİYETİNİ, SONSUZ-SINIRSIZ TEK OLUŞUNU** en açık-seçik bir biçimde vurgulayan ve **Tek'ten çoğa** bakış açısını açıklayıp öğretmeyi gaye edinmiş olan **KUR'ÂN-I KERÎM**'in anlaşılması, elbette ki kolay değildir.

İşte bu sebepledir ki, **Kur'ân-ı Kerîm**'i anlamak istiyorsak, önce **ŞİRK** düşüncesinin pisliğinden **ARINMAK** mecburiyetindeyiz.

Nedir **ŞİRK** düşüncesi?..
TANRI kabulü, TANRI vardır zannı ŞİRK düşüncesinin **temelidir!**

Senin dışında; yukarıda; ötede; seni uzaktan duyan, gören; kâh senin yaptıklarına karışan, kâh müdahale etmeyen; senin yaptıklarına bakıp, ona göre seni tanıyıp, hakkında karar verecek olan; kızdırırsan seni cehenneme atacak; bir punduna getirip onu kandırabilirsen cenneti sana ikram edecek olan; kâh celâlli, kâh da çok tonton merhametli büyükbaba gibi **bir**

TANRI var sanmak! İşte şirk denen olayın ta kendisi budur! Ve tabiidir ki, buna bağlı olan **tanrılık ve tanrıya tapınma** kavramları, **şirkin** detaylarını teşkil etmektedir.

İslâm dininin, insanı **ŞİRK** kavramından kurtaracak anlayışı, sistemi ise **Allâh Rasûlü Muhammed Mustafa** Efendimiz AleyhisSelâm tarafından şöyle tarif edilmiş ve formüllendirilmiştir:

"**TANRI YOKTUR, sadece ALLÂH vardır.**"

Bu demektir ki özetle...

Sizin düşündüğünüz **gibi, bir tanrı ve tanrılık kavramı kesinlikle mevcut değildir; ALLÂH vardır ve O'nun oluşturduğu kendi sistemi mevcuttur.**

"**Zikrin faziletlisi Lâ ilâhe illAllâh'tır.**"

"**Lâ ilâhe illAllâh' diyen cennete girer, hırsızlık yapsa da, zina yapsa da.**"

Gibi hadîs-î şerîfler hep **Kelime-i Tevhid** formülünün mânâsının yüceliğine dikkat çeker. Yani, bir kişi bütün bunları yapsa dahi, **Kelime-i Tevhid** formülünün taşıdığı anlamı kavradığı zaman; artık bu yaptıklarına tövbe eder; **tanrı var tahayyülünden ileri gelen yaptığı yanlış işlerden vazgeçer;** Allâh'a yüzünü döner; gereğini yaşar ve bu da ona cenneti getirir, demektir...

Bu konunun daha detaylı açıklamasını isteyenler "**HAZRETİ MUHAMMED'İN AÇIKLADIĞI ALLÂH**" isimli kitabımızı inceleyebilirler.

Evet, cenneti nasıl yaşamaya başlar insan?.. "**Onlar dünyada iken cennet nefhalarını almaya başlarlar**" buyuruluyor... Ne demektir bu?..

İnsan, **ÖTEDE BİR TANRI** ya da **ÖTESİNDE BİR TANRI** şirkinden arınmaya başladığı zaman; **SONSUZ-SINIRSIZ ALLÂH** kavramını yavaş yavaş fark etmeye, idrak etmeye ve hissedip, yaşamaya başlar...

İdrak eder ki, **SONSUZ-SINIRSIZ ALLÂH**, her zerrede, tüm varlığıyla mevcuttur; ve dolayısıyla kendi benliğinde, özünde, her zerresinde kemâliyle, **Zât**'ına yakışır şekilde "**O**" vardır!.. Yıllardır **ötelerde sandığı; özünden, benliğinden yüz gösterivermiştir** kendisine!..

"**Ben taşrada arar idim, O'l cân içre cânan imiş!..**" mısraları dökülüverir ağzından... Sonra bakar görür ki, her zerre de yüz gösteren "**O**"!..

"**...Ne yana dönersen VECHULLÂH karşındadır** (Allâh Esmâ'sının açığa çıkışıyla karşı karşıyasın)!.." (2.Bakara: 115) âyetinin "**Sır**"rını idrak eder ve her yerde ve her şeyde **O**'nu sevmeye başlar. Kimseye kızmaz, küsmez; kimsenin hakkını yemez; kimseye dil uzatmaz; kimseyi istemediği bir işe zorlamaz; geçici değerlerle vakit harcamak yerine, kalıcı hizmetlerle vaktini değerlendirip; hem fiilleriyle, hem diliyle, hem bilinciyle hep sevdiğini **zikreder** hâle gelir. Eskiden, **İslâmiyet** kendisine çok zor gelirken; şimdi kendisine çok basit ve çok kolay geliverir!

Zaten nedir ki?

Kelime-i Şehâdet'i dille tekrarlamak bir yana, hâliyle yaşamaya başlamıştır...

Farz olan beş vakit namaz! Nedir ki? **Sabah,** velev ki kalktığında, elini yüzünü yıkarken, ayağını da yıkayıp almış olur abdesti; ve alt tarafı, iki dakikadır, **iki rekât sabah namazı!**

Öğlende, bir fırsatını bulamaz mı dört dakikacık!.. **Dört rekât da farz öğle namazı;** "madde"nin tüm stresi içinde, dört dakikalık sonsuzluk tasavvuruyla yaşanan, dört rekât öğle namazı...

İkindi namazı için... **Farz olan dört rekât namaz** için bulunamaz mı dört dakika? Senin gerçek boyutun olan o sonsuzluğa açılan pencere!

Akşam eve gelmişsin; günün bütün dünya dertlerinden kendini soyutlayabilmek için; elini yüzünü yıkayıp, abdest alıp üç dakikalık, **üç rekâtlık** özündeki sonsuzluğa yöneliş, o sonsuzlukta huzur!..

Ve nihayet yatmadan önce, günün bütün problemlerinden arınıp, kendi gerçek âlemine dalmayı kolaylaştıracak **dört rekâtlık, farz olan yatsı...** İşte üzerine **farz olan;** İslâmiyete göre, **bu kadar az ve basit!** Topunu toplasan günde 17 dakikacık! 1440 dakika içinde sadece 17 dakika!

Ama istiyorsan, daha fazlası diyorsan; "Beni, sonsuz bir gelecek bekliyor, benim orada daha pek çok şeylere ihtiyacım olacak" idrakına gelmişsen; dilediğin kadar arttırırsın yararlı çalışmalarını.

Namazdan sonra ne var, **Hac...**

İşte bu da son derece önemli bir konu. Hacc'ın niçin çok önemli olduğunu, neyi nasıl getirdiğini tüm sistemiyle, "**İNSAN VE SIRLARI**" isimli kitabımda izah ettim. Hazreti **Rasûl** AleyhisSelâm buyuruyor ki:

"**Hacc'a gitmekte acele ediniz!.. Çünkü hiçbiriniz ileride karşısına hangi engellerin çıkacağını bilemez!**"

Ve gene **ŞİDDETLE UYARIYOR** ki:

"**Kim gitmesine engel olacak şiddette bir hastalık yahut Hacc'ı yasaklayan ZÂLİM SULTAN yahut da yoksulluk olmadığı hâlde HACC'A GİTMEDEN ÖLÜRSE, o kimse ister YAHUDİ ister HRİSTİYAN OLARAK ÖLSÜN!**"

Bu, dini tebliğ edenin hükümleri göstermektedir ki **Hac** acilen yerine getirilmesi zorunlu bir ibadettir! Niye?..

Çünkü Hacc'da, o güne kadar bilerek ya da bilmeyerek

◆ KUR'ÂN-I KERÎM NASIL ANLAŞILIR?

yapmış olduğun **TÜM** suçların -kul hakkı da dahil- tamamıyla silinmekte; ayrıca **"anandan doğduğun günkü kadar günahsız olarak"** dönmektesin; ve **"Acaba affolundu mu?"** diye düşünmeni de Hazreti **Rasûlullâh**, **"en büyük günah"** olarak değerlendiriyor!

Böyle bir fırsat kaçırılır, terk edilir mi? Ölümün, hele günümüz şartları içinde, ne zaman geleceği hiç belli değilken; bir an önce, bizi azaba sürükleyecek tüm menfi yüklerden arınıp sıfırlanmak varken; bunca menfi yükle, günahla ölüm ötesi âleme geçmek mantık işi mi?

Hele, bunu yapmamaktan dolayı bir **HRİSTİYAN** veya **YAHUDİ inançsızlığını göze alarak ölmek** söz konusuyken!

İkinci olarak, bir de **Hacc'ın manevî yanı** var!.. Hiç olmazsa, çok kısa bir süre de olsa; sanki kefen giyer gibi, dünyadan soyunarak ihrâmları giyip; madde dünyasından ve onun tüm geçici değerlerinden arınıp; sonsuzluğun tarifi mümkün olmayan **ÜST MADDE** değerlerinin içine dalmak! Bilinç boyutunun sonsuzluğunda, benliksiz bir biçimde kulaç atmak!.. **Kâbe**'de dahi **Vechullâh**'ı **görebilmek**! Ve **"Yâr ile sohbet"** etmek!..

İleri gidiverdiysek affola! Ama **sızıverdi** testiden işte!..

Neyse gelelim **"Oruç ve Zekât"**a da...

Oruç, insana sanki yapısındaki **melekî boyutu** hissettirmek için konulmuş özel bir farz!.. Büyük rahmet!.. **Sen**, yemeden, içmeden, seks yapmadan ve seks düşünmeden, başkalarının hakkında kötü düşünmeden, kötü konuşmadan da durabilen ve böyle yaşayabilen **bir meleksin** idrakını hissettirmek için konmuş bir farz!.. Senede, 365 gün içinde, sadece 29 gün! Sana bu beden olmadığını, **bir bilinç varlık**, düşünsel varlık olduğunu, **melekî boyuta ait** bir varlık olduğunu fark ettirmek için konulmuş bir farz!

Ve **zekât**!.. Anladıysan, her zerrede, her birimde var olanın gerçekte sadece **"O"** olduğunu, paylaş onlarla hiç olmazsa varlığının kırkta birini; diyen anlayış...

İşte en basit anlatımıyla **İslâm**...

"Kolaylaştırın, zorlaştırmayın; sevdirin, nefret ettirmeyin!.." buyuran Efendimiz **Rasûlullâh** AleyhisSelâm'ın bildirdiği **Kurân**'ın bize en öz mânâda anlatmak istedikleri ve bizden talep ettikleri. Şayet bunları anlayabildiysek...

Şimdi de önce **"GÜNAH"**ı anlayalım sonra da **"İstiğfar"**ın ne olduğunu ve nasıl bir düşünceyle yapılması gerektiğini.

"Dağlar gibi kuşatmış, benlik günahı seni
Günahını bilmeden, gufrânı arzularsın."

(Niyazi Mısri'den)

İşte bundan sonradır ki; artık **KUR'ÂN-I KERÎM**'e **"EL SÜREBİLİR"** ve **ZİKRE, DUAYA** başlayabiliriz. Buyurun...

14

♦

İSTİĞFAR HAKKINDA

"İnnAllâhe lâ yağfiru en yüşreke BiHİ ve yağfiru mâ dûne zâlike limen yeşa'..." (4.Nisâ: 48)

Anlamı:
Muhakkak ki Allâh kendisine (âfakî-açık veya enfüsî-gizli) şirk koşulmasını bağışlamaz. Bunun dûnundakileri (bundan daha küçük suçları) dilediklerine bağışlar.

♦ ♦ ♦

Kul ya ıbadiyelleziyne esrefû alâ enfüsihim lâ taknetû min rahmetillâh * innAllâhe yağfiruzzünûbe cemiy'a * inneHÛ "HÛ"vel ĞafûrurRahıym. (39.Zümer: 53)

Anlamı:
De ki: "Ey nefslerinin hakkını vermede israf etmiş kullarım (benliğinin hakikatini yaşamak yerine ömrünü bedensellik yo-

♦ İSTİĞFAR HAKKINDA

lunda harcamış olan)! **Allâh rahmetinden ümit kesmeyin! Muhakkak ki Allâh, bütün suçları** (tövbe edene) **mağfiret eder... Muhakkak ki O, Ğafûr'dur, Rahıym'dir."**

♦ ♦ ♦

Ve "HÛ"velleziy yakbelüt tevbete an ıbadiHİ ve ya'fu anis seyyiâti ve ya'lemu mâ tef'alûn; Ve yesteciybülleziyne âmenû ve amilus salihati ve yeziydühüm min fadliHİ... (42.Şûrâ: 25-26)

Anlamı:
O, kullarından tövbeyi kabul eden, kötülükleri affeden ve yaptıklarınızı bilendir. İman edip imanın gereğini uygulayanlara icabet eden ve kendi lütfuyla onlara (nimetlerini) arttırandır!

♦ ♦ ♦

Yâ eyyuhelleziyne amenû tûbû ilAllâhi tevbeten nesuha * 'asâ Rabbuküm en yükeffire 'anküm seyyiatiküm ve yudhıleküm cennatin tecriy min tahtihel'enharu... (66.Tahriym: 8)

Anlamı:
Ey iman edenler! Allâh'a özden ve kesin bir tövbe ile tövbe edin! Umulur ki, Rabbiniz kötülüklerinizi sizden örter ve sizi altından nehirler akan cennetlere dâhil eder.

Bilgi:
Değerli okurlarım, **Kur'ân-ı Kerîm**'deki, Allâhû Teâlâ'nın bağışlama sistemi ve bu sisteme bağlı olarak tövbe edilmesi hususu yukarıda sıralamış olduğum dört âyeti kerîmede açık

İSTİĞFAR HAKKINDA ♦

seçik görülmektedir.

Bu âyeti kerîmelerden kesinlikle anlaşılan hususlar şunlardır:

1. **Şirk** yani **TANRI'ya inanma** suçu asla **bağışlanmaz.** Çünkü **Allâh vardır, TANRI YOKTUR!.. Tanrı kavramı, asla Allâh isminin mânâsının karşılığı değildir.** Bu sebeple, öncelikle ve acilen, Allâh isminin işaret ettiği mânâyı öğrenmek ve yaşamımıza ona göre yön vermek **ZORUNDAYIZ.** Aksi hâlde, **Allâh dışında tanrı edinenlerden** olma tehlikesi bizim çok yakınımızdadır. Böyle bir riske girmek çok büyük hatadır. Bu konuda tafsilâtlı bilgi "**HAZRETİ MUHAMMED'İN AÇIKLADIĞI ALLÂH**" isimli kitabımızda mevcuttur.

2. Nefsimizin hakikatini bilememek dolayısıyla nefsimizin hakkını edâ edememek durumunda yaşadığımız için haddi aşanlardan olup büyük kayıplarla yüz yüzeyiz.

Ama bu durumdan dolayı da asla umutsuz olmamalıyız. Çünkü yapılan bütün yanlış hareketlerin bir bağışlanma yolu da vardır; "Önemli olan hatayı fark edip, zararın neresinden dönülse kârdır" diyerek kalanı kurtarma yolu seçilmelidir.

3. Hatadan dönmenin yolu **tövbeden** geçer. Yaptığının yanlış olduğunu fark edip pişmanlık duyarak tövbe ettiğin zaman, bağışlanma seni beklemektedir. Dualarına icabet mükâfatı da cabası!..

İş ki, yarın tövbe ederim, öbür gün tövbe ederim deyip, tövbeyi ertelemeyelim. Zira tövbeyi erteleyenlerin çok büyük bir kısmı tövbe edemeden diri diri mezarı boyladılar ve canlı bir şekilde o kabir âleminde yaptıklarının neticelerini yaşamaktalar.

4. Tövbe, laf olsun diye, yaptım işte demek için; ya da biri "yap, şu kelimeleri tekrarla" dedi, diye değil; **nasuh** olarak

◆ İSTİĞFAR HAKKINDA

yapılmak zorundadır. Yoksa oyun eğlence ve hatta alay gibi değerlendirilebilir...

Nasuh tövbesi nasıl anlaşılmalıdır?..

İnsanın, yaptığı işin gerçekten yanlış olduğunu fark edip idrak etmesinden sonra, bu yapmaması gereken fiili işlemekten dolayı büyük bir pişmanlık duyması; ve bir daha o fiili asla işlememeye karar vermesi, bundan sonra Allâh'a karşı bu kararını itiraf ederek bağışlanma dilemesi **"nasuh tövbesi"** olur.

Yanlış bir fiili yapmaktan dolayı **özür dileme** ise **"istiğfar"**dır.

◆ ◆ ◆

Burada çok önemli olan ve kesinlikle idrak icap eden bir hususa değinmeden geçmeyeceğim...

"Estağfirullâh" yani **"Özür diliyorum Allâh'ım"** sözcüğü asla, tefekkürsüz söylenmemesi gereken bir ifadedir, aksi takdirde sanki muhatap hafife alınıyormuş anlamı çıkar...

Bugün çeşitli **tarikatlarda** verilen **"Şu kadar istiğfar çek"**, tarifi tamamıyla bilinçsizce ve yanlış bir şekilde uygulanmaktadır. Her ne kadar bu **"çekiş"** dolayısıyla ruha yüklenecek bir enerji söz konusuysa da; kesinlikle istenilen amaç doğrultusunda bir çalışma değildir bu! Ancak tespihi verenin bilinçsizliğinden, taklit ehli olmasından doğan bu durumun elbette ki kurbanı da **"Estağfirullâh çeken"** olmaktadır.

◆ ◆ ◆

Konuyu anlamak için, önce istiğfara sebep olan hususu iyi idrak etmek gerekir... Buyurun, konuyu **Rasûlullâh** AleyhisSe-

İSTİĞFAR HAKKINDA ◆

lâm'dan dinleyelim:

— **Gerçek şu ki, kalbim örtülür de ben de yüz defa Allâh'dan özür dilerim...** (Müslim-Ebu Davud)

Burada dikkat ediniz! İstiğfar laf olsun, sevap olsun diye söylenmemektedir! Kalbin örtülmesi neticesinde duyulan üzüntüden, içine girilen kapanıklıktan, Zâtı ilâhînin müşahedesinden perdelenmekten dolayıdır!

Hakk'ı, hakkıyla müşahede edememenin getirdiği sıkıntıyla; bu durum hissedildikçedir ve bu, bir gün içinde, çeşitli zaman aralıkları ile, belki günde yüz defa vâki olmaktadır Efendimiz'de; kendi ifadesine göre...

Nerede, günde yüz defa çeşitli aralıklarla, kendinde bu yetersizliği hissedip bundan üzüntü duyup istiğfar yapmak; nerede, bilinçsiz bir şekilde, **TAKLİDEN, ders yapıp vazife savar gibi, arkası arkasıyla yüz defa "Estağfirullâh" çekmek** (!)... Elbette çekeceği varsa kişinin, çekecektir Estağfirullâh..

Gerçeği idrak ederek, insanlık şeref ve haysiyetine ulaşmak isteyenler şunu acilen ve zorunlu olarak idrak etmelidir ki;

Mukallitten ders alınmaz ve TAKLİTLE HAKİKATE varılmaz!.. Tasavvuf, külliyen TAHKİK mesleğidir; asla taklit değil.

Velev ki şeriatı bile taklidî olarak kabul etmeyenler mevcuttur.

Ama şu da gerçektir ki; **TAHKİKE** güç yetiremeyen elbette kendini **TAKLİTLE** avutacaktır.

15

◆

NİÇİN VE NEDEN İSTİĞFAR?

Tövbe, büyük bir suçtan sonra; ortaya konulan fiilden duyulan pişmanlık ve geri dönüş dolayısıyla yapılır.

İstiğfar ise, günlük olaylar içinde, varoluş gayemizin hakkını şuurlu bir biçimde edâ edememekten dolayı yapılan hatalı hareketlerin ardı sıra özür dilemektir.

İnsanın yeryüzünde **"HALİFETULLÂH"** olarak yaşaması gerekirken, bu kemâlâtı yaşamasını engelleyen davranışlar ortaya koyarak hayatını sürdürmesi, **"istiğfar"**ın ana gerekçesidir.

Yani, **"istiğfar"** eden kişinin bu istiğfarı yaparken âdeta şöyle düşünmesi icap etmektedir:

"Yâ Rabbi, sen beni kendine 'halife' **olarak yeryüzünde yaşatıyorsun...** Oysa ben şu davranışımla, senin 'halifene' asla yakışmayacak bir hareket ortaya koydum. Ve bu yanlışımın da farkına vardım!.. Lütfen, varoluş kemâlâtıma yakışmayan bu fiilimden (veya düşüncemden) dolayı beni bağışla. Eğer bağışlamazsan, ben 'halifelik' yüceliğine yakışmayan ilkel beşerî

◆ NİÇİN VE NEDEN İSTİĞFAR?

değerlendirmeler batağında boğulur giderim. Bu yüzden bana merhamet et ve bana varoluş kemâlimin gereğini yaşama yolunu kolaylaştır."

İşte bu anlayış sonucu yapılan istiğfar elbette ki gayesine ulaşmış demektir... Sanıyorum, niçin istiğfar sorusunun cevabını böylece izah etmiş olduk.

Şimdi gelelim "neden istiğfar" bölümüne. Yani "nelerden dolayı istiğfar?.."

Her yerde ve her zerrede Zâtı, vasıfları, isimlerinin özellikleri ile mevcut olan **Allâhû Teâlâ**; dilemiştir ki, O'nu hem kendi özümüzde hem de tüm mevcudatta müşahede edelim... Bunun içindir ki, **"Nefsinizde mevcut, idrak edemiyor musunuz?"** ve **"Başını ne yana çevirirsen çevir Allâh'ın vechini görürsün"** işaretleri verilmiştir **Kur'ân-ı Kerîm**'de...

Ancak gerçek bu olmasına rağmen; bizim ne bu gerçekten haberimiz vardır ne de **"HALİFETULLÂH"** olmanın bilincine sahibiz; ve dahi, ne de özümüzün gerektirdiği davranışları ortaya koyabilmekteyiz.

İşte, insanın hakikatinin gereğini yaşayamaması; beşeriyetinin getirdiği düşüncelerle, duygularla, şartlanmalarla, tabiatının oluşturduğu güdüsel hareketlerle; ve şartlanmalardan ileri gelen değer yargılarıyla hayatı değerlendirmesi; bunun sonuçları olarak ortaya çıkan bütün fiiller, hep özür dilenmesine yani **"istiğfar"** edilmesine neden olan şeylerdir.

Bu sebepledir ki, biz, laf olsun diye **"Estağfirullâh" çekmeyecek**; yaptığımız yanlışları düşünerek, onları fark ederek **özür dileme** anlamında **"istiğfar"** edeceğiz.

Bu hususu da, böylece elimizden geldiğince açıklığa kavuşturduktan sonra; gelelim, **Muhammed Mustafa** AleyhisSelâm'ın bize öğretmiş olduğu çeşitli istiğfarlara...

16

♦

SEYYÎDÜL İSTİĞFAR

Allâhümme ente rabbiy lâ ilâhe illâ ente halâkteniy, ve ene abdüke ve ene alâ ahdike ve va'dike mesteta'tü, eûzü bike min şerri mâ sana'tü, ebûu leke bını'metike aleyye, ve ebûu bizenbiy, fağfirliy zünûbî, feinnehu lâ yağfirüzzünûbe illâ ente birahmetike yâ erhamerrâhımiyn.

Anlamı:
Allâh'ım! Rabbim sensin, TANRI yoktur. Yanlız sen varsın, beni sen yarattın, şüphesiz senin kulunum ve gücüm yettiği kadar sana verdiğim ahdü vaad üzere sâbitim. (Allâh'ım) işlediğim kusurların şerrinden sana sığınırım, bana ihsan buyurduğun nimetini Zât-ı Ulûhiyetine itiraf ederim. Günahımı da itiraf ederim. Binâenaleyh günahlarımı bağışla. Çünkü "Rahmet"inle günahları bağışlamak sana aittir yâ erhamerrâhımiyn!..

◆ SEYYÎDÜL İSTİĞFAR

Bilgi:
Muhammed Mustafa (s.a.v.) buyuruyor ki:

"Bu Seyyîdül İstiğfar'ı kim inanarak ve idrak ederek, karşılığını Allâh'tan bekleyerek, gündüz okursa ve gece olmadan önce ölürse cennete gider... Ve gene, kim gece okur da, sabah olmadan evvel ölürse o da cennet ehlinden olur."

Böyle bir değer elimize verilmişken, bunun kadri kıymetini bilmezsek, elbette başımıza geleceklere katlanmaktan başka bir şey kalmaz geride...

◆ ◆ ◆

Allâhümme lekel hamdu lâ ilâhe illâ ente rabbî ve ene abdûke âmentü bike muhlisan leke fiydiynî inniy esbahtü (emseytü) alâ ahdike ve va'dike mesteta'tü etûbü ileyke min seyyii amelî ve estağfirüke bizunûbilletiy lâ yağfirühâ illâ ente.

Bilgi:
"Vallâhi de billâhi de, her kim bu istiğfarı sabah akşam üçer kere okursa, o mutlaka cennete girer."

Bu işaretiyle bizi uyaran **Rasûlullâh** AleyhisSelâm, dikkat buyrula ki sözüne büyük bir yeminle başlıyor.

İşte bu yüzden, **"Seyyîdül İstiğfar"**dan sonra ikinci sırada hemen bu istiğfara yer verdik... Sabah-akşam üçer kere okusak ne kaybımız olur ki? Ya kazancımız!..

◆ ◆ ◆

Rabbi inniy zalemtu nefsiy zulmen kebiyra, ve lâ yağfıruz zunûbe illâ ente, fağfirliy mağfireten min indike, verhamniy,

SEYYÎDÜL İSTİĞFAR ♦

inneke entel Ğafûrur Rahıym.

Anlamı:
Rabbim, nefsime büyük zulümde bulundum (nefsimin hakikatinin hakkını veremedim), bu suçumu da senden gayrı bağışlayacak yoktur. İndînden gelen bir bağışlayıcılıkla beni bağışla, merhamet et, şüphesiz ki sen bağışlayıcı ve Rahıym'sin.

Bilgi:
Hazreti **Ebu Bekir Sıddîk** (Allâh razı olsun ondan) sordu **Rasûl** AleyhisSelâm'a:
"Yâ RasûlAllâh, namazdan çıkmadan evvel ne okuyayım?"
Namazlarda, selâm vermeden evvel okuması için Efendimiz **Rasûlullâh** AleyhisSelâm da Hazreti **Sıddîk**'a bu istiğfarı öğretti.
Hazreti **Sıddîk** da namazlarda selâm vermeden önce bu duayı okurdu...
"Ebu Bekir'in imanı terazinin bir kefesine, bütün müminlerin imanı da terazinin öbür kefesine konsa; Ebu Bekir'in imanı ağır basar." buyuran **Rasûlullâh** (s.a.v.)'in öğrettiği bu istiğfardaki incelik nedir acaba?

Bu istiğfarda geçen **"min indike"** yani **"indînden"** hitabı işin **"sır"** noktasını meydana getirmektedir...

Tasavvufta, **"mâiyet sırrı"** denilen hususa işaret eden **"ind"** tâbiri Türkçe'ye **"katından"** diye çevrilmektedir ki, bu asla yeterli olmayıp; bilakis konunun inceliğini örtmektedir.

Zâhir vardır, bâtın vardır, **Ledünn** vardır...

Ledünn kelimesiyle işaret edilen her şey, o kişinin Zâtından açığa çıkan Allâh'ın kudretine işaret eder ki; buna şöyle de diyebiliriz... **Hikmet sisteminde açığa çıkan kudret sırrı!..**

♦ SEYYÎDÜL İSTİĞFAR

"Dünya" hikmet yurdudur. Her şey bir sebeple, bir vesile ile oluşur. "Âhiret" denilen ölüm ötesi yaşam ise kudret yurdudur; orada hikmet kuralları dünya fizik kanunları geçerli olmaz...

İşte **mukarreblere** dünyada ikram kabilinden gelen **"Ledünn"** nimeti ile kudret sırları seyredilir.

İstiğfarda da bağışlamanın **"Allâh"** indînden talep edilmesi demek; beşerî kusurların örtülerek, **hakikat nûrlarının "nefs"**inde ortaya çıkmasını talep etmek demektir. Kalem, bundan ötesini satırlara dökmeye yetmiyor. Bağışlayın. Elbette ârif olan anlayacaktır işaretimizi...

♦ ♦ ♦

Allâhümmağfirliy hatıy'etiy ve cehliy ve israfiy fiy emri; ve ma ente â'lemu bihî minniy... Allâhümmağfirliy hezliy ve ciddiy ve hataiy ve amdiy ve küllü zâlike indiy.

Anlamı:
Allâh'ım, hatalarımı, cehaletimi, emrinde haddi aşmamı bağışla ve benden daha iyi bildiğin hatalarımı da. Allâh'ım, lâtifeyle yaptığımı, ciddi olarak yaptığımı, bilmeyerek veya kasten yaptığım yanlış hareketlerimi de bağışla. İtiraf ediyorum ki bunların hepsi de bende mevcut!

Bilgi:
Rasûlullâh AleyhisSelâm'ın ashabından Ebu **Musa el Eşarî** (r.a.), **Efendimiz'in böyle istiğfar ettiğini** bize naklediyor.
"**...Allâh senin geçmiş ve** (fethe rağmen oluşacak) **gelecek tüm zenbini** (bedenselliğini doğal getirisi perdeliliklerini) **mağfiret eder** (örter) **ve sana olan nimetini tamamlar...**" âyeti

Kur'ân-ı Kerîm'in **Feth** Sûresi'nde (48.Feth: 2) yer alırken; gene de **Rasûlullâh** (s.a.v.) Efendimiz bu şekilde istiğfara devam ediyor... Acaba niçin? Bunu biraz düşünmemiz gerekmez mi?

Konunun derinliklerini bir yana bırakırsak, en azından, sınırlı ve kusurlu varlıklar olarak, **"halifetullâh"** olmaya yakışmayan davranışlar içindeyiz... Ve en tabii yaşantımız içinde dahi, yani yukarıda sayılan hâllerde dahi, hakikatimizin hakkını edâ edememek yüzünden nefsimize zulmetmekteyiz. Ve unutmayalım ki, sadece dünyada birtakım çalışmalar yaparak ölüm ötesi sonsuz yaşamın sonsuz güzelliklerini elde etme imkânına sahip olabileceğiz.

Öyleyse, elden geldiğince, dünyada bırakıp gideceğimiz ve bir daha hiç aklımıza gelmeyecek şeyler için tüm beynimizi harcayacağımıza, hâllerimizin ardına geçip, öze yönelelim; ve noksanlarımızı idrak edelim.

♦ ♦ ♦

Estağfirullâhelleziy lâ ilâhe illâ Hû, el Hayyul Kayyûmmu ve etûbu ileyh.

Anlamı:
Bağışlanma diliyorum. Allâh'tan ki, tanrı yoktur, Hayy ve Kayyum olan sadece O vardır. Tövbem O'nadır!

Bilgi:
Rasûlullâh (s.a.v.) şöyle buyurmuştur:

"Kim, 'Tanrı yoktur Hayy ve Kayyum olan O vardır. Bağışlanmayı Allâh'tan dilerim, tövbem O'nadır...' derse, savaştan

♦ SEYYÎDÜL İSTİĞFAR

kaçmış bile olsa günahları bağışlanır."
Burada çok önemli olan husus ikidir. İstiğfarda "İsm-i Â'zâm" kullanılması ve bu tür istiğfarın büyük günahları dahi affettireceği.

Dualarda "İSM-İ Â'ZÂM" kullanılmasının hikmetini, "İSM-İ Â'ZÂM" bahsinde nasip olduğu kadar anlatmaya çalışacağım.

♦ ♦ ♦

Savaştan kaçma olayının dahi bu şekildeki istiğfarla affedilmesi olayına gelince...
Savaştan kaçma, Hazreti **Rasûlullâh** AleyhisSelâm'ın bildirdiği üzere yedi büyük günahtan birisidir.
Buyuruyor ki **Rasûlullâh: "Helâk eden yedi şeyden sakının..."**
Soruluyor nedir onlar, diye:

"**Allâh'a şirk koşmak;**
Allâh'ın haram kıldığı insanı öldürmek;
BÜYÜ ve sihir yapmak;
Faiz yemek;
Yetim malı yemek;
Savaştan kaçmak;
İffetli kadına zina iftirası atmak"

açıklaması yapılıyor Efendimiz'den...
Görülüyor ki, büyük günahlardan bağışlanma dahi söz konusudur. Ve bağışlanmak için; HRİSTİYANların günah çıkartmak için papazlara muhtaç oluşu gibi bir muhtaciyet gerekmeden; sadece Allâh'ın "Azamet ve Kibriyâ"sına yönelip, kusurunu,

suçunu itiraf ile **O**'ndan bağışlanma niyaz etmek yeterli olmaktadır.

Öyleyse, ne kadar büyük suç işlemiş olursak olalım, asla umutsuz olmayalım ve Allâh'a yönelip tövbe etmeyi ertelemeyelim!

♦ ♦ ♦

Allâhummağfirliy zenbiy küllehu ve dikkahu ve cillehu ve evvelehu ve âhırehu ve alâniyetehu ve sırrahu!..

Anlamı:
Allâh'ım, günahlarımın hepsini, eskilerini, yenilerini, küçüğünü, büyüğünü, açıktan yaptıklarımı, kafamdan geçirdiklerimi mağfiret et (bağışla).

Bilgi:
Rasûlullâh (s.a.v.)'in en sık okuduğu "istiğfar"lardan biridir bu yazmış olduğum...

İstiğfar yapılırken, ne derece geniş kapsamlı tutulmasına örnek olması yönünden son derece dikkat çekicidir... Daha önce de belirttiğim gibi, bu duaları sadece papağan gibi tekrar etmekten kesinlikle kaçınmalı; Hazreti **Rasûl-ü Ekrem**'in neye, ne şekilde bir yaklaşım içinde olduğuna; hangi hususlara nasıl önem verdiğine azami dikkat göstermeliyiz.

Bu istiğfarın, namazlarda selâm vermeden önce okunmasında da büyük yarar görmekteyiz.

17

♦

GİZLİ ŞİRK HAKKINDA

Allâhumme inniy eûzü bike en üşrike bike şey'en ve ene â'lem ve estağfiruke limâ lâ â'lem, inneke entel âllâmul ğuyub.

Anlamı:
Allâh'ım sana sığınırım, bir şeyi bilerek sana ortak koşmaktan. İstiğfar ederim bilmeyerek olanından. Şüphesiz sensin gaybları hakkıyla bilen!..

Bilgi:
"ŞİRKİ HAFΔ denilen **"GİZLİ ŞİRK"** insanlar için en büyük tehlikedir. Bir mânâsı ile de **"RİYA"**dır...

"Gizli şirk" denilmesinin sebebi; fiilde değil, düşüncede Allâh'a ortak edilmesidir birinin veya bir şeyin!..

"ALLÂH YANI SIRA TANRIYA (dışsal güce) **YÖNELME!.."** (28.Kasas: 88) âyeti ile; **"Bana şirk koşanın yaptığı hiç-**

♦ GİZLİ ŞİRK HAKKINDA

bir ameli kabul etmem!" hükmü bize düşünsel ortak koşmanın vahametini idrak ettiriyordur sanırım...

İslâm'da esas, yapılan işin **"SIRF"** Allâh için olmasıdır!

Kişinin, Allâh için bir şey yapması yanı sıra, o şeyi yaparken, etrafındakilerden de maddi ya da manevî bir şey umması, düşünmesi işte bu **gizli şirk** diye tanımlanan olguyu meydana getirir. Öyle ki...

Mesela, namaz kıldıran kişinin, namaz içinde tekbir alırken, yani **"ALLÂHU EKBER"** derken, sırf **Allâh'ın EKBERİYETİNİ** ifade için değil de; sanki arkasındakilere oturuyorum veya kalkıyorum işareti verir gibi, o niyetle, uzatıp-kısa tutarak söylemesi dahi bir **gizli şirk** hükmü taşır.

Bir kitap yazarken, sırf Allâh için, **Rasûlullâh**'a uymak ve "ilmi yayın" emrine uymak için değil de; para kazanmak, ya da etrafındakilerden övgü almak, kendine bir pâye kazanmak için yazılıyorsa, bu da gizli şirktir...

Kısacası, kıldan ince usturadan keskin bir köprüdür **NİYET!**

NİYET'in, düşünce ve kararın, kimseden karşılık beklemeden; **sırf Allâh için** o şeyle meşgûl olmak olacak. Aksi takdirde, kimden ne umarak yapılırsa yapılsın, o işte gizli şirk kokusu vardır demektir!

Evliyaullâh bu işin üzerinde öylesine hassasiyetle durmuştur ki; edâ edilen bir namazdan haz almayı, zevk almayı dahi terk edilmesi gereken bir düşünce olarak değerlendirmişlerdir.

İşte, **GİZLİ ŞİRKİN** âfetlerinden korunmak için bu duayı bize **Rasûlullâh** AleyhisSelâm öğretiyor. Beş vakit namazın ardında bu duaya devam etmek, herhâlde pek muhtâç olduğumuz bir şey.

18

◆

EN BÜYÜK ZİKİR: KUR'ÂN-I KERÎM

Bu bölüme **DUA** ve **ZİKİR** kaynağı olan **KUR'ÂN-I KERÎM**'deki bazı sûre ve âyetlerden söz ederek girelim.

Bilelim ki, **Kur'ân-ı Kerîm**'de mevcut bulunan en büyük dua âyetleri **"FÂTİHA"** Sûresi'dir.

Bu sebepledir ki, namazın her rekâtında bu âyetlerin okunması farz olmuştur. Hazreti **Rasûl** AleyhisSelâm bu konuda şöyle buyurmuştur:

"Fâtiha'sız namaz olmaz!.."

Gene bu konudaki bir başka hadîs-î şerîf'te **Fâtiha** için şöyle buyurulur: **"Sana Kur'ân-ı Kerîm'deki sûrelerin sevap cihetiyle en büyüğünü öğreteyim mi?.. Bu sûre, El Hamdu Lillâhi Rabbil'âlemiyn"**dir.

Gene bir başka hadîs-î şerîf'e göre, **Fâtiha Sûresi "Kurân'ın anahtarıdır."**

♦ EN BÜYÜK ZİKİR: KUR'ÂN-I KERÎM

Fâtiha Sûresi ile alâkalı, bu sûrenin faziletini bildiren pek çok hadîs-i **Rasûlullâh** mevcut olmasına rağmen, biz bu konuda daha fazla konuşmak istemiyoruz.

Ancak şunu belirtelim ki; her gün kırk bir Fâtiha okumayı alışkanlık edinenler bunun pek çok faydasını zaman içinde müşahede ederler.

Ayrıca sahabeden bazı zevât çeşitli ağrılara karşı gene bu sûreyi okuyarak çok faydalandıklarını bildirmişlerdir ki, bunu daha sonra da tecrübe edip yararını gören bir hayli insan mevcuttur.

Fâtiha'nın ayrıca belli bir süre ile kayıtlı olmaksızın kırk bin defa okunmasının da kişiye ölüm ötesi yaşamda çok büyük faydalar hasıl edeceği çeşitli **evliyaullâh** tarafından ifade edilmiştir.

Öte yandan her **"Fâtiha"** okunuşunda, sonunda **"amin"** denmesi hakkında da birçok hadis vardır.

FÂTİHA SÛRESİ (1. Sûre)

"Eûzü Billâhi mineş şeytânir raciym"

(1) **"B"ismillâhir Rahmânir Rahıym**

(2) **El Hamdu Lillâhi Rabbil'âlemiyn;** (3) **Er Rahmân-ir Rahıym;** (4) **Mâliki YevmidDiyn;** (5) **İyyake na'budu ve iyyake nesta'iyn;** (6) **İhdinas Sıratal'müstakıym;** (7) **Sıratalleziyne en'amte aleyhim; Ğayril'mağdûbi aleyhim; Ve laddaaalliyn.**

Anlamı:

"Eûzü Billâhi mineş şeytânir raciym"

İnsandaki vehim kuvvesinin şartlanmalarla "yok"u var, "var"ı yok olarak düşünmesi sonucu; insana kendini Allâh Esmâ'sı dışında bağımsız bir varlık ve beden kabul ettiren; bunun sonucu olarak da gökte bir tanrı kabulüne yönlendiren, taşlanmış şeytanî vesveselerden, Hakikatim olan Allâh Esmâ'sının koruyucu kuvvelerine sığınırım.

1. ("B" işareti kapsamı itibarıyla) **Esmâ'sıyla varlığımı yaratan ismi Allâh olanın Rahmâniyeti ve Rahıymiyeti ile...**

2. **"Hamd"** (Esmâ'sıyla yarattığı âlemleri her an dilediğince değerlendirmek), **âlemlerin Rabbi olan Allâh'a aittir...**

3. **Rahmân ve Rahıym'dir.** (Rahmâniyetiyle Esmâ âlemini meydana getiren ve Rahıymiyetiyle Esmâ âlemindeki mânâlar ile her an âlemleri yaratandır.)

4. **Din hükümlerinin** (Sünnetullâh) **yaşanmakta olduğu sonsuz sürecin Mâlik - Melik'idir.**

5. **Sadece sana kulluk ederiz ve bunun farkındalığı için yardımını niyaz ederiz** (El Esmâ ül Hüsnâ anlamlarını açığa çıkarmak suretiyle tüm yaratılmışlar olarak sana kulluk etmekteyiz ve bunun farkındalığına ermemiz için yardımını isteriz.)

6. **Bizi sırat-ı müstakime** (Hakikate erdiren yola) **hidâyet et.**

7. **Ki o, in'amda bulunduklarının** (nefslerinin hakikati olan Allâh Esmâ'sına iman edip, ondaki kuvvelerin farkındalığını yaşayanların) **yoluna...**

Gazabına uğrayanları (âlemlerin ve nefsinin hakikatini göremeyip benlikleriyle kayıtlananların)

Ve (Hakikatten - Vâhid'ül EHAD'üs Samed olan Allâh ismiyle işaret edilen anlayışından) **saparak şirk koşanların yoluna değil.**

19

◆

ÂYET'EL KÜRSÎ

Allâhu lâ ilâhe illâ HÛ * elHayy'ül Kayyûm * lâ te'huzuHÛ sinetün vela nevm * leHÛ mâ fiys Semâvâti ve mâ fiyl Ard * men zelleziy yeşfeu 'ındeHÛ illâ Biiznih * ya'lemu ma beyne eydiyhim ve ma halfehüm * ve lâ yuhıytûne Bi şey'in min 'ılmiHÎ illâ Bi ma şâ' * vesi'a Kürsiyyühüs Semâvâti vel Ard * ve lâ yeûduhu hıfzuhümâ * ve HÛvel Aliyy'ül Azıym. (2.Bakara: 255)

Anlamı:

Allâh O, tanrı yoktur sadece HÛ! Hayy ve Kayyum (yegâne hayat olan ve her şeyi kendi isimlerinin anlamı ile ilminde oluşturan - devam ettiren); **O'nda ne uyuklama** (âlemlerden bir an için olsun ayrılık), **ne de uyku** (yaratılmışları kendi hâline bırakıp kendi Zâtî dünyasına çekilme) **söz konusudur. Semâlarda ve arzda** (âlemlerdeki tümel ilim ve fiiller boyutunda) **ne varsa**

♦ ÂYET'EL KÜRSÎ

hepsi O'nundur. Nefsinin hakikati olan Esmâ mertebesinden açığa çıkan kuvve olmaksızın (Bi-iznihi) O'nun indînde kim şefaat edebilir... Bilir onların yaşadıkları boyutu ve algılayamadıkları âlemleri... O'nun dilemesi (elvermiş olması) olmadıkça ilminden bir şey ihâta edilemez. Kürsüsü (hükümranlık ve tasarrufu {rubûbiyeti}) semâları ve arzı kapsamıştır. Onları muhafaza etmek O'na ağır gelmez. O Alîy (sınırsız yüce) ve Aziym'dir (sonsuz azamet sahibi).

Bilgi:

"Bakara Sûresi içinde bir âyet vardır ki, O, Kur'ân âyetlerinin reisidir... O, bir evde okunduğu zaman, içeride şeytan varsa mutlaka çıkar. Bu, Âyet'el Kürsî'dir!" buyuruyor bir hadîs-î şerîf'te Hazreti Rasûl AleyhisSelâm.

Gene buyuruyor Hazreti Rasûlullâh (s.a.v.):

"Her şeyin bir zirvesi vardır. Kurân'ın zirvesi de Bakara Sûresi'dir. Bakara Sûresi'nin içerisinde bir âyet vardır ki; o Kur'ân âyetlerinin reisidir... Âyet'el Kürsî!"

Bir gün Hazreti Rasûl AleyhisSelâm yanında bulunan Ebu Münzir'e şöyle sordu:

— Yanındaki Allâh'ın kitâbında hangi âyet daha büyüktür biliyor musun?

Allâhu lâ ilâhe illâ HÛ elHayy'ül Kayyûm ... dedi Ebu Münzir.

Rasûlullâh (s.a.v.):

— Ey Ebu Münzir... İlim sana kutlu olsun! buyurdu.

Bu hadîs-î şerîflerin dışında daha birçok hadîs-î şerîf vardır

ÂYET'EL KÜRSÎ

Âyet'el Kürsî'nin faziletinden bahseden; bunların önemli bir kısmı da Âyet'el Kürsî'nin namazların farzlarının hemen akabinde okunmasını tavsiye eder... Yani, farzı bitirip selâm verdikten hemen sonra!

Ayrıca **Âyet'el Kürsî**'nin eve girildiğinde, evden çıkıldığında, önemli bir işe başlanılmasında, uyumadan önce okunmasının çok büyük faydalar hâsıl edeceği hakkında da pek çok haber ulaşmıştır.

Günlük çeşitli tehlikelerden korunmak için sabahları yedi defa okunması, altısının altı yöne üflendikten sonra, yedincisinin yutulması da tavsiyeler arasındadır.

Ruhaniyeti son derece güçlendirici bu âyetin kırk bin defa okunmasının da çok büyük faydalar temin edeceğinden bahsedilmiştir, bu işin önde gelen tecrübelilerince.

20

♦

ÂMENER RASÛLÜ

Âmener Rasûlü Bi mâ ünzile ileyhi min Rabbihî vel mu'minûn * küllün âmene Billâhi ve MelâiketiHÎ ve KütübiHÎ ve RusuliHÎ, lâ nuferriku beyne ehadin min RusuliHÎ, ve kalû semi'nâ ve eta'nâ ğufrâneke Rabbenâ ve ileyKEl masıyr.

Lâ yükellifullâhu nefsen illâ vüs'ahâ * lehâ mâ kesebet ve aleyhâ mektesebet * Rabbenâ lâ tüahıznâ in nesiynâ ev ahta'nâ * Rabbenâ ve lâ tahmil aleynâ ısran kemâ hameltehu alelleziyne min kablinâ * Rabbenâ ve lâ tühammilnâ mâ lâ tâkate lenâ Bih * va'fü annâ, vağfir lenâ, verhamnâ, ente mevlânâ fensurnâ alel kavmil kâfiriyn. (2.Bakara: 285-286)

Anlamı:
Er Rasûl (Hz.Muhammed a.s.) **Rabbinden** (varlığını oluşturan Allâh'ın Esmâ bileşiminden) **kendisine** (şuuruna) **inzâl olana** (boyutsal bir geçiş yapan bilgiye) **iman etmiştir. İman**

♦ ÂMENER RASÛLÜ

edenler de!... Hepsi iman etti ("B" harfinin işaret ettiği anlam doğrultusunda) **nefslerini oluşturan hakikatlerinin Allâh Esmâ'sı olduğuna, meleklerine** (nefslerinin aslı olan Esmâ kuvvelerine), **Kitaplarına** (inzâl olan bilgilerine), **Rasûllerine**... **Onun Rasûlleri arasında** (irsâl olmaları konusunda) **hiçbir ayırım yapmayız**... **"Algıladık ve itaat ettik, mağfiretini isteriz Rabbimiz; dönüşümüz sanadır"** dediler.

Allâh kimseyi kapasitesi dışındakinden mükellef tutmaz. (Yaptığı iyi işler sonucu) **kazandığı da kendinedir,** (zararlı işler sonucu) **alacağı karşılık da kendinedir. Rabbimiz, unutursak veya hataya düşersek bizi bundan dolayı cezalandırma. Rabbimiz, bizden öncekilere yüklemiş olduğun ağır vecibeleri bize yükleme. Rabbimiz, takatimizin yetmeyeceği şeyleri de bize yükleme. Bizi affeyle, mağfiret eyle, rahmet et. Sen mevlâmızsın. Tüm hakikati örten seni inkâr edenlere** (kâfirlere) **karşı bizi zafere erdir.**

Bilgi:
Hazreti **Âli** ve Hazreti **Ömer**'den gelen bir rivayette şöyle buyrulmuştur: **"Akıllı bir insanın bu âyetleri okumadan uyuması asla mümkün olmaz."**

Müslim ve **Tırmızî** isimli hadis kitaplarında mevcuttur ki; Hazreti **Rasûl** AleyhisSelâm şöyle buyurmuştur:

"Allâhû Teâlâ Sûre-i Bakara'yı iki âyetle sona erdirdi ki, bunları Arş'ın altındaki hazinesinden ihsan buyurdu... Bunları öğreniniz, kadınlarınıza, çocuklarınıza öğretiniz... Hem Kurân'dır, hem namazda okunur, hem de duadır..."

Bu âyetler okunduktan sonra **"amin"** kelimesinin ilave edilmesi hakkında da bazı hadîs-î şerîfler mevcuttur.

Diğer taraftan bir başka hadîs-î şerîf'te de bu âyetlerle ilgili olarak şöyle buyurulmaktadır:

"Her kim Sûre-i Bakara'nın son iki âyetini okursa, bu ona, gecenin âfetlerinden, şeytanların şerrlerinden korunmak için yeterli olur!.."

Hiç değilse günde bir defa bu âyetleri okumak muhakkak ki, bize çok faydalı olacaktır.

◆ ◆ ◆

ŞehidAllâhu enneHÛ lâ ilâhe illâ HÛve, vel Melâiketü ve ulül ılmi kaimen Bil kıst * lâ ilâhe illâ HÛvel Aziyz'ül Hakiym. (3.Âl-u İmran: 18)

Anlamı:
Allâh şehâdet eder, kendisidir "HÛ"; tanrı yoktur; sadece "HÛ"! Esmâ'sının kuvveleri olanlar (melâike) ve Ulül İlm de (ilim açığa çıkardığı mahaller) bu hakikatin Hak oluşuna şehâdet eder, Adl'i kaîm kılarlar. Tanrı yoktur, sadece "HÛ"; Aziyz, Hakiym'dir.

◆ ◆ ◆

Kulillâhumme mâlikel mülki tü'til mülke men teşâu ve tenziul mülke mimmen teşâ' * ve tuızzü men teşâu ve tüzillü men teşâ' * Bi yediKEl hayr * inneKE alâ külli şey'in Kadiyr. Tûlicül leyle fiynnehari ve tûlicün nehara fiyl leyl * ve tuhricül hayye minel meyyiti ve tuhricül meyyite minel hayy * ve terzüku men teşâu Bi ğayri hisab. (3.Âl-u İmran: 26-27)

♦ ÂMENER RASÛLÜ

Anlamı:
De ki: "Mülkün Mâlik'i olan Allâh'ım... Mülkü dilediğine verirsin, dilediğinden de mülkü çekip alırsın. Dilediğini aziyz edersin, dilediğini zelil edersin. Hayır senin elindedir. Kesinlikle sen her şeye Kaadir'sin. Geceyi gündüze dönüştürürsün, gündüzü geceye dönüştürürsün. Diriyi ölüden çıkartırsın, ölüyü diriden çıkartırsın. Dilediğine hesapsız rızık (yaşam gıdası) verirsin."

Bilgi:
Bu üç âyeti kerîmenin hassalarından birkaçı için şöyle der bazı evliyaullâh; "Beş vakit namazından sonra bir kimse Fâtiha, Âyet'el Kürsî, Âl-u İmran'ın on sekiz, yirmi altı ve yirmi yedinci âyetlerini okursa şu beş şeyden emin olur":

1. Cenâb-ı Allâh o kimseyi sırat-ı müstakimden ayırmaz.

2. Her türlü kaza, belâ ve musîbetlerden muhafaza olur.

3. İmansız ölmez,

4. Rızık sıkıntısı çekmez.

5. Bulunduğu topluluklarda hatırı sayılır bir kişiliğe sahip olur.

♦ ♦ ♦

Lev enzelnâ hâzelKur'âne 'alâ cebelin leraeytehu hâşi'an mutesaddi'an min haşyetillâh * ve tilkel'emsâlu nadribuhâ linNasi le'allehüm yetefekkerun; "HU"vAllâhulleziy lâ ilâhe illâ "HÛ" * 'Âlimulğaybi veşşehâdeti, "Hu"verRahmânurRahıym; "HU"vAllâhulleziy lâ ilâhe illâ "HÛ" * el Melik'ül Kuddûs'üs Selâm'ul Mu'min'ul Müheymin'ul Aziyz'ul Cebbâr'ul Mütekebbir * SubhanAllâhi 'ammâ yüşrikûn; "HU"vAllâhul Hâlik'ul Bâri'ül Musavviru leHUl' Esmâ'ül Hüsnâ * yüsebbihu leHÛ mâ fiysSemâvâti vel'Ard, Ve "HÛ" vel'Aziyz'ul Hakiym. (59.Haşr: 21-24)

Anlamı:
Eğer şu Kurân'ı (bildirdiği gerçeği) **bir dağın** (benlik sahibi bilinç-ego-eniyet) **üzerine inzâl etseydik, elbette onu Allâh** (ismiyle işaret edilen'in) **haşyetinden** (muhteşem azamet karşısında benliğinin hiçliğini fark ederek) **huşû ederek, çatlayıp paramparça olduğu hâlde görürdün! İşte bu MİSALLERİ** (sembolik anlatımları) **insanlara tefekkür etsinler diye veriyoruz!** "HÛ" Allâh, tanrı yok, sadece "HÛ"! **Gayb ve şehâdeti daimî bilendir!** "HÛ", **Er Rahmân** (tüm El Esmâ özelliklerini mündemiç olan) **Er Rahıym'dir** (tüm El Esmâ özelliklerini açığa çıkaran - o özelliklerle Efâl âlemini seyrinde yaşamakta olan). "HÛ" Allâh, tanrı yok, sadece "HÛ"! **Melik'tir** (efâl, oluşlar âleminde mutlak hükmü yürüyen), **Kuddûs'tür** (yaratılmışlığa ve kevne ait nitelenmelerden, yaratılmış kavramlardan münezzeh), **Selâm'dır** (yaratılmışlarda yakîn ve kurb hâlini oluşturup mâiyet sırrını açığa çıkartan), **Mu'min'dir** (iman açığa çıkartarak hakikatini müşahedeye yönelten), **Müheymin'dir** (gözetip himaye eden, muhteşem azametini seyirde yaratılmışlığı kaldıran), **Aziyz'dir** (karşı konulması imkânsız olarak dilediğini yapan), **Cebbâr'dır** (iradesini zorunlu kabul ettiren), **Mütekebbir'dir** (Mutlak yegâne Kibriyâ {eniyeti} olan)! **Allâh, onların ortak koştukları tanrı kavramlarından Subhan'dır!** O Allâh, **Hâlık** (mutlak yaratan - Esmâ özelliklerini fiile dönüştüren), **Bâri** (her yarattığını, zaman ve özellik olarak tüme uyumlu tafsile getiren), **Musavvir** (sonsuz mânâ sûretlerini açığa çıkaran); **Esmâ ül**

♦ ÂMENER RASÛLÜ

Hüsnâ O'na aittir! Semâlarda ne var ve arzda ne varsa Allâh'ı tespih (ortaya koydukları işlevle Esmâ özelliklerini açığa çıkararak kulluk etmeleri) **içindir; "HÛ" Aziyz'dir, Hakiym'dir.**

Bilgi:
Hazreti Rasûl (s.a.v.) bu âyetlerin faziletini şöyle anlatıyor:

"Sûre-i Haşr'ın âhirini gecede veya gündüzde okuyan kimsenin, vâdesi tamam olup da ölecek olsa, gündüz ölürse, gündüz okunması sebebiyle, gece ölürse, gece okunması sebebiyle cennete dâhil olur." (ki bu âyetler: HûvAllâhûlleziy lâ ilâhe illâ "HÛ"... kelâmıyla başlayan kısımdır.)

İşte bir başka hadîs-î şerîf meâli daha:

"Her kim sabahleyin üç kere 'Eûzü billâhis semiy'ıl alîmi mineş şeytânirraciym' dedikten sonra El Haşr Sûresi sonundaki üç âyeti okursa, Cenâb-ı Allâh onun için, akşama kadar istiğfar edecek yetmiş bin melek verir. O kimse; o gün ölürse şehîd olarak ölür. Keza akşam ölürse de böyle gene şehîd olur."

21

◆

VEMEN YETEKILLÂHE

... Ve men yettekıllâhe yec'al lehû mahrecen; Ve yerzukhu min haysü lâ yahtesib * ve men yetevekkel 'alAllâhi feHUve hasbüh * ... (65.Talâk: 2-3)

Anlamı:
Kim Allâh'tan korunursa, ona bir çıkış yeri oluşturur. Ona ummadığı bir taraftan yaşam gıdası verir! Kim Allâh'a tevekkül ederse, O, ona yeter!

Bilgi:
Ebu **Zerr'i Gıfârî** (r.a.), **Rasûlullâh** AleyhisSelâm'ın şöyle buyurduğunu nakletmiş bizlere:

"Şüphesiz bir âyet biliyorum ki, insanlar buna sarılsaydı, onlara yeterdi..."

Ve İbn-i Abbas (r.a.) da açıklamasını naklediyor **Rasûlullâh**

♦ VEMEN YETEKILLÂHE

(s.a.v.)'in:

"(Âyeti okuduktan sonra) **hem dünyanın şüphe ve sıkıntılarından, hem ölümün sıkıntılarından hem de kıyamet gününün sıkıntılarının şiddetinden kurtuluştur bu âyetle amel etmek.**"

Bizim çok tespitlerimiz olmuştur bu âyeti kerîmenin faydaları hakkında.

Sıkıntıda olan, işsiz kalan, tehlikeli durumlarla karşılaşan kişiler şayet günde bin defa veya daha fazla olarak bu âyeti kerîmeyi okurlarsa, en kısa zamanda selâmete çıkarlar.

İşsiz, borçlu, aile içi sorunları olan ve hatta kendilerine büyü yapıldığını zanneden kişilere de kesinlikle bu âyeti okuyarak istifâde etmelerini tavsiye ederiz.

22

◆

YÂSİYN SÛRESİ

(36. Sûre)

"Eûzü Billâhi mineş şeytânir raciym"
"B"ismillâhir Rahmânir Rahıym

(1) **Yaa, Siiiiyn;** (2) **VelKur'ânilHakiym;** (3) **İnneke leminelmurseliyn;** (4) **Alâ sıratın müstekıym;** (5) **Tenziylel AziyzirRahıym;** (6) **Litünzire kavmen mâ ünzire abâühüm fehüm ğafilûn;** (7) **Lekad hakkalkavlü alâ ekserihim fehüm la yu'minun;** (8) **İnna ce'alnâ fiy a'nakıhim ağlâlen fehiye ilel'ezkani fehüm mukmehun;** (9) **Ve ce'alna min beyni eydiyhim sedden ve min halfihim sedden feağşeynahüm fehüm lâ yubsırun;** (10) **Ve sevaün aleyhim eenzertehüm em lem tünzirhüm lâ yu'minun;** (11) **İnnema tünziru menittebe'azZikre ve haşiyer Rahmâne bilğayb * febeşşirhu Bimağfiretin ve ecrin keriym;** (12) **İnna nahnu nuhyilmevta ve nektübü ma kaddemu ve asârehüm * ve külle şey'in ahsaynâhu fiy imamin mübiyn;** (13) **Vadrib lehüm meselen ashabel karyeti, izcaehel murselun;** (14) **İz erselna iley-**

♦ YÂSİYN SÛRESİ

himüsneyni fekezzebuhüma fe'azzezna Bisâlisin fekalû inna ileyküm murselun; (15) Kalu mâ entüm illâ beşerun mislüna ve mâ enzelerRahmânu min şey'in in entüm illâ tekzibun; (16) Kalu Rabbüna yalemu inna ileyküm lemurselun; (17) Ve ma aleyna illelbelağul mubiyn; (18) Kalu inna tetayyerna Biküm lein lem tentehu lenercümenneküm ve leyemessenneküm minna azâbün eliym; (19) Kalu tairuküm me'aküm * ein zükkirtüm bel entüm kavmün müsrifun; (20) Ve cae min aksalmediyneti racülün yes'a, kale ya kavmit tebi'ul murseliyn; (21) İttebiu men lâ yes'elüküm ecren vehüm mühtedun; (22) Ve maliye lâ a'budülleziy fetareniy ve ileyHİ turce'ûn; (23) Eettehızü min duniHİ aliheten in yüridnir Rahmânü Bidurrin lâ tuğni anniy şefa'atühüm şey'en ve lâ yunkızun; (24) İnniy izen lefiy dalâlin mubiyn; (25) İnniy amentü BiRabbiküm fesme'ûn; (26) Kıyledhulil cennete, kale ya leyte kavmiy ya'lemun; (27) Bima ğafere liy Rabbiy ve ce'aleniy minel mükremiyn; (28) Ve ma enzelna alâ kavmihi min badihi min cündin minesSemâi ve ma künna münziliyn; (29) İn kânet illâ sayhaten vahıdeten feiza hüm hamidun; (30) Ya hasreten alel ibad * ma ye'tiyhim min Rasûlin illâ kânu Bihi yestehziun; (31) Elem yerav kem ehlekna kablehüm minelkuruni ennehüm ileyhim lâ yerciun; (32) Ve in küllün lemma cemiy'un ledeyNA muhdarun; (33) Ve ayetün lehümül Ardulmeytete, ahyeynâhâ ve ahrecnâ minha habben feminhu ye'külun; (34) Ve ce'alna fiyha cennatin min nehıylin ve a'nabin ve feccerna fiyha minel 'uyun; (35) Liye'külu min semerihi, ve ma amilethü eydiyhim * efelâ yeşkürun; (36) Subhanelleziy halekal ezvace külleha mimma tünbitül Ardu ve min enfüsihim ve mimma lâ yalemun; (37) Ve ayetün lehümülleyl * neslehu minhünnehare feizâhüm muzlimun; (38) VeşŞemsü tecriy limüstekarrin leha * zâlike takdiyrul Aziyzil Aliym; (39) Vel-

YÂSİYN SÛRESİ ♦

Kamere kaddernahü menazile hatta 'ade kel'urcunil kadiym; (40) LeşŞemsü yenbeğıy leha en tüdrikel Kamere ve lelleylü sabikun nehar * ve küllün fiy felekin yesbehun; (41) Ve ayetün lehüm enna hamelna zürriyyetehüm fiyl fülkil meşhun; (42) Ve halaknâ lehüm min mislihi ma yerkebun; (43) Ve in neşe' nuğrıkhüm felâ sariyha lehüm ve lâ hüm yünkazûn; (44) İllâ rahmeten minNA ve metaan ilâ hıyn; (45) Ve izâ kıyle lehümütteku ma beyne eydiyküm ve ma halfeküm le'alleküm turhamun; (46) Ve ma te'tiyhim min ayetin min âyâti Rabbihim illâ kânu anha mu'ridiyn; (47) Ve izâ kıyle lehüm enfiku mimma razekakümullahu, kalelleziyne keferu lilleziyne amenû enut'ımü men lev yeşaullahu at'ameh * in entüm illâ fiy dalâlin mubiyn; (48) Ve yekûlûne meta hazâlva'dü in küntüm sadikıyn; (49) Ma yenzurune illâ sayhaten vahıdeten te'huzühüm ve hüm yahıssımun; (50) Felâ yestetıy'une tavsıyeten ve lâ ilâ ehlihim yerci'ûn; (51) Ve nüfiha fiysSuri feizâhüm minel'ecdasi ilâ Rabbihim yensilun; (52) Kalu ya veylena men beasena min merkadina, hazâ ma ve'ader Rahmânu ve sadekalmurselun; (53) İn kânet illâ sayhaten vahıdeten feizâhüm cemiy'un ledeyNA muhdarun; (54) Felyevme lâ tuzlemü nefsün şey'en ve lâ tüczevne illâ ma küntüm ta'melun; (55) İnne ashâbel cennetil yevme fiy şüğulin fâkihun; (56) Hüm ve ezvacühüm fiy zılâlin alel'erâiki müttekiun; (57) Lehüm fiyha fâkihetün ve lehüm ma yeddeun; (58) Selâmün kavlen min Rabbin Rahıym; (59) Vemtazul yevme eyyühel mücrimun; (60) Elem ahad ileyküm ya beniy Ademe en lâ ta'budüş şeytan * innehu leküm adüvvün mubiyn; (61) Ve enı'buduniy * hazâ sıratun müstekıym; (62) Ve lekad edalle minküm cibillen kesiyra * efelem tekûnu ta'kılun; (63) Hazihi cehennemülletiy küntüm tu'adun; (64) Islevhel yevme Bima küntüm tekfürûn; (65) Elyevme nahtimü alâ efvahihim ve tükel-

◆ YÂSİYN SÛRESİ

limüna eydiyhim ve teşhedü ercülühüm Bimâ kânu yeksibûn; (66) Velev neşâu letamesna alâ a'yünihim festebekussırata feenna yubsırun; (67) Velev neşau lemesahnahüm alâ mekanetihim femesteta'u mudıyyen ve lâ yerciun; (68) Ve men nu'ammirhu nünekkishü fiylhalk * efelâ ya'kılun; (69) Ve ma allemnahüş şi're ve ma yenbeğıy leh * in huve illâ zikrun ve Kur'ânun mubiyn; (70) Liyünzire men kâne hayyen ve yehıkkal kavlü alel kâfiriyn; (71) Evelem yerav enna halaknâ lehüm mimma amilet eydiyna en'amen fehüm leha mâlikûn; (72) Ve zellelnâhâ lehüm feminha rekûbühüm ve minha ye'külun; (73) Ve lehüm fiyha menâfi'u ve meşarib efelâ yeşkürun; (74) Vettehazû min dunillâhi âliheten le'allehüm yünsarun; (75) Lâ yestetıyune nasrehüm ve hüm lehüm cündün muhdarun; (76) Felâ yahzünke kavlühüm, innâ na'lemu ma yüsirrune ve ma yu'linun; (77) Evelem yeral'İnsanu enna halaknâhu min nutfetin feizâ hüve hasıymun mubiyn; (78) Ve darebe lena meselen ve nesiye halkah * kale men yuhyiyl'ızame ve hiye ramiym; (79) Kul yuhyiyhelleziy enşeeha evvele merretin, ve HÛve Biküllli halkın Aliym; (80) Elleziy ce'ale leküm mineş şeceril'ahdari naren feizâ entüm minhü tukıdûn; (81) Eveleyselleziy halekasSemâvati vel'Arda BiKâdirin alâ en yahluka mislehüm * belâ ve "HÛ"vel Hallâkul Aliym; (82) İnnema emruhû iza erade şey'en en yekule lehu kün feyekûn; (83) Fesubhanelleziy BiyediHİ melekûtü külli şey'in ve ileyHİ turce'ûn.

Anlamı:
1. Yâ Siiin (Ey Muhammed)!
2. Ve Kur'ân-ı Hakiym (ve bildirdiği Hikmet dolu Kur'ân)!
3. Kesinlikle sen Rasûllerdensin.
4. Sırat-ı müstakim üzeresin.

5. Aziyz ve Rahıym'in sende tafsilâtlı olarak açığa çıkardığı ilim ile!

6. Ataları uyarılmamış, bu yüzden (hakikatlerinden, Sünnetullâh'tan) kozalı olarak yaşayan bir toplumu uyarman için.

7. Andolsun ki onların çoğunluğuna o söz (Cehennem, insanların ve cinlerin çoğuyla dolacaktır; sözü) **Hak olmuştur! Bu sebeple onlar iman etmezler!**

8. Muhakkak ki biz onların boyunlarında, çenelerine kadar dayanmış boyunduruklar (şartlanma ve değer yargıları) **oluşturduk! Artık** (onlar kendi hakikatlerini göremezler) **başları yukarı doğru kalkıktır** (benlikleriyle yaşarlar)!

9. **Onların önlerinden bir set** (geleceği göremezler) **ve arkalarından bir set** (geçmişlerinden ders almazlar) **oluşturduk da böylece onları bürüdük... Artık onlar görmezler.**

10. **Onları uyarsan da uyarmasan da birdir; iman etmezler!**

11. **Sen ancak Zikre** (hatırlatılan hakikate) **tâbi olan ve gaybı olarak Rahmân'dan haşyet duyanı uyarırsın. Onu bir mağfiret ve kerîm bir bedel ile müjdele!**

12. **Kesinlikle biz, evet yalnız biz ölüleri diriltiriz! Onların yaptıklarını ve meydana getirdikleri eserleri yazarız! Biz her şeyi İmam-ı Mubiyn'de** (beyinlerinde ve ruhlarında) **ihsa ettik** (tüm özellikleriyle kaydettik)!

13. **Onlara o şehir halkını örnek ver... Hani oraya Rasûller gelmişti.**

14. Hani onlara iki (Rasûl) irsâl ettik de o ikisini de yalanladılar... Bunun üzerine bir üçüncüsü ile güçlendirdik de: "Doğrusu biz size irsâl olunanlarız" dediler.

15. Dediler ki: "Siz bizim gibi bir beşerden başka bir şey değilsiniz... Rahmân da hiçbir şey inzâl etmedi... Siz ancak

♦ YÂSİYN SÛRESİ

yalan söylüyorsunuz."

16. (Rasûller) dediler ki: "Rabbimiz biliyor ki, gerçekten biz size irsâl olunanlarız."

17. "Bize ait olan sadece apaçık tebliğdir."

18. Dediler ki: "Kuşkusuz sizde uğursuzluk olduğunu düşünüyoruz... Andolsun ki, eğer vazgeçmezseniz, kesinlikle sizi taşlayarak öldüreceğiz ve elbette size bizden feci bir azap dokunacaktır."

19. Dediler ki: "Sizin uğursuzluğunuz sizinledir... Eğer (hakikatinizle) hatırlatılıyorsanız bu mu (uğursuzluk)? Hayır, siz israf eden bir toplumsunuz."

20. Şehrin uzak tarafından koşarak bir adam geldi: "Ey halkım, Rasûllere tâbi olun" dedi.

21. "Sizden bir karşılık istemeyen; kendileri hakikat üzere olanlara tâbi olun!"

22. "Beni (böylece) fıtratlandırana nasıl kulluk etmem? O'na rücu ettirileceksiniz."

23. "O'nun dûnunda tanrılar mı edineyim! Eğer Rahmân bir zarar açığa çıkarmayı irade ederse, onların şefaati bana ne yarar sağlar ne de bir şeyden korur..."

24. "O takdirde muhakkak ki ben apaçık bir dalâlet içinde olurum!"

25. "Gerçekten ben sizde de açığa çıkan Rabbe iman ettim; beni dinleyin!"

26. (Ona): "Cennete dâhil ol!" denildi... Dedi ki: "Halkım hâlimi bileydi!"

27. "Rabbimin beni mağfiret ettiğini ve benim ikramlara nail olanlardan olduğumu..."

28. Ondan sonra onun halkının üzerine semâdan hiçbir ordu

inzâl etmedik, inzâl ediciler de değildik.

29. Sadece tek bir sayha oldu; onlar hemen sönüverdiler!

30. Hüsran şu kullara! Kendilerine bir Rasûl gelmeye görsün, hep Onun bildirdiğiyle alay ederlerdi.

31. Görmediler mi ki onlardan önce nice kuşaklar helâk ettik ki; gidenlerin hiçbiri geri dönmeyecek onlara!

32. Elbette hepsi, toptan zorunlu hazır bulunacaklar.

33. Ölü arz da onlar için bir işarettir! Onu dirilttik, ondan ürünler çıkardık da ondan yiyorlar...

34. Orada hurma ağaçlarından, üzümlerden bahçeler oluşturduk, orada pınarlar fışkırttık.

35. Onun getirisinden ve ellerinin ürettiklerinden yesinler diye... Hâlâ şükretmezler mi?

36. Subhan'dır; arzın (bedenin) oluşturduklarından, nefslerinden (bilinçlerinden) ve daha bilmedikleri şeylerden bütün çiftleri (gen sarmallarını) yaratan!

37. Gece de onlar için bir işarettir! Ondan gündüzü (ışığı) çekeriz de hemen onlar karanlık içinde kalırlar.

38. Güneş de kendi yörüngesinde akar gider! Aziyz, Aliym'in takdiridir bu!

39. Ay'a gelince, ona konak yerleri takdir ettik... Nihayet kadim urcun (kuruyup incelen eski hurma dalı) gibi görülür.

40. Ne Güneş, Ay'a yetişir; ne de gece gündüzü geçer! Her biri ayrı yörüngede yüzerler.

41. Bizim onların zürriyetlerini o dopdolu gemilerde yüklenip taşımamız da onlar için bir işarettir!

42. Onlar için onun misli, binecekleri şeyleri yaratmış olmamız!

43. Eğer dilesek onları suda boğarız da, ne imdatlarına yeti-

şen olur ve ne de kurtarılırlar!

44. Ancak bizden bir rahmet olarak ve yalnızca belli bir süre nasiplenmeleri için ömür vermemiz hariç.

45. Onlara: "Önünüzdekinden (karşılaşacaklarınıza karşı) ve arkanızdakinden (yapmış olduklarınızın sonuçlarından) korunun ki rahmete eresiniz" denildiğinde (yüz çevirirler).

46. Onlara Rablerinin işaretlerinden bir delil gelmez ki, ondan yüz çevirmesinler.

47. Onlara: "Allâh'ın sizi beslediği yaşam gıdalarınızdan Allâh için karşılıksız bağışlayın" denildiğinde hakikat bilgisini inkâr edenler, iman edenlere dedi ki: "Dileseydi Allâh, kendisinin doyuracağı kimseyi mi yedirip doyuralım? Siz ancak apaçık bir dalâlet içindesiniz."

48. Derler ki: "Eğer sözünüzde sadıksanız, bu tehdidiniz ne zaman (gerçekleşecek)?"

49. Onlar tartışırlarken, kendilerini yakalayacak bir tek çığlıktan (beden sur'una üfleniş) başkasını beklemiyorlar?

50. O zamanda ne bir vasiyete güçleri yeter ve ne de ailelerine dönebilirler!

51. Sur'a nefholunmuştur! Bir de bakarsın ki onlar kabirleri hükmünde olan bedenlerinden çıkmış, Rablerine (hakikatlerini fark etme aşamasına) koşuyorlar!

52. (O vakit) dediler ki: "Vay bize! (Dünya) uykumuzdan kim bizi yeni bir yaşam boyutuna geçirdi? Bu, Rahmân'ın vadettiğidir ve Rasûller doğru söylemiştir." (Hadis: İnsanlar uykudadır, ölümü tadınca uyanırlar!)

53. Sadece tek bir sayha (İsrafil'in sur'u) oldu... Bir de bakarsın ki onlar toptan huzurumuzda hazır kılınmıştır.

54. O süreçte hiçbir nefse en ufak bir şey zulmedilmez...

YÂSİYN SÛRESİ ♦

Yaptıklarınızdan başkası ile cezalandırılmazsınız (yaptıklarınızın sonuçlarını yaşarsınız)!

55. Gerçek ki o süreçte, cennet ehli cennet nimetleriyle meşgul ve bunun keyfini çıkarmaktadırlar.

56. Onlar ve eşleri gölgeler içinde tahtlar üzerinde yaslanmışlardır.

57. Onlar için orada meyveler vardır... Onlar için keyif alacakları şeyler vardır.

58. Rahıym Rab'den "Selâm" sözü ulaşır (Selâm ismi özelliğini yaşarlar)!

59. "Ey suçlular! Bugün ayrılın!"

60. "Ey Âdemoğulları... Size ahdetmedim (bildirip bilgilendirmedim) mi şeytana (bedene - hakikatinden habersiz bilince) kulluk etmeyin, muhakkak ki o sizin için apaçık bir düşmandır?"

61. "Bana kulluk edin (hakikatin gereğini hissedip yaşayın)! Sırat-ı müstakim budur" (diye?).

62. "Andolsun ki (kendinizi yok olup gidecek beden zannınız) sizden pek çok cemaatleri saptırdı! Aklınızı kullanmadınız mı?"

63. "İşte bu vadolunduğunuz cehennemdir!"

64. "Hakikatinizi inkârınızın karşılığı olarak şimdi yaşayın sonucunu!"

65. O süreçte ağızlarını mühürleriz; yaptıkları hakkında elleri konuşur ve ayakları şahitlik eder bize.

66. Dileseydik gözlerini silme kör ederdik de yolda (öylece) koşuşurlardı... Fakat nasıl görebilecekler (bu gerçeği)?

67. Dileseydik mekânları üzere onları mesh ederdik (bulundukları anlayış üzere onları sâbitlerdik) de **artık ne ileri gitmeye**

güçleri yeterdi ve ne de eski hâllerine dönebilirlerdi.

68. Kimi uzun ömürlü yaparsak onu yaratılışı itibarıyla zayıflatırız. Hâlâ akıllarını kullanmazlar mı?

69. O'na şiir öğretmedik! O'na yakışmaz da! O ancak bir hatırlatma ve apaçık bir Kurân'dır!

70. Tâ ki diri olanı uyarsın ve hakikat bilgisini inkâr edenler üzerine de o hüküm gerçekleşsin.

71. Görmezler mi ki, eserlerimiz arasında onlar için kurban edilebilir hayvanlar yarattık... Onlara mâliktirler.

72. Onları (en'amı) bunlara boyun eğdirdik... Hem binekleri onlardandır ve hem de onlardan kimini yerler.

73. Onlarda kendileri için menfaatler ve içecekler vardır... Hâlâ şükretmezler mi?

74. Belki kendilerine yardım olunur ümidiyle Allâh dûnunda tanrılar edindiler!

75. (Tanrılar) onlara yardım edemezler! (Aksine) onlar, tanrılara (hizmete) hazır duran ordudurlar!

76. O hâlde onların lafı seni mahzun etmesin... Muhakkak ki biz onların gizlediklerini de açıkladıklarını da biliriz.

77. İnsan görmedi mi ki biz onu bir spermden yarattık... Bu gerçeğe rağmen şimdi o apaçık bir hasımdır!

78. Kendi yaratılışını unuttu da bize bir misal getirdi: "Çürümüş hâldeki şu kemiklere kim diriltip hayat verecek?" dedi.

79. De ki: "Onları daha önce inşa eden diriltip hayat verecektir! 'HÛ' Esmâ'sıyla her yaratışı Aliym'dir."

80. O ki, sizin için yeşil ağaçtan bir ateş oluşturdu... İşte bak ondan yakıyorsunuz!

81. Semâları ve arzı yaratan, onların benzerini Esmâ'sıyla yaratmaya Kaadir değil midir? Evet! "HÛ"; Hâllak'tır,

YÂSİYN SÛRESİ ◆

Aliym'dir.

82. Bir şeyi irade ettiğinde, O'nun hükmü, ona **"Kün = Ol!"dan** (olmasını istemesinden) **ibarettir!..** (O şey kolaylıkla) olur.

83. Her şeyin melekûtu (Esmâ kuvveleri) **elinde olan** (tedbirâtın bu mertebede oluştuğuna işaret) **Subhan'dır... O'na rücu ettirileceksiniz.**

Bilgi:
Yâsiyn Sûresi'ni okumanın faydaları hakkında birçok **Rasûlullâh** buyruğu mevcuttur ki, size bunlardan sadece birkaçını nakletmek istiyorum:

"**Gece yatmadan evvel Yâsiyn okumayı âdet edinen kişi, gece öldüğü takdirde ŞEHÎD olarak ölür.**"

"**Yâsiyn Sûresi'ni çokça okuyunuz; çünkü onda on bereket vardır:**

1. Aç kimse okursa karnı doyar;

2. Çıplak kimse okursa, giyinir;

3. Bekâr okursa, kısmeti açılır, evlenir;

4. Korkan kimse okursa, korktuğundan emin olur;

5. Dünya işinden üzülenin üzüntüsü zail olur;

6. Yolculuk hâlinde olan, yol sıkıntısından kurtulur;

7. Kaybı olan, kaybettiğine kavuşur;

8. Ölüm hâlinde okunduğunda, sıkıntılar kaybolur;

9. Susuz okuduğunda, susuzluğunu giderir;

10. Hasta okuduğunda, eceli gelmemişse, şifa bulur."

◆ ◆ ◆

◆ YÂSİYN SÛRESİ

"Kur'ân-ı Kerîm'in kalbi Yâsiyn Sûresi'dir. Allâh ve âhireti dileyerek bir kimse Yâsiyn'i okursa, Allâh kendisini mutlaka bağışlar. Ölülerinize Yâsiyn okuyunuz."

◆ ◆ ◆

"Şüphesiz ki her şeyin bir kalbi vardır... Kurân'ın kalbi de Yâsiyn Sûresi'dir. Kim Yâsiyn'i okursa, Allâh, Yâsiyn'i okuması sebebiyle, içinde Yâsiyn olmayan 10 hatim sevabı verir."

Her gün veya her Cuma günü Yâsiyn okunabileceği gibi, bir sıkıntısı olanın yedi Yâsiyn okuyup, bu sûre hürmetine sıkıntısından azât olmayı dahi Allâh'tan isteyebilir.

Ayrıca gene hâcet için kırk bir Yâsiyn okuyup, bunun hürmetine Allâh'tan duanın kabulünü talep etmek de denenmiş yollardandır. Diğer taraftan altı kişi bir araya gelerek yedişer Yâsiyn okumak suretiyle kırk biri tamamlayıp, ardından topluca dua edebilirler.

Yâsiyn Sûresi'ni okumanın herkesin çok iyi bildiği faydalarını daha fazla sıralamamıza gerek yoktur.

23

◆

FETH SÛRESİ

(48. Sûre)

"Eûzü Billâhi mineş şeytânir raciym"

"B"ismillâhir Rahmânir Rahıym

(1) İnnâ fetahnâ leke fethan mubiynâ; (2) Liyağfire lekellahu mâ tekaddeme min zenbike ve mâ teahhare ve yütimme nı'meteHÛ aleyke ve yehdiyeke sıraten müstekıyma; (3) Ve yensurekellâhu nasren Aziyza; (4) "HÛ"velleziy enzeles sekiynete fiy kulûbil mu'miniyne liyezdâdû iymânen me'a iymânihim * ve lillâhi cünûdüs Semâvâti vel'Ard * ve kânAllâhu Aliymen Hakiyma; (5) Liyüdhılel mu'miniyne velmu'minati cennatin tecriy min tahtihel'enharü halidiyne fiyha ve yükeffire anhüm seyyiatihim ve kâne zâlike indAllâhi fevzen azıyma; (6) Ve yu'azzibel münafikıyne velmünafikati velmüşrikiyne velmüşrikâtiz zanniyne billâhi zannessev' * aleyhim dairetüssev" *

◆ FETH SÛRESİ

ve ğadıbAllâhû aleyhim ve leanehüm ve e'adde lehüm cehennem * ve saet masıyra; (7) Ve lillâhi cünudüs Semâvati vel'Ard * ve kânAllâhu Aziyzen Hakiyma; (8) İnna erselnake şahiden ve mübeşşiran ve neziyra; (9) Litu'minu billâhi ve RasûliHÎ ve tuazziruhu ve tüvekkıruh* ve tüsebbihuHÛ bükreten ve asıyla; (10) İnnelleziyne yübayi'ûneke innema yübayi'ûnAllâh* yedullahi fevka eydiyhim* femen nekese feinnema yenküsü alâ nefsih * ve men evfa Bima ahede aleyhullahe feseyu'tiyhi ecren azıyma; (11) Seyekulü lekel muhallefune minel'arabi şeğeletna emvalüna ve ehluna festağfir lena* yekulune Bielsinetihim ma leyse fiy kulubihim* kul femen yemlikü leküm minAllâhi şey'en in erade Biküm darren ev erade Biküm nef'a * bel kânAllâhu Bima tamelune Habiyra; (12) Bel zanentüm en len yenkaliber Rasûlü velmu'minune ila ehliyhim ebeden ve züyyine zâlike fiy kulubiküm ve zanentüm zannessev' * ve küntüm kavmen bûra; (13) Ve men lem yu'min billâhi ve RasûliHÎ feinna a'tedna zilkâfiriyne sa'ıyra; (14) Ve lillâhi Mülküs Semâvati vel'Ard * yağfiru limen yeşau ve yu'azzibu men yeşa' * ve kânAllâhu Ğafûren Rahıyma; (15) Seyekulül muhallefune izentalaktüm ilâ meğanime lite'huzuha zeruna nettebi'küm * yüriydune en yübeddilu kelamAllâh * kul len tettebi'ûna kezâliküm kalAllâhu min kabl * feseyekulune bel tahsüdunena * bel kânu lâ yefkahune illâ kaliylâ; (16) Kul lilmuhallefiyne minel a'rabi setüd'avne ilâ kavmin uliy be'sin şediydin tukatilunehüm ev yüslimun * fein tutıy'u yü'tikümullâhu ecren hasena * ve in tetevellev kema tevelleytüm min kablü yu'azzibküm azâben eliyma; (17) Leyse alel'ama harecün ve lâ alel'areci harecün ve lâ alelmeriydı harec * ve men yutı'ıllâhe ve RasûleHU yüdhılhü cennatin tecriy min tahtihel'enhar * ve men yetevelle yu'azzibhü azâben eliyma; (18) Lekad radıyAllâhû anilmu'miniyne iz yubayi'ûneke tahteşşecereti fe'alime ma fiy kulubihim feenzelessekiynete aleyhim ve esâbehüm fethan kariyba; (19) Ve meğanime kesiyreten ye'huzûneha * ve kânAllâhû Aziyzen Hakiyma; (20) Veadekümullâhû meğanime kesiyreten te'huzûneha fe'accele leküm hazihi ve keffe eydiyenNasi anküm * ve litekûne ayeten lilmu'miniyne ve yehdiyeküm sıratan müstekıyma; (21) Ve uhra lem takdiru aleyha kad ehatAllâhu Biha ve kânAllâhû alâ külli şey'in Kadiyra; (22) Ve lev katelekümülleziyne keferu levellevül edbare sümme lâ yecidune Veliyyen ve lâ Nasıyra; (23) SünnetAllâhilletiy kad halet min kabl * ve len tecide lisünnetillâhi tebdiyla; (24) Ve "HÛ" velleziy keffe eydiyehüm anküm ve eydiyeküm anhüm Bibatni Mekkete min ba'di en azfereküm aleyhim * ve kânAllâhû Bima ta'melune Basıyra; (25) Hümülleziyne keferu ve sadduküm anilMescidil Harâmi velhedye ma'kûfen en yeblüğa mahılleh * velevlâ ricalun mu'minune ve nisaün mu'minatün lem ta'lemuhüm en tetaûhüm fetusıybeküm minhüm me'arretün Biğayri ılm* liyüdhılAllâhu fiy rahmetiHİ men yeşa' * lev tezeyyelu leazzebnelleziyne keferu minhüm azâben eliyma; (26) İz ce'alelleziyne keferu fiy kulubihimül hamiyyete hamiyyetel cahiliyyeti feenzelAllâhu sekiynetehu alâ RasûliHİ ve alelmu'miniyne ve elzemehüm kelimetet takvâ ve kânû ehakka Biha ve ehleha * ve kânAllâhu Bikülli şey'in Aliyma; (27) Lekad sadekAllâhû RasûleHÛrrü'ya bilHakk * letedhulünnelMescidel Harâme inşaAllâhû aminiyne muhallikıyne ruûseküm ve mukassıriyne lâ tehâfun * fe 'alime ma lem ta'lemu fece'ale min duni zâlike fethan kariyba; (28) "HÛ"velleziy ersele RasûleHU bilhüda ve diynil Hakkı liyuzhirehu aleddiyni küllih * ve kefa billahi şehiyda; (29) Muhammedün Rasûlullâh * velleziyne me'ahu eşiddâu alelküffari ruhamâu beynehüm terahüm rükke'an sücceden yebteğune fad-

♦ FETH SÛRESİ

len minAllâhi ve rıdvana * siymahüm fiy vücuhihim min eserissücudi zâlike meselühüm fiytTevrati, ve meselühüm fiyl'İnciyli kezer'ın ahrece şat'ehu feâzerehu festağleza festeva alâ sukıhi yu'cibüzzürra'a liyeğıyza Bihimülküffar * veadAllâhulleziyne amenû ve amilussalihati minhüm mağfireten ve ecren aziyma.

Anlamı:
1. **Kesinlikle sana öyle bir fetih** (görüş açıklığı) **verdik ki,** (o) **Feth-i Mubiyn'dir** (apaçık açık hakikati sistemi müşahede)!
2. **Bu yüzden Allâh, senin geçmiş ve** (fethe rağmen oluşacak) **gelecek tüm zenbini** (bedenselliğinin doğal getirisi perdeliliklerini) **mağfiret eder** (örter) **ve sana olan nimetini tamamlar; seni, hakikatini yaşama yolunda yürütür!**
3. **Allâh seni benzersiz, karşı konulmaz bir zafere erdirir!**
4. **İmanlarının kat kat artması için, iman edenlerin kalplerine sekine** (sükûn, güven duygusu) **inzâl eden "HÛ"dur! Semâlar ve arzın orduları Allâh içindir! Allâh Aliym'dir, Hakiym'dir.**
5. **İmanlı erkek ve kadınları, içinde ebedî kalacakları, altlarından ırmaklar akan cennetlere sokması, onlardan kötülüklerini silmesi içindir... İşte bu Allâh indînde aziym kurtuluştur!**
6. **Bir de Esmâ'sıyla hakikatleri olan Allâh hakkında su-i zanda bulunan** (O'nu tanrı gibi düşünen) **münafık** (ikiyüzlü) **erkek ve kadınlara, şirk koşan erkek ve kadınlara azabı yaşatması içindir! Zanları yüzünden devranın belâsı başlarında patlasın! Allâh onlara gazap etmiş, onları lânetlemiş** (inkârları sonucu hakikati yaşamaktan uzaklaştırmış); **onlar için cehennem hazırlamıştır! Ne kötü dönüş yeridir!**
7. **Semâlar ve arzın orduları** (kuvveleri) **Allâh'ındır... Allâh**

Aziyz'dir, Hakiym'dir.

8\. Muhakkak ki biz seni şahit, müjdeleyici ve uyarıcı olarak irsâl ettik!

9\. Artık varlığınızın Esmâ'sıyla hakikati olan Allâh'a ve Rasûlüne iman edip; O'na yardımcı olasınız, O'nu yüce bilip saygı gösteresiniz ve sabah akşam O'nu tespih edesiniz.

10\. Gerçektir ki (Rasûlüm) sana biat edenler (el tutuşup bağlılık sözü verenler) Allâh'a biat etmişlerdir ve Allâh'ın EL'i onların elleri üzerindedir (Biat edenlerin elleri üstünde Allâh'ın eli tedbir eder)! Kim sözünü bozarsa sadece kendi nefsi aleyhine bozmuş olur; kim Allâh ahdinde bağlılık gösterirse, ona da büyük ecir verir!

11\. Bedevîlerden geri bırakılanlar: "Bizi mallarımız ve çoluk çocuğumuz meşgul etti; bizim için mağfiret dile" diyecekler... Onlar gerçekte, öyle düşünmediklerini dillendiriyorlar! De ki: "Sizde bir zarar açığa çıkarmayı irade ederse ya da sizde bir fayda oluşturmayı irade ederse; kim Allâh'ın istediğine karşı koyabilir?"... Hayır, Allâh yaptıklarınızdan (yaratanı olarak) haberdardır.

12\. Aslında siz Rasûl ve iman edenlerin, ailelerine asla geri dönmeyeceklerini zannettiniz! Bu fikir bilincinize güzel göründü de, böylece kötü zanda bulundunuz; helâkı haketmiş bir topluluk oldunuz!

13\. Kim varlığının Esmâ'sıyla hakikati olan Allâh'a ve Rasûlüne iman etmezse, bilsin ki hakikat bilgisini inkâr edenler için saîri (alevli bir ateşi - radyasyon dalgaları) hazırlamışızdır.

14\. Semâlar ve arzın mülkü Allâh içindir! Dilediğini mağfiret eder (suçlu hâlini örter); dilediğini azaplandırır (bedenselliğinin getirisine terk eder)! Allâh Ğafûr'dur, Rahıym'dir.

◆ FETH SÛRESİ

15. Bu geri bırakılanlar, ganimetleri almak için gittiğinizde: "Bırakın biz de sizinle gelelim" derler. Onlar, Allâh kelâmını (sözünü) değiştirmek istiyorlar! De ki: "Siz bize asla uyamazsınız; daha önce Allâh böyle buyurdu (hükmetti)"... Bu kez şöyle derler: "Hayır, bizi kıskanıyorsunuz"... Bilakis onlar, anlayışı kıt kimselerdir!

16. Bedevîlerden o geri bırakılanlara de ki: "Siz son derece güçlü, cengâver bir toplulukla savaşa davet olunacaksınız... Onlarla savaşırsınız yahut onlar İslâm olurlar. Eğer itaat ederseniz Allâh size güzel bir ecir verir... Fakat daha önce yüz çevirdiğiniz gibi gene döneklik yaparsanız, sizi feci bir azap ile azaplandırır."

17. Köre, topala ve hasta olana zorlama yoktur! Kim itaat ederse Allâh ve Rasûlüne, onu altından ırmaklar akan cennetlere sokar... Kim de yüz çevirirse (Allâh) onu feci bir azapla azaplandırır.

18. Andolsun ki Allâh, o ağacın altında sana biat ettiklerinde iman edenlerden razı oldu, onların kalplerinde olanı bildi de, üzerlerine sekine (huzur) inzâl etti ve kendilerine feth-i kariyb (yakîn açıklığı) verdi.

19. Onları, alacakları birçok ganimetlere de nail etti... Allâh Aziyz'dir, Hakiym'dir.

20. Allâh, size elde edeceğiniz birçok ganimetler vadetmiştir... Bunu da size pek çabuk verdi ve insanların ellerini sizden vazgeçirdi ki, bu iman edenler için bir işaret olsun ve sizi sırat-ı müstakime hidâyet etsin.

21. Henüz onlara gücünüzün yetmediği daha başka şeyler de vadetti ki, onları Allâh (içten ve dıştan) ihâta etmiştir. (Zaten) Allâh her şeye Kaadir'dir.

22. Eğer hakikat bilgisini inkâr edenler sizinle savaşsalardı, elbette arkalarını dönüp kaçacaklardı... Sonra da hiçbir velî (koruyucu) ve yardımcı bulamazlardı.

23. Bu süregelen Sünnetullâh'tır! Sünnetullâh'ta asla değişme bulamazsın!

24. Sizi onlara muzaffer kıldıktan sonra Mekke'nin göbeğinde, onların ellerini sizden, sizin ellerinizi onlardan uzak tutan "HÛ"dur! Allâh yaptıklarınızı (yaratanı olarak) Basıyr'dir.

25. Onlar o kimselerdir ki; hakikat bilgisini inkâr ederler, sizi Mescid-i Haram'dan alıkoydular, bekletilen hedy kurbanlarının yerlerine ulaşmasına mâni oldular... Şayet orada (onların arasında) kendilerini henüz bilmediğiniz için çiğneyip ezeceğiniz ve bu bilmeyerek yapılan iş yüzünden üzüleceğiniz iman eden erkekler ve iman eden kadınlar olmasaydı (Allâh savaşı önlemezdi)... Dilediğini rahmetine sokmak içindi bu... Eğer birbirlerinden (iman edenlerle - kâfirler) ayrılmış olsalardı, onlardan inkâra sapanları elbette elim bir azap ile azaplandırırdık. (Sâlihlerin bulundukları yere gazabı ilâhî inmez)... (8.Enfâl: 33 ve 29.Ankebût: 32)

26. O zaman hakikat bilgisini inkâr edenler, kalplerine hamiyeti (köylülük - cahillik gururu), cehalet tutuculuğunu (yeniye kapalılık) yerleştirmişlerdi... Allâh, Rasûlüne ve iman edenlere sekine inzâl etti ve onları kelime-i takva (lâ ilâhe illAllâh) anlayışında sâbitledi... Onlar bu sözü bizâtihi yaşayarak hak etmiş ve ehil kimselerdi... Allâh her şeyi Aliym'dir.

27. Andolsun ki Allâh, Rasûlüne rüyasını Hak olarak doğruladı... İnşâAllâh, (kiminiz) kafalarınızı tıraş etmiş ve (kiminiz saçlarınızı) kısaltmış olarak, güven içinde Mescid-i Haram'a kesinlikle gireceksiniz! (Allâh) bilmediğinizi bilerek size bundan

♦ FETH SÛRESİ

önce **feth-i kariyb** (yakınlık {kurb} fethi) **müyesser kıldı.**

28. O, Rasûlünü, hakikatin dillenişi olarak (bil-HÜDA) **ve Hak Din** (Esmâ'nın açığa çıkışı sistemi ve düzeni olan Sünnetullâh realitesi anlayışı) **ile irsâl etti ki, O'nu tüm din anlayışlarına üstün kılsın!** (Varlıklarında) **Şehiyd olarak Allâh yeter.**

29. MUHAMMED, Rasûlullâh'tır! O'nunla beraber bulunanlar, **küffara** (gerçeği reddedenlere) **karşı sert, kendi aralarında çok merhametlidirler... Onları rükû eder** (varlıkta her an tedbir edenin Allâh Esmâ'sı olduğunu müşahedesinin haşyeti, tâzimi içinde), **secde eder** (varlığın yalnızca Esmâ özelliklerinden ibaret olarak kendilerine özgü bağımsız vücutları olmadığının müşahedesiyle "yok"luklarını hisseder) **ve Allâh'tan fazl** (lütfu - Esmâ kuvvelerinin farkındalığı) **ve RIDVAN** (Hakikatinin farkındalığıyla bunun sonuçlarını kuvveden fiile çıkarma özelliği) **ister hâlde görürsün... Sîmalarına gelince, vechlerinde** (şuurlarında "yok"luklarının idrakı olan) **secde eseri vardır! Bu onların Tevrat'taki** (nefse dönük hükümler) **misal yollu anlatımlarıdır... İncil'deki** (teşbihî) **temsillerine gelince: Bir ekin ki filizini yarıp çıkarmış, sonra onu kuvvetlendirmiş, kalınlaşmış da gövdesi üzerine doğrulmuştur; ekincilerin hoşuna gider... Böyle yapar ki, onlarla** (Esmâ'sıyla açığa çıkardığı) **küffarı** (gerçeği reddedenleri) **öfkelendirsin! Allâh onlardan iman edip bunun gereğini uygulayanlara mağfiret ve çok büyük karşılığını yaşatmayı vadetmiştir.**

Bilgi:
FETH Sûresi, zâhir anlamı itibarıyla Hudeybiye Anlaşması ve Mekke'nin fethi ile alâkalı birçok hususu açıklar... Ancak, asla bu kadarıyla da değildir kapsamındaki anlamlar...

FETH SÛRESİ

Bu sûrenin derinliklerinde öyle önemli bâtınî yani iç anlamlar söz konusudur ki, bunları ancak ehli kişiler bilir.

Biz bir iş'arî tefsir hazırlamadığımız için burada bu derinliğe girmeyeceğiz... Ancak, ilk üç âyetin bâtınî anlamından da söz etmeden geçmemiz mümkün değildir!.. Zira, bu üç âyet tasavvuftaki çok önemli bir hususa işaret etmektedir...

İsterseniz önce bu üç âyeti tekrar okuyalım:

1. **Kesinlikle sana öyle bir fetih** (açıklık) **verdik ki,** (o) **Feth-i Mubiyn'dir** (apaçık açıklık-hakikati müşahede)!

2. **Bu yüzden Allâh senin geçmiş ve** (fethe rağmen oluşacak) **gelecek tüm zenbini** (bedenselliğinin doğal getirisi perdeliliklerini) **mağfiret eder** (örter) **ve sana olan nimetini tamamlar; seni, hakikatini yaşama yolunda yürütür!**

3. **Allâh seni benzersiz, karşı konulmaz bir zafere erdirir!**

Nakletmiş olduğumuz bu üç âyeti kerîmenin zâhir, yani ilk anda anlaşılan mânâsı bütün tefsir ve meâllerde mevcut olduğu için burada bunun üzerinde durmayacağım... Allâhû Teâlâ'nın bize ihsan buyurduğu açıklık ve irfan nispetinde buradan anladığımız mânânın açıklayabileceğimiz kadarına gelince...

FETH, kapalı olan bir şeyin açılması, ya da kişinin elde edemediği bir şeyi elde etmesi anlamlarına gelir... Bu anlamlarladır ki, dünya hayatı içinde bir kişinin elde edebileceği **en büyük FETH**, âhiret âleminden bir bölüm olan **Berzah âleminin FETH' idir**... Ki bu **FETH**'de ancak **"yaşarken ölmek"** suretiyle gerçekleşir!..

FETH iki türlüdür...

Zâhir FETH... Bâtın FETH...

Bâtın FETH dahi iki türlüdür...

a) **FETH...**
b) **FETH-İ MUBİYN**

♦ FETH SÛRESİ

FETH, esas itibarıyla yedi derecedir... Bu yedi derecenin birinci dereceden olanının gerçekleşmesiyle birlikte kişi **FETH** sahibi olmuş olur...

FETH kesinlikle kişinin çalışmasına bağlı, yani çalışmakla elde edilir bir şey değildir...

FETH nedir?..

Kişinin içinde bulunduğumuz şu boyutta, bu bedenle yaşarken; bir anda, beden bağımlılığından kurtularak, sanki ölmüş gibi, tamamıyla ruh beden yaşamına geçmesi ve **ruhtaki özellikleriyle yaşamını bu dünyada sürdürmesi hâlidir.**

"**Ölmeden evvel ölmek**" denilen hâlin **Hakk-el yakîn** yaşanmasıdır... Bize öğretilene göre, böyle kişilerin yeryüzünde sayıları kırkı bile bulmazmış, **nûrânî FETH** sahipleri olarak...

Evet, **FETH** bu yönüyle de ikiye ayrılır:

1. **FETH-i Zulmanî**
2. **FETH-i Nûrânî**

FETH-i Zulmanî, müslim ya da gayrı müslim tüm insanlarda meydana gelebilir... Özellikle, Hindûlarda, Budist felsefe mensuplarında görülen ve **FETH** eseri olan bazı hâller hep bu **FETH-i Zulmanî** neticesidir ki, din terminolojisinde bu hâllere "**istidraç**" adı verilir.

FETH-i Zulmanî'nin iki büyük işareti vardır... **Birincisi** bu tür **FETH** kendisinde meydana gelmiş kişi, Hazreti **Rasûlullâh** AleyhisSelâm'ı kabul etmez... **İkincisi** de, birimsellikten, yani kendini bir birim olarak görmek perdesinden kurtulamamıştır!..

FETH-i Zulmanî sahipleri, kişinin tüm geçmişini bilebildiği gibi, aynı anda birkaç yerde bulunabilme, kabir ahvalini anlatabilme, **CİN**'lerle rahatlıkla iletişim kurabilme ve daha başka bazı akıl almaz davranışlar ortaya koyabilme özelliklerine sahiptirler...

FETH SÛRESİ

FETH-i Nûrânî'de dahi benzer özellikler meydana gelir!.. Ancak bir farkla ki, bu zevât kısa sürede bu yaşama adapte olduktan sonra gelişmelerine devam ederler, **FETH**'in üçüncü derecesinde Hazreti **Rasûlullâh** ile **sair Nebi** ve **Evliya** ile buluşurlar ve Berzah âleminin çeşitli sırlarını agâh olurlar... Bundan sonra da Ricali Gayb arasında yerlerini alırlar...

FETH-İ MUBİYN odur ki, gelen kişi, bu **FETHİ** kaldırabilir... Bu ne demektir?..

Kişiye **FETH** geldiği zaman, yani fizik-biyolojik beden bağından kurtulduğu zaman, bu yaşam şeklini hazmedemeyip kendini içinde bulunduğu boyutun şartlarına kaptırabildiği gibi, buna güç yetiremeyip bedenden tümüyle de kopabilirler ki; bu da onun mutlak mânâda ölümü tadışına yol açabilir...

FETH geldikten sonra, mutlak mânâda ölüm gelmediği takdirde, o kişi beyin aracılığıyla gücünü arttırmaya, ilmini çok daha üst seviyeye yükseltmeye devam eder, yani ilerleme devam eder... **FETH**'in arkasından ölümün gelişi ise onu bulunduğu yerde sınırlar...

Evet, bu konunun daha fazla açıklanmasına bu kitabın müsaadesi yoktur... Bu sebeple biz, şimdi yukarıdaki âyeti kerîmelerin işaretinden anladıklarımıza dönelim...

"Kesinlikle sana öyle bir fetih (açıklık) **verdik ki..."** (48.Feth: 1) Kişide bu **FETH**'in oluşması onun hiçbir çalışmasına bağlı olmaksızın tamamıyla Allâh tarafındandır. Allâh vergisidir ki, **"bu kesin ve apaçık bir FETH'e eriştir."**... Böylece sen artık Berzah âleminin bir ferdi olarak dünyada yaşarsın her şeyin içyüzünü ve hikmetini bilirsin, dolayısıyla bundan sonra senden hiçbir **"zenb"** meydana gelmez. O gerçekler içinde yaşayan bir Ferd olarak, **"Allâh senin geçmiş ve gelecek tüm zenbini bağışlar."**... **"Ebrârın güzellikleri, mukarreblerin kusurlarıdır"**

♦ FETH SÛRESİ

hükmünce, Allâh'ın Vahdaniyetini seyirden, beşerî yaşam şartlarınca perdelenmekten ileri gelen kusurlarını bağışlar. Ve tam kemâliyle ihsan ettiği bu **FETH** ile dünyada oluşabilecek en mükemmel nimeti ihsan etmek suretiyle sana olan nimetini tamamlar. Zira, **dünyada bir kişide zâhir olacak en büyük nimet FETH-i Nûrânîdir**... Âdeta, dünyada yaşarken cennete girmek gibi bir şeydir bu...
"Ve sana öyle bir zafer verir ki, hiç kimse karşı koyamaz!"
yani bu **FETH-İ Mubiyn**'e nail olarak yaptığın çalışmalar ile seni öyle bir zafere, başarıya ulaştırır ki Allâh, hiçbir aklı selim sahibi sana, açıkladıklarına, bildirdiklerine karşı koyamaz...

İşte bu üç âyeti kerîme **FETH-İ MUBİYN**'e ermiş kişinin hâlini anlayabileceğimiz kadarıyla böyle izah eder...

Bu sûreyi her gün bir defa okumalıyız...

Ayrıca bu ilk üç âyeti her gün aynı sayıda olmak üzere üç yüz, beş yüz ya da bine kadar olmak üzere okumakta çok büyük fayda vardır manevî açılım isteyene...

24

VÂKI'A SÛRESİ

(56. Sûre)

"Eûzü Billâhi mineş şeytânir raciym"

"B"ismillâhir Rahmânir Rahıym

(1) İzâ vekâ'atil vâkı'atü; (2) Leyse livak'atiha kâzibeh; (3) Hafıdatün Râfi'atün; (4) İzâ rüccetil'Ardu recca; (5) Ve büssetilcibalü bessa; (6) Fekânet hebâen münbessâ; (7) Ve küntüm ezvâcen selâseh; (8) Feashabül meymeneti mâ ashabül meymeneh; (9) Ve ashabül meş'emeti mâ ashabül meş'emeh; (10) Ves sabikunes sabikun; (11) Ülâikel mukarrebûn; (12) Fiy cennatin na'ıym; (13) Sülletün minel'evveliyn; (14) Ve kaliylün minel'ahıriyn; (15) Alâ sürurin mevdûnetin; (16) Müttekiiyne aleyha mütekabiliyn; (17) Yetufü aleyhim vildanün muhalledûn; (18) Biekvabin ve ebâriyka ve ke'sin min ma'ıyn; (19) Lâ yusadda'ûne anha ve lâ yünzifun; (20) Ve fakihetin mimma ye-

♦ VÂKI'A SÛRESİ

tehayyerun; (21) Ve lahmi tayrin mimma yeştehun; (22) Ve hûrun 'ıyn; (23) Keemsâlil lü'lüilmeknun; (24) Cezâen Bimâ kânu ya'melûn; (25) Lâ yesme'une fiyha lağven ve lâ te'siyma; (26) İllâ kıylen Selâmen Selâma; (27) Ve ashabül yemiyni mâ ashabül yemiyn; (28) Fiy sidrin mahdud; (29) Ve talhın mendud; (30) Ve zıllin memdud; (31) Ve mâin meskûb; (32) Ve fâkihetin kesiyretin; (33) Lâ maktu'atin ve lâ memnu'atin; (34) Ve furuşin merfu'ah; (35) İnna enşe' nahünne inşâen; (36) Fece'alnahünne ebkâra; (37) Uruben etraba; (38) Liashabilyemiyn; (39) Sülletün minel'evveliyn; (40) Ve sülletün minel'ahıriyn; (41) Ve ashabüşşimâli mâ ashabüşşimâl; (42) Fiy semumin ve hamiym; (43) Ve zıllin min yahmum; (44) Lâ bâridin ve lâ keriym; (45) İnnehüm kânu kable zâlike mütrefiyn; (46) Ve kânu yusırrune alelhınsil azıym; (47) Ve kânu yekûlune eiza mitna ve künna türaben ve ızâmen einna lemeb'usun; (48) Eve abaunel'evvelun; (49) Kul innel'evveliyne vel'ahıriyn; (50) Lemecmu'ûne ilâ miykati yevmin ma'lum; (51) Sümme inneküm eyyühed dâallûnel mükezzibun; (52) Leâkilune min şeçerin min zakkûm; (53) Femâliune minhel butûn; (54) Feşâribune aleyhi minel hamiym; (55) Feşâribune şürbelhiym; (56) Hazâ nüzülühüm yevmed diyn; (57) Nahnu haleknaküm felevlâ tusaddikun; (58) Eferaeytüm ma tümnûn; (59) Eentüm tahlükunehu em nahnül hâlikun; (60) Nahnü kadderna beynekümül mevte ve ma nahnü Bi mesbukıyn; (61) Alâ en nübeddile emsaleküm ve nünşieküm fiy ma lâ talemun; (62) Ve lekad alimtümün neş'etel'ulâ felevlâ tezekkerûn; (63) Eferaeytüm ma tahrüsûn; (64) Eentüm tezre'ûnehu em nahnüzzari'un; (65) Lev neşau lece'alnahu hutamen fezaltüm tefekkehun; (66) İnna lemuğremun; (67) Bel nahnu mahrumun; (68) Eferaeytümül mâelleziy teşrebun; (69) Eentüm enzeltümûhu minelmüzni em nahnül münzilun; (70) Lev neşau ce'alnahu ücâcen felevla teşkürun; (71) Eferaeytümün narelletiy turun; (72) Eentüm enşe'tüm şeceratcha em nahnülmünşiun; (73) Nahnu ce'alnaha tezkireten ve metâ'an lilmukviyn; (74) Fesebbıh Bismi Rabbikel 'Azıym; (75) Felâ uksimu Bi mevâkı'ın nücum; (76) Ve innehu lekasemün lev talemune azıym; (77) İnneHU leKur'ânun Keriym; (78) Fiy Kitabin meknun; (79) Lâ yemessuHU illel mutahherun; (80) Tenziylün min Rabbil âlemiyn; (81) EfeBi hazel hadiysi entüm müdhinun; (82) Ve tec'âlune rizkaküm enneküm tükezzibun; (83) Felevlâ izâ beleğatil hulkum; (84) Ve entüm hıyneizin tenzurûn; (85) Ve nahnu akrebü ileyhi minküm ve lâkin lâ tubsırun; (86) Felevlâ in küntüm ğayre mediyniyn; (87) Terci'ûneha in küntüm sadikıyn; (88) Feemma in kâne minel mukarrebiyn; (89) Feravhun ve reyhanün ve cennetü na'ıym; (90) Ve emma inkâne min ashâbil yemiyn; (91) FeSelâmün leke min ashâbil yemiyn; (92) Ve emma in kâne minel mükezzibiyneddâ(aaa)lliyn; (93) Fenüzülün min hamiym; (94) Ve tasliyetü cahıym; (95) İnne hazâ lehuve hakkul yakıyn; (96) Fessebbih Bismi Rabbikel Azıym.

Anlamı:

1. **O gerçek** (ölümü tadarak başlayan ikinci hayat) **vuku bulduğunda.**

2. Artık onun gerçekliğini yalanlayacak olmaz!

3. (Kimini) **alçaltıcıdır,** (kimini) **yükselticidir!**

4. **Arz** (beden) **şiddetli bir sarsılışla sarsıldığında,**

5. **Dağlar** (bedendeki organlar) **hurdahaş edildiğinde,**

6. (Nihayet) **dağılmış toz olduğunda.**

7. **Siz üç cinse ayrıldığınızda:**

8. **Ashab-ı Meymene** (sağcılar, Hakk'ı bulmada isâbet etmişler), **ne ashab-ı meymenedir!**

♦ VÂKI'A SÛRESİ

9. **Ashab-ı Meş'eme** (solcular, Hak'tan kozalı yaşamışlar), ne ashab-ı meş'emedir!

10. **Es Sâbikun** (yakîn ile öne geçenler), **sabikundur**;

11. **İşte onlar mukarrebûn'dur** (Kurbiyet mertebesini yaşayanlar).

12. **Nimet cennetlerindedirler.**

13. **Çoğunluğu önceki** (devir)**lerdendir.**

14. **Azınlığı sonrakilerdendir.**

15. **Mücevherlerle işlenmiş tahtlar üzerindedirler.** (Buradan başlayan cennet tanımlayıcı âyetleri okurken; 13.Ra'd: 35 ve 47.Muhammed: 15. âyetlerde vurgulanan "Meselül cennetilletiy = cennettekilerin MİSALİ - TEMSİLİ" şöyle şöyledir, diye başlayan uyarı göz ardı edilmemelidir. Anlatılanlar temsil yolludur. A.H.)

16. **Karşılıklı kurulmuşlardır.**

17. **Çevrelerinde ebedî gençlikleriyle hizmetliler...**

18. **Kaynağında dolmuş ibrikler, sürahiler ve kâselerle...**

19. **Ne başları ağrır ondan ne de şuurları bulanır!**

20. **Tercih edecekleri meyve;**

21. **Canlarının çektiği kuş eti;**

22. **Ve Hur-i Iyn** (net görüşlü {biyolojik gözün sınırlamalarıyla kayıtlı olmayan} eşler {birkaç beden}; şuur yapı olan "insan"ın özelliklerini yaşatacak, eşi olan bedenler. Tek bilincin tasarrufundaki birden çok bedenle yaşama süreci. A.H.).

23. **Saklı** (sedefte büyümüş) **incilerin misali gibi** (Esmâ hakikatinden oluşmuş ve o özelliklerin açığa çıkışı olan insan şuurundan var olmuş Allâh yaratısı bedenler).

24. **Yaptıklarının cezası** (sonucu)!

25. **Orada ne boş laf duyarlar ve ne de suç kavramı!**

VÂKI'A SÛRESİ ◆

26. Sadece **"Selâm, Selâm" denilir** (Selâm isminin işaret ettiği özellik daim olsun; anlamında).
27. **Ashab-ı Yemîn** (sağcılar, iman edenler) **ne ashab-ı yemîndir!**
28. **Meyveleriyle sidre ağacı içinde,**
29. **Meyveleri istiflenmiş muz ağacı...**
30. **Yayılmış** (sonsuz) **gölgede,**
31. **Çağlayarak dökülüp akan bir suda,**
32. **Pek çok meyve** (türü) **içinde,**
33. (Ki o meyveler) **ne tükenir ve ne de yasaklanır!**
34. **Yüceltilmiş sedirler içinde**(dirler).
35. **Muhakkak ki biz onları** (şuurun eşi olan bedenleri yeni) **bir inşa edişle inşa ettik.**
36. **Onları daha önce hiç kullanılmamış türden oluşturduk!**
37. (Ki o daha önce hiç görülmemiş - kullanılmamış türden bedenler) **eşlerine âşık** (dünyaya birbirine düşman olarak inen, insanı maddeye yönelttiren hayvani beden karşıtı olarak, insan şuuruna sahip bilince, özelliklerini itirazsız yaşatan. A.H.) **ve yaşıtlardır** (bilinçle birlikte var olmuştur)!
38. (Bunlar) **ashab-ı yemîn** (saîd olanlar) **içindir.**
39. (Ashab-ı yemîn'in) **bir kısmı evvelkilerdendir.**
40. **Bir kısmı da sonrakilerdendir.**
41. **Şimal** (şakî olanlar; hakikati inkâr edip kozalı yaşayanlar), **ne ashab-ı şimaldir!**
42. **Semum** (zehirleyici ateş, radyasyon) **ve hamim** (yakan su; gerçek dışı bilgi ve şartlanmalar) **içinde,**
43. **Simsiyah dumandan bir gölge** (Hakikatindeki kuvveleri göremez, yaşayamaz bir hâl) **içinde,**
44. (Ki o gölge) **ne serindir ve ne de kerîm** (cömertçe getiri-

si olan)!

45. **Muhakkak ki onlar bundan önce, dünyevî - şehvanî zevklerin bolluğu içinde şımarandılar!**

46. **O büyük suçta** (Hakikatlerini inkâr ederek onu yaşama yolunda çalışma yapmamakta) **ısrar ederlerdi.**

47. **"Ölüp, toprak ve kemik yığını olduktan sonra, gerçekten yeni bir bedenle yaşama devam edecek miyiz = bâ's olunacak mıyız?" derlerdi.**

48. **"Evvelki atalarımız da mı?" derlerdi.**

49. **De ki: "Muhakkak ki evvelkiler de sonrakiler de,"**

50. **"Bilinen bir sürecin buluşma vaktinde elbette toplanacaklardır!"**

51. **Sonra muhakkak ki siz ey** (Hakikati) **yalanlayıcı sapkınlar...**

52. **Elbette** (siz) **zakkum ağaçlarından** (kendinizi yalnızca beden kabullenmenin sonucu meyvelerinden) **yiyeceksiniz.**

53. **Karınlarınızı ondan dolduracaksınız.**

54. **Onun üstüne yakıcı sudan içeceksiniz.**

55. **Hastalığı dolayısıyla suya doymak bilmeyen develer gibi içeceksiniz onu.**

56. **Din** (sistemin - Sünnetullâh'ın gerçekliğinin fark edildiği) **gününde, onların nüzûlü** (onlarda açığa çıkacak olan) **işte budur!**

57. **Biz, yarattık sizi! Tasdik etmeyecek misiniz?**

58. **Akıttığınız meniyi gördünüz mü?**

59. **Onu siz mi yaratıyorsunuz yoksa yaratanlar biz miyiz?**

60. **Aranızda ölümü biz takdir ettik ve bizim önümüze geçilmez!**

61. **Size bedel olarak benzerlerinizi** (yeni bedenlerinizi) **ge-**

VÂKI'A SÛRESİ ◆

tirelim ve sizi bilemeyeceğiniz şekilde (yeniden) inşa edelim diye (ölümü takdir ettik).

62. Andolsun ki ilk neş'eti (yaratışı) bildiniz... Peki derin düşünmeniz gerekmez mi?

63. Ekmekte olduklarınızı gördünüz mü?

64. Onu yeşerten siz misiniz yoksa biz miyiz?

65. Eğer dileseydik onu elbette kuru - cansız bitki kılardık da, şaşar kalırdınız!

66. "Muhakkak ki ziyandayız!"

67. "Hayır, biz (geçinmekten) mahrumlarız" (derdiniz).

68. İçmekte olduğunuz o suyu gördünüz mü?

69. Onu beyaz bulutlardan siz mi inzâl ettiniz yoksa inzâl ediciler biz miyiz?

70. Eğer dileseydik onu acı (bir su) kılardık... Şükretmeniz gerekmez mi?

71. Çakarak (ağaçtan) çıkardığınız o ateşi gördünüz mü?

72. Onun ağacını siz mi inşa ettiniz yoksa inşa ediciler biz miyiz?

73. Onu, çölde yaşarmışçasına bilgisizlere bir hatırlatma ve bir yararlanacakları şey kıldık!

74. Öyleyse tespih et ismi Aziym Rab olan namına!

75. Yıldızların yer aldığı (Esmâ'mın açığa çıktığı) evren olarak yemin ederim!

76. Bilseniz, gerçekten bu çok azametli bir yemindir!

77. Şüphesiz ki O (evren), Kur'ân-ı Kerîm'dir ("OKU" yabilene çok değerli "OKU"nandır).

78. Görülemeyen bir Bilgi'dedir! (Dalga {wave} okyanusu olan evrensel data ve dahi hologramik esasa göre beyindeki data.)

♦ VÂKI'A SÛRESİ

79. **Ona** (Bilgiye), (şirk pisliğinden - hayvaniyetinden) arınıp, tâhir olanlardan başkası dokunamaz!

80. **Rabb-ül âlemîn'den tenzîldir** (insan bilincinde tafsile indirme).

81. Şimdi siz bu olayımızı mı hafife alıp, önemsemiyorsunuz!

82. Yaşam gıdanız yalanlamanız mı oldu?

83. İşte (can) boğaza geldiğinde!

84. O zaman siz (çaresiz) bakakalırsınız!

85. Biz ona sizden daha yakınızdır, fakat görmezsiniz.

86. Eğer siz yaptıklarınızın sonucunu yaşamayacaksanız;

87. Eğer sözünüzde sadıksanız, onu (ölümü) **geri çevirsenize** (Sünnetullâh yoksa yapın bunu)!

88. (Herkes ölümü tadacaktır) **lâkin mukarrebûndan** (kurb ehli) **ise;**

89. **Ravh** (Rahmânî tecelli ile yaşam), **Reyhan** (Esmâ tecellileri seyri) ve **Nimetler Cenneti** vardır.

90. Eğer Ashab-ı yemîn'den ise;

91. (Eğer öyle ise): "**Ashab-ı yemîn'den senin için bir Selâm var**" (denilir).

92. Eğer (o can) sapık inançlı (hakikati) **yalanlayıcılardansa;**

93. (İşte ona) başından aşağı kaynar sular dökülür!

94. **Cahîm'in** (yakıcı şartlar) ateşine maruz kalır!

95. Muhakkak ki bu **Hakk-el Yakîn'dir** (bilfiil yaşanacak gerçek)!

96. Öyleyse tespih et ismi Aziym Rab olan namına!

Bilgi:
Hazreti **Rasûlullâh** (s.a.v.) bu sûreyle alâkalı olarak şöyle

VÂKI'A SÛRESİ ♦

buyurmuştur:
"Her gece Sûre-i Vâkı'a'yı okuyan kişiye ebediyyen fakirlik isâbet etmez."

Eskiden pek çok kimse akşam ile yatsı arasında, **Yâsiyn, Feth, Vâkı'a, Mülk** (Tebâreke) ve **Nebe** (Amme) sûrelerini okumayı âdet edinmişti. Bunun o kadar çok faydası vardır ki, benim bunları anlatmam asla mümkün değildir.

Dileriz ki, bir yarım saatinizi akşamları bu beş sûreyi okumaya ayırasınız... Günün kendinize harcadığınız 24 saatinden bir yarım saatiyle, ölüm ötesi yaşama hazırlık yapasınız, ruhaniyetinizi güçlendiresiniz. Allâh, hepimize bunu kolaylaştıra.

25

♦

MÜLK SÛRESİ

(Tebâreke - 67. Sûre)

"Eûzü Billâhi mineş şeytânir raciym"

"B"ismillâhir Rahmânir Rahıym

(1) Tebârekelleziy BiyediHİlMülkü, ve Huve 'alâ külli şey'in Kadiyr; (2) Elleziy halekalmevte velhayâte liyebluveküm eyyüküm ahsenu 'amela * ve "HU"vel AziyzulĞafur; (3) Elleziy haleka seb'a Semâvâtin tıbaka * ma tera fiy halkırRahmâni min tefavut * ferci'ılbasare hel tera min futûr; (4) Sümmerci'ıl basare kerrateyni yenkalib ileykelbasaru hasien ve huve hasiyr; (5) Ve lekad zeyyennes Semaeddünya Bimesabiyha ve ce'alnaha rucûmen lişşeyatıyni ve a'tedna lehüm 'azâbes se'ıyr; (6) Ve lilleziyne keferu BiRabbihim 'azâbu cehennem * ve bi'sel masıyr; (7) İzâ ülku fiyha semi'u leha şehiykan ve hiye tefur; (8) Tekâdu temeyyezu minelğayz * küllema ülkıye fiyha fevcun seelehüm hazenetuha elem yeti'küm neziyr; (9) Kalu belâ kad caena neziyrun fekezzebna ve kulna ma nezzelAllâhu min şey'

♦ MÜLK SÛRESİ

* in entüm illâ fiy dalâlin kebiyr; (10) Ve kalu lev künna nesme'u ev na'kılu ma künna fiy ashabisse'ıyr; (11) Fa'terefu Bizenbihim * fesuhkan liashabis se'ıyr; (12) İnnelleziyne yahşevne Rabbehüm bilğaybi lehüm mağfiretun ve ecrun kebiyr; (13) Ve esirru kavleküm evicheru Bih * inneHU 'Aliymun BiZâtissudur; (14) Elâ ya'lemu men haleka, ve "HU"vel Latıyful Habiyr; (15) "HU"velleziy ce'ale lekümül'Arda zelûlen femşû fiy menâkibiha ve kûlu min rizkıh * ve ileyHİnnuşur; (16) Eemintüm men fiysSemâi en yahsife Bikümül'Arda feizâ hiye temur; (17) Em emintüm men fiysSemâi en yursile 'aleyküm hasiba * feseta'lemûne keyfe neziyr; (18) Ve lekad kezzebelleziyne min kablihim fekeyfe kâne nekiyr; (19) Evelem yerav ilettayri fevkahüm sâffatin ve yakbıdne, ma yumsikühünne illerRahmân* inneHU Bikülli şey'in Basıyr; (20) Emmen hazelleziy huve cündün leküm yansurukum min dûnirRahmân* inilkâfirune illâ fiy ğurur; (21) Emmen hazelleziy yerzükuküm in emseke rizkaHU, bel leccû fiy 'utuvvin ve nüfûr; (22) Efemen yemşiy mükibben 'alâ vechihi ehda emmen yemşiy seviyyen 'alâ sıratın mustekıym; (23) Kul "HU"velleziy enşeeküm ve ce'ale lekümüssem'a vel'ebsare vel'ef'idete, kaliylen ma teşkûrun; (24) Kul "HU"velleziy zereeküm fiyl'Ardı ve ileyHİ tuhşerun; (25) Ve yekulûne metâ hâzelva'dü in küntüm sadikıyn; (26) Kul innemel'ılmu 'indAllâh * ve innema ene neziyrun mubiyn; (27) Felemma raevhu zulfeten si(y)et vucûhülleziyne keferu ve kıyle hâzelleziy küntüm Bihi tedde'un; (28) Kul eraeytum in ehlekeniyAllâhû ve men ma'ıye ev rahmena, femen yüciyrulkafiriyne min 'azâbin eliym; (29) Kul "HU"verRahmânu amena Bihi ve 'aleyhi tevekkelna * feseta'lemune men hüve fiy dalâlin mubiyn; (30) Kul eraeytum in asbeha mâuküm ğavren femen ye'tiyküm Bimâin me'ıyn.

MÜLK SÛRESİ ◆

Anlamı:

1. **Mülk** (fiiller boyutu) **elinde olan** (onu her an dilediğince tedbir eden) **ne yücedir!** O, her şeye Kaadir'dir.

2. Ortaya koyacaklarınız itibarıyla hanginizin daha mükemmel olduğunu yaşatmak için ölümü ve hayatı yaratan "HÛ"dur! O, Aziyz'dir, Ğafûr'dur.

3. Semâları yedi boyut (hâlinde) yaratan "HÛ"dur! Rahmân'ın yaratışında hiçbir uyumsuzluk göremezsin! Hadi bakışını döndür de bak! Bir kopukluk - uyuşmazlık görüyor musun?

4. Sonra bakışını iki kere daha döndür de bak! Bakışın en yorgun (aradığın kusuru bulamamış hâlde), hor-hakir olarak sana döner!

5. Andolsun ki dünyanın (düşünce) semâsını, aydınlatıcılar (hakikat bilgileriyle) olarak donattık! Onları meydana getirdik ki, şeytanları (şeytanî fikirleri) taşlayıp uzaklaştırmaları için! Onlar için alevli ateşin azabını hazırladık.

6. Hakikatlerini oluşturan Rablerini inkâr edenler için cehennem azabı vardır! Ne kötü dönüş yeridir o!

7. Onun içine atıldıklarında, o kaynayarak fışkırırken, onun gümbürtüsünü işitirler!

8. Gayzından (şiddetli taşmasından) neredeyse çatlayacak hâldedir! Onun içine her bir bölük atıldıkça, muhafızları onlara: "Size bir uyarıcı gelmedi mi?" diye sorar.

9. (Cehennem ehli de) der ki: "Evet, gerçekten bize bir uyarıcı geldi de biz inanmayıp reddettik! 'Allâh hiçbir şey inzâl etmemiştir; sizin yaptığınız çok büyük bir sapıklıktır' dedik."

10. Derler ki: "Eğer dinleseydik onları, aklımızı kullansaydık; alevli ateşte yanan halk içinde olmazdık!"

11. Suçlarını böylece itiraf ettiler! Uzaklığı yaşasın dev alevli ateş ehli!

12. "Gayb"ları olarak Rablerinden haşyet duyanlara gelince, onlar için bir mağfiret ve büyük bir ecir vardır.

13. Düşündüğünüzü ister içinizde tutun ister açığa vurun! Muhakkak ki O, sadırların (içinizin - bilincinizin - şuurunuzun) zâtı olarak Aliym'dir.

14. Yarattığını bilmez mi! O, Latiyf'tir, Habiyr'dir.

15. O, arzı (bedeni) size (bilincinize) tâbi oluşturdu! Onun omuzlarında yürüyün ve O'nun yaşam gıdasından nasiplenin! Yeniden varoluşunuz O'na dönük olacaktır!

16. Semâdakinin sizi arzınıza geçirmesinden güvencede misiniz? Birden o harekete geçip çalkalanmaya başlar!

17. Ya da semâdakinin, üzerinize bir kasırga - hortum irsâl etmesinden güvencede misiniz? Uyarımın anlamını bileceksiniz!

18. Andolsun ki onlardan öncekiler de yalanladı! Benim, beni inkâr sonucunu yaşatmam nasıl oldu!

19. Üstlerinde saf saf kanatlarını açıp yükselen, kapayıp inen kuşları görmezler mi! Onlar Rahmânî kuvvelerle bunu başarıyorlar! Muhakkak ki O, her şeyi (hakikati olarak) Basıyr'dir.

20. Ya da Rahmân'a karşı size yardım edecek ordunuz mu var? Hakikat bilgisini inkâr edenler yalnızca bir aldanış içindedirler!

21. Eğer yaşam gıdanı kesse, kimdir şu sizi besleyecek? Hayır, azgınlık ve nefretle kaçışı inatla sürdürmekteler!

22. Peki, âmâ olarak yüzüstü sürünen mi doğru yolda gider yoksa sırat-ı müstakim üzerinde dimdik önünü görerek yürüyen mi?

23. De ki: "Sizi inşa eden ve sizin için algılama kuvvesi, idrak kuvvesi (basîret) ve FUADLAR (Esmâ mânâ özelliklerini beyine yansıtıcı kalp nöronları) oluşturan "HÛ"dur! Ne kadar az şükrediyorsunuz (değerlendiriyorsunuz)!"

24. De ki: "Sizi, arzda yaratıp yayan "HÛ"dur! O'na haşr olunacaksınız!"

25. Derler ki: "Eğer sözünüzde sadıksanız, bu tehdidiniz ne zaman (gerçekleşecek)?"

26. De ki: "O'nun bilgisi Allâh indîndedir! Şüphesiz ki ben apaçık uyarıcıyım!"

27. Onu (ölümü) yaklaşmış gördüklerinde, o hakikat bilgisini inkâr edenlerin yüzleri kötü oldu (karardı)! "İşte bu, kendisini bir an önce yaşamayı temenni ettiğinizdir!" denildi.

28. De ki: "Bir düşünün! Allâh beni ve benimle beraber olanları helâk etse ya da bize rahmet etse; hakikat bilgisini inkâr edenleri feci bir azaptan kim kurtarır?"

29. De ki: "O, Rahmân'dır; O'na hakikatimiz olarak iman ettik ve O'na tevekkül ettik! Kimin apaçık yanlış düşünce içinde olduğunu yakında bileceksiniz!"

30. De ki: "Bir düşünün! Eğer suyunuz çekilse, sizde kim kaynak açıp su (ilim) oluşturur?

Bilgi:
Seyyidimiz, **Rasûlümüz, Muhammed Mustafa** (s.a.v.) Mülk Sûresi için buyurmuştur ki;

"O bir maniâdır; O bir müncie -kurtarıcı-'dır. Kişiyi kabir azabından korur ve kurtarır."

Biliyoruz ki, ölüp yok olmak, ya da ölüp derin bir yoklukta beklemek asla söz konusu değil... Ölümü tadacağız!.. Yani, bu

♦ MÜLK SÛRESİ

beden kullanılmaz hâle gelip elimizden alınacak ve onun yerine hemen o anda yeni bir bedenle yaşamımıza Kabir âleminde, kabir içinde, canlı canlı, diri diri; aklı, şuuru yerinde olarak; zihinsel faaliyetleri aynen eskisi gibi bir hâlde devam edeceğiz.

Bu konuyu daha önce "HAZRETİ MUHAMMED'İN AÇIKLADIĞI ALLÂH" isimli kitabımızda "ÖLÜMÜN İÇYÜZÜ" bahsinde son derece tafsilâtlı olarak anlatmıştık. Ölümün nasıl tadılacağını iyice anlamak isteyenler, bu kitabımızı ya da "İnsanın Gerçeği" isimli ses kasetimizi veyahut da "Dostça bir söyleşi" ile "RUH, CİN, MELEK" isimli video kasetimizi edinerek geniş bilgiye kavuşabilirler...

İşte "ölümü tatmak" diye Kur'ân-ı Kerîm'de tarif edilen; şuurlu bir biçimde kabir yaşantısına intikâl durumunda, hazır olmayanlar için şu anda akılların kavrayamayacağı kadar büyük azaplar söz konusudur...

Bu sebepledir ki Hazreti Rasûlullâh (s.a.v.) kabir azabına karşı tedbir almak üzere, bize bu sûreyi çokça okumamızı tavsiye ediyor... Bakın ne buyuruyor:

"Kurân'da otuz âyetlik bir sûre vardır ki, bu bir adama şefaat etti ve o nihayet bağışlandı: o, Tebârekelleziy biyed'ihil Mülk (sûresi) dir."

Abdullah b. Mes'ûd (r.a.) bakın Rasûlullâh (s.a.v.)'in kabir hâliyle ilgili uyarısını nasıl naklediyor:

"Kişi kabre konulunca, azap melekleri ayakları tarafından gelir... Mülk Sûresi'nin vazifelileri karşı çıkar; benim yönümden size yol yoktur çünkü o hayatında Mülk Sûresi okurdu, der. Sonra azap melekleri göğsü veya karnı cihetinden gelir; gene meleklerin, benim cihetimden size yol yoktur, o Mülk Sûresi okurdu, cevabıyla karşılaşır. Daha sonra, başı istikametinden

MÜLK SÛRESİ ♦

yaklaşmak isterler azap melekleri; gene aynı güç ve aynı cevapla karşılaşırlar... Mülk Sûresi men edicidir. Kabir azabını men eder. Kim onu gece okursa, çok sevap kazanmış ve çok iyi bir iş yapmış olur."

26

NEBE' SÛRESİ

(78. Sûre - Amme)

"Eûzü Billâhi mineş şeytânir raciym"

"B"ismillâhir Rahmânir Rahıym

(1) Amme yetesâelun; (2) AninNebeil'Azıym; (3) Elleziy hüm fiyhi muhtelifun; (4) Kellâ seya'lemun; (5) Sümme kellâ seya'lemun; (6) Elem nec'alil'Arda mihâda; (7) Velcibale evtada; (8) Ve haleknâküm ezvaca; (9) Ve ce'alna nevmeküm sübâta; (10) Ve ce'alnelleyle libâsa; (11) Ve ce'alnennehare me'aşa; (12) Ve beneyna fevkaküm seb'an şidada; (13) Ve ce'alna siracen vehhaca; (14) Ve enzelna minelmu'sırati mâen seccaca; (15) Linuhrice Bihi habben ve nebata; (16) Ve cennatin elfafa; (17) İnne yevmelfasli kâne miykata; (18) Yevme yunfehu fiysSuri fete' tune efvaca; (19) Ve fütihatisSemâu fekânet ebvaba; (20) Ve suyyiretilcibâlu fekânet seraba; (21) İnne cehenneme kânet mirsada; (22) Littağıyne meâba; (23) Labisiyne fiyha ahkaba; (24) Lâ yezûkune fiyha berden ve lâ şeraba; (25) İlla ha-

◆ NEBE' SÛRESİ

miymen ve ğassâka; (26) Cezâen vifaka; (27) İnnehüm kânu lâ yercune hısaba; (28) Ve kezzebu BiâyâtiNA kizzaba; (29) Ve külle şey'in ahsaynâhu Kitaba; (30) Fezûku felen neziydeküm illâ 'azâba; (31) İnne lilmüttekıyne mefaza; (32) Hadâika ve a'nâba; (33) Ve keva'ıbe etraba; (34) Ve ke'sen dihaka; (35) Lâ yesme'une fiyha lağven ve lâ kizzaba; (36) Cezâen min Rabbike 'ataen hısaba; (37) RabbisSemâvâti vel'Ardı ve ma beynehümerRahmâni lâ yemlikûne minhu hıtaba; (38) Yevme yekumur Ruhu velMelaiketu saffâ; lâ yetekellemune illâ men ezine lehurRahmânu ve kale savâba; (39) Zâlikel yevmülHakk * femen şâettehaze ila Rabbihi meaba; (40) İnna enzernaküm 'azâben kariyba * yevme yenzurulmer'u ma kaddemet yedahu ve yekulülkafiru ya leyteniy küntü turaba.

Anlamı:

1. Neyi sorguluyorlar?
2. **Azametli Haberi mi** (ölüm sonrasında yaşamın devamı)?
3. Ki o konuda anlaşmazlık içindedirler!
4. **Hayır,** (düşündükleri gibi değil), **yakında** (vefat edince) **bilecekler!**
5. Yine hayır (düşündükleri gibi değil), **yakında bilecekler!**
6. Biz arzı (bedeni) **bir beşik** (içinde gelişeceğiniz geçici kullanım aracı) **yapmadık mı?**
7. **Dağları** (bedendeki organları) **da birer kazık!**
8. Sizleri de eşler (bilinç - beden) **olarak yarattık.**
9. Uykunuzu bir dinlenme kıldık.
10. Geceyi örtü kıldık.
11. Gündüzü de geçim meşgalesi kıldık.
12. **Fevkinizde** (yedi yörüngeli sistem - bilinç boyutunuzda)

sağlam yedi (semâ) bina ettik.
13. Bir de ışık saçan bir kandil (Güneş - akıl) koyduk.
14. Yağmur bulutlarından şarıl şarıl bir su inzâl ettik.
15. Onunla taneler ve bitkiler çıkaralım diye.
16. İç içe girmiş bahçeler!
17. Muhakkak ki o Fasl (ayrılıp tasnif olma) süreci vakit olarak belirlenmiştir.
18. O süreçte Sur'a üfürülür de gruplar hâlinde gelirsiniz.
19. Semâ da açılmış, kapı kapı olmuştur (bilinç, duyu organsız algılama yaşamına açılmıştır).
20. Dağlar yürütülmüş, serap olmuştur (organların sınırlaması kalmamıştır).
21. Kesinlikle Cehennem güzergâh olmuştur (herkes oradan geçer)!
22. Tuğyan edenler (azgınlar; zâlimler, Sünnetullâh'a göre korunma çalışmaları yapmayanlar) için yerleşim alanıdır!
23. Çok uzun süre kalıcılar olarak!
24. Orada ne bir serinlik tadarlar ne de keyif veren içecek!
25. Ancak hamim (kaynar su) ve gassak (irin) müstesna!
26. Tam karşılığı olarak yaşamlarının!
27. Muhakkak ki onlar bir hesap (yaşamlarının sonucunu) ummuyorlardı!
28. Varlıklarındaki işaretlerimizi yalanladıkça yalanlamışlardı!
29. (Oysa biz) her şeyi en incesine kadar kaydedip dosyalaştırdık!
30. O hâlde tadın; size azaptan başka bir şeyi asla artırmayacağız!
31. Muhakkak ki korunmuşlar için kurtuluş vardır.

32\. **Sulak bahçeler, üzüm bağları...** ("Meselül cennetilletiy" uyarısı hatırlanmalı. Cennete dair anlatılanların tümü semboller benzetmelerle anlatılmaktadır.)

33\. **Yaşıt muhteşem eşler!** (Cinsiyet kavramı olmayan şuur yapının hakikatinden gelen Esmâ özelliklerini açığa çıkaracağı muhteşem kapasiteli o boyutun özelliğiyle oluşmuş bedenler. Dişi - erkek ayrımsız! Allâhu âlem. A.H.)

34\. **Dolu kadehler!**

35\. **Orada ne bir boş söz duyarlar ne de bir yalan.**

36\. **Rabbinden bir ceza,** (yani) **yaptıklarına bağış olmak üzere!**

37\. **Semâların, arzın ve ikisi arasında olanların Rabbidir, Rahmân'dır! Hiç kimse O'ndan bir hitaba mâlik değildir.**

38\. **O süreçte, RUH** (insanların tümünde şuur boyutunda açığa çıkan TEK'il Esmâ hakikati mânâsı) **ve melekleri saf saf kıyamdadır.** (Fıtratında) **Rahmân'ın izin verdiği hariç, kimse konuşamaz hâldedir! O da doğruyu söyler.**

39\. **İşte budur Hak süreç! Artık dileyen Rabbine erecek çalışmayı yapsın!**

40\. **Doğrusu biz sizi yakın bir azap** (ölüm) **ile uyardık! O gün kişi, ellerinin** (kendine) **ne takdim ettiğine bakar; hakikat bilgisini inkâr eden de şöyle der "Keşke toprak olsaydım!"**

27

'ALAK SÛRESİ

(96. Sûre: 1-5. âyetler)

"Eûzü Billâhi mineş şeytânir raciym"

"B"ismillâhir Rahmânir Rahıym

(1) **Ikra' Bismi Rabbikelleziy halak;** (2) **Halekal'İnsane min 'alak;** (3) **Ikra' ve Rabbükel'Ekrem;** (4) **Elleziy 'alleme BilKalem;** (5) **Allemel'İnsane ma lem ya'lem.**

Anlamı:
1. **Yaratan Rabbinin ismi** (ile işaret ettiği hakikatin olan kuvveler) **ile OKU!**
2. **İnsanı Alak'tan** (kan pıhtısı; genlerden) **yarattı.**
3. **Oku!** (Çünkü) **Rabbin Ekrem'dir!**
4. **O ki,** (O Rabbanî özellikleri ve genetiğini) **Kalem olarak öğretti** (programladı)!
5. (Yani) **insana bilmediğini talim etti.**

◆ 'ALAK SÛRESİ

Bilgi:
Dinin derinliklerindeki **"SIR"**lara ermeyi dileyenlere günde üç yüz on üç defa okumalarını tavsiye ediyoruz!..

"OKU"nun anlamı nedir; okunacak olan nedir; nasıl **"OKU"**nur; bütün bu soruların cevabını **"HZ. MUHAMMED NEYİ OKUDU?"** isimli kitabımızda detaylarıyla açıklamaya çalıştık.

Burada kesinlikle bilelim ki, **"OKU"**nan nesne bildiğimiz yazı ile yazılmış bir metin değildi! Öyleyse neydi?..

Olay, yazılı bir metin okuma olayı değilse; **"ÜMMÎ"** olmaktan mânâ nedir ve kimler **"ÜMMÎ"**dir?..

Neyse, dediğimiz gibi, biz bunların cevaplarını adı geçen kitaba bırakalım; ve tekrar edelim; Rabbin indîndeki gerçeği **"OKU"**mak arzusuna sahip olanlar, 'Alak Sûresi'nin bu ilk beş âyetini her gün 313 defa okumayı alışkanlık hâline getirmeliler.

28

İNŞİRAH SÛRESİ
(94. Sûre)

"Eûzü Billâhi mineş şeytânir raciym"

"B"ismillâhir Rahmânir Rahıym

(1) **Elem neşrah leke sadrek;** (2) **Ve vada'nâ 'anke vizrek;** (3) **Elleziy enkada zahrek;** (4) **Ve refa'nâ leke zikrek;** (5) **Feinne me'al'usri yüsrâ;** (6) **İnne me'al'usri yüsrâ;** (7) **Feizâ ferağte fensab;** (8) **Ve ila Rabbike ferğab.**

Anlamı:
1. **Senin göğsünü açmadık mı** (darlığını genişletmedik mi)?
2. (Hakikati açarak beşeriyet) **yükünü senden almadık mı?**
3. **Ki o** (-nun ağırlığı), **senin belini çatırdatmıştı!**
4. **Senin zikrini** (hatırladığın hakikatini yaşatarak) **yüceltmedik mi?**

♦ İNŞİRAH SÛRESİ

5. Bu yüzdendir ki, kesinlikle zorlukla beraber bir kolaylık vardır.
6. Evet, kesinlikle her zorlukla beraber bir kolaylık vardır.
7. (İşlerinden) **kurtulunca**, (esas işinle) **yorul!**
8. **Rabbini değerlendir!**

Bilgi:
Maneviyatta ilerlemek isteyenler, bu sûreyi her gün 70 defa okumayı ihmal etmesinler...

Aldıkları yüksek seviyeli ilmi; karşılaştıkları yüksek müşahedeleri, değerli keşifleri hazmetmek isteyenler günde yetmiş defa bu sûreyi okumaya devam etsinler...

İçi sıkılanlar, başı daralanlar, bunalımda olanlar selâmete çıkmak istiyorlarsa, günde yetmiş defa bu sûreyi okumaya devam etsinler...

Her biri de görecek ki; bu sûreye devam, onları kesinlikle muradlarına erdirecektir.

29

♦

BAZI KISA SÛRELERİN FAZİLETLERİ HAKKINDA

Hazreti **Rasûlullâh**, kısa sûrelerden bazıları hakkında şöyle buyurmuştur:

"İzâ zülzilet Kurân'ın yarısına denktir!.. 'Kul HUvAllâhu EHAD' üçte birine denktir... 'Kul yâ eyyühel kâfirûn' dörtte birine denktir."

Bu hadîs-î şerîflerde anlatılmak istenen husus anlayabildiğimiz kadarıyla, şudur:

Kur'ân-ı Kerîm başlıca iki ana tema üzerine inşa edilmiştir:

1. Tapılacak bir tanrı olmayıp; Allâh'ın Vahdaniyetini ve Vahdetini fark edip idrak etmek ve elden geldiğince gereğini yaşamak.

2. Ölümü tatmak suretiyle başlayacak yeni düzen için dünya hayatı sırasında birtakım çalışmalar yapma mecburiyeti ve kişi-

nin müspet ya da menfi kendisinden meydana gelen her zerre miktarı bile olsa fiilinin neticesiyle kesinlikle karşılaşacağı gerçeği...

İşte yukarıda bahsi geçen **"Zelzele Sûresi"** ikinci maddenin tam bir özeti mahiyetinde olduğu için, anladığımız kadarıyla, **Kur'ân-ı Kerîm**'in yarısına denk olarak nitelendirilmiştir.

30

♦

ZİLZÂL SÛRESİ

(99. Sûre - Zelzele)

"Eûzü Billâhi mineş şeytânir raciym"

"B"ismillâhir Rahmânir Rahıym

(1) İzâ zülziletil Ardu zilzaleha; (2) Ve ahrecetilArdu eskaleha; (3) Ve kalel İnsanu ma leha; (4) Yevmeizin tühaddisü ahbâreha; (5) Bienne Rabbeke evha leha; (6) Yevmeizin yasdurun Nasu eştaten li yürav a'malehüm; (7) Femen ya'mel miskale zerretin hayren yerah; (8) Ve men ya' mel miskale zerretin şerren yerah.

Anlamı:

1. Arz (beden), şiddetli bir sarsıntı ile sarsıldığında;
2. Arz, ağırlıklarını dışarı çıkardığında,
3. İnsan (bilinç, bedene bakarak): "Buna ne oluyor?" diyerek (panik yaşadığında),

♦ ZİLZÂL SÛRESİ

4. İşte o süreçte haberlerini söyler.
5. Rabbinden ona vahiy ile.
6. O gün insanlar, gruplar hâlinde çıkar ki çalışmalarının sonucunu görsünler!
7. Kim bir zerre ağırlığınca bir hayır yaparsa, onu görür.
8. Kim de bir zerre ağırlığınca bir şerr yaparsa, onu görür.

Bilgi:
Zelzele Sûresi'nin ilk okunduğu anda anlaşılan en zâhir mânâsı yukarıda ifade ettiğimizdir... Ne var ki, bu sûrede sadece bu mânânın anlatıldığını sanmak, sadece yedide biri su üstünde görülen buzdağını, gördüğünden ibaret zannetmek gafletine benzer!..

Bu hususa bir misal oluşturması için bu sûrenin iki ayrı mânâsından daha açıklayabileceğimiz ölçüler içinde söz etmeye karar verdik... Umarım bu hususların derinliğini düşünmemize faydalı olur...

Birinci iç mânâ...
"Arz" tâbiri dünya ve yeryüzü olarak anlaşıldığı gibi, aynı zamanda tasavvuf ehli tarafından **kişinin "bedeni"** olarak da anlaşılır... İşte bu yönüyle konuyu ele alırsak; bu sûrenin bildiğimiz **klasik ölüm öncesini** anlattığını kolaylıkla fark edebiliriz...

"**Kişi ölümü tadınca kıyameti kopar**" hükmünce; kıyamet ahvalini anlatan **Zelzele** Sûresi, kişinin kıyameti olan **ölüm hâlini** burada şöyle anlatıyor kabul edilebilir...

1. Beden, sinir sistemindeki biyoelektrik gücün kesilmesiyle şiddetli bir sarsıntı ile sarsılıp, tükenişe gittiğinde;
2. Beden içindeki gizli ağırlık noktası olan RUH'u, yani holografik ışınsal bedeni serbest bırakıp dışarıya saldığında;

ZİLZÂL SÛRESİ ◆

3. Kendinde hiçbir değişiklik olmaksızın, bedeninde olan bu değişikliği hissedip, görüp, yaşayıp, kendini RUH bedeniyle tanımaya başlayan insan büyük bir hayret, şaşkınlık ve telâş içinde **buna ne oluyor** dediğinde...

4 - 5. Rabbinin vahyi sonucu olarak beden, bütün özelliklerini ve çalışma sistemini, hâlini ve âkıbetini, kişinin kendisiyle neler yapabileceğini ve artık kendisi olmaksızın, neler elde etmekten mahrum kalacağını, bedenli yaşamın kendisi için geçmişte ne kadar büyük bir nimet olduğunu açıklar lisanı hâl ile...

6. İşte ölümü tadış anı olan o bedenleri terk anını yaşayan insanlar, tüm yaptıklarının ve neticelerinin görülmesi için yeni bir bedenle bâ's olarak, biyolojik bedenlerinden çıkarak kişisel kıyametlerini yaşarlar...

7. Kim zerre ağırlığında bile olsa, yani en önemsiz gördüğü düşünce ve fiillerinin sonucu olan hayrı, kitaplarında yazılı olarak ve eserlerini karşılarında görürler...

8. Kim zerre kadar kötü bir düşünce ya da fiil gerçekleştirmişse, bunu da kitabında ve kendi beyin dalgalarından forme olmuş biçimde karşılarında görürler!..

Evet, bu açıklamaya çalıştığımız husus, kişinin, bildiğimiz fizik-biyolojik yapısıyla ilgili olan kıyametiyle alâkalı olan husus idi...

Şimdi de bazı kişilerde gerçekleşen **"ÖLMEDEN ÖNCE ÖLMEK"** diye tanımlanan **başka bir bâtınî anlam** ile **Zelzele** Sûresi'ndeki mânâyı yorumlamaya çalışalım...

1. Mevcudat şiddetli bir sarsıntı ile sarsılıp basîretinde dağılmaya başladığında... Varlığın aslının, orijininin, Hakk'ın Esmâ'sı olduğunu müşahede ederek; bu hakikatin ortaya çıkması sonucu, zâhir görüntü, basîretinde parçalanıp yok olmaya yüz tuttuğunda...

♦ ZİLZÂL SÛRESİ

2. Mevcudatın özündeki Hakk'ın varlığı, yani, o mevcudatı var gösteren Allâh isimlerinin mânâları, sırları bâtınken zâhir olmaya başladığında;
3. Ve insan, tüm mevcudatta var sandığı varlıkların bir serâp gibi yok olup, Hakk'ın varlığı yanında bunların yok hükmünde olduğunu müşahede etmeye başladığında büyük bir hayret ve şaşkınlık içinde, buna ne oluyor böyle ki, her şey yok olup, sadece Allâh vechi Bakıy kalıyor, dediğinde...
4. Mevcudat, kendisindeki bütün Esmâ mânâlarını o basîreti açılmış kişiye açıklamaya başlar... Her bir birimin hangi Allâh isminin mânâsını açığa çıkarmak üzere var olmuş olduğunu haber verir... Ve anlar ki böylece insan, gayrı bildiği, hep O'nun Esmâ'sının eseriymiş!..
5. Ki bütün bunlar Rabbinden vahiy ile meydana gelir. Rubûbiyet mertebesinin hükümleri tüm mevcudatta vahiy yollu aşikâr olur... Ve kişi bunu da fark eder!..
6. İşte bu ölmeden önce ölmüş insanlar, daha önce neleri nasıl yapmış olduklarını apaçık görecekler ve bunların altındaki sırları da fark etmeye başlayacaklardır.
7. Kimden zerre kadar hayırlı bir fiil meydana geldiyse onu ve dolayısıyla neticesini görecek...
8. Kimden de zerre kadar şerr meydana geldiyse onu da tespit edecektir.

Elbette bunun da derinliğinde daha başka mânâlar mevcut ki, bunların yeri bu kitap olmadığı için bu mânâlara değinmiyoruz.

Allâh cümlemizi, yüzeyde, şekilde, görünüşte kalma belâsından korusun; görünenlerin ardına geçmeyi, iç mânâları, derinlikli anlamları müşahede etmeyi nasip etsin...

Ancak, bizler için, sadece bu sûrelerin Arapçasını okumak

ZİLZÂL SÛRESİ ♦

yeterli olmayıp, hiç olmazsa bir **Kur'ân** meâlinden istifâde ederek son derece dar kapsamlı da olsa, ana hatları ile ne anlatılmak istendiğini bilmemiz gerekir.

Zira, Kurân'da, **"BİZ BU KURÂN'I ANLAYASINIZ DİYE"** ifadesi mevcuttur... Derinliğine vukûf, elbette herkese müyesser olmaz. Ama, hiç değilse kaba çizgilerle de olsa, **Kur'ân-ı Kerîm**'i ana hatlarıyla anlamak ve ondan sonradır ki **"İman ediyorum Kurân'da bildirilenlere"** demek daha yerinde olur... Yoksa elbette ki, insanın bilmediği bir şeye iman etmesini istemek, mantığın aşırı zorlanması demektir.

"Kul HUvAllâhu Ehad"ın üçte bire denk olması ise şöyle anlaşılmıştır... Allâh'ın **TEK** oluşunun tanımı, ölüm ötesi yaşam gerçeği ve ölüm ötesi yaşama hazırlanma önerileri olarak Kurân'daki konuları üçe ayırırsak, **"İhlâs"** Sûresi bunun birincisidir.

Esasen **"İHLÂS"** Sûresi'yle ilgili olarak söylenecek pek çok şey var olmasına karşın, bu kitabın müsaadesi nispetinde bazı şeyleri size anlatmak istiyorum.

"İHLÂS" Sûresi'nin içerdiği mânâyı, Allâh'ın bize bağışladığı anlayışa göre, **"HAZRETİ MUHAMMED'İN AÇIKLADIĞI ALLÂH"** isimli kitabımızda anlatmaya çalıştık. Bu sebeple burada bu konuya girmeyeceğim. Arzu edenler, **"İHLÂS"** Sûresi'nin mânâsını oradan okuyabilirler.

Burada sizlere **"İHLÂS"** Sûresi'yle ilgili küçük bir anımdan söz etmek istiyorum.

On yedi yaşındayken **İstanbul Cerrahpaşa**'daki evimizin karşısındaki **Cerrahpaşa Camii**'ne gitmiştim bir Cuma günü; henüz bu konuya yeni başladığım süre içinde... Arkada, kıyıda bir yerde otururken, birisi omzuma vurdu ve **"Efendi hazretleri seni çağırıyor"** dedi.

♦ ZİLZÂL SÛRESİ

"**Cuma Şeyhi**" diye hitap edildiğini duyduğum yüz dört yaşında olan bir zât idi beni yanına çağıran... Sonradan Nakşıbendî Şeyhi olduğunu öğrendiğim, gözleri neredeyse hiç görmeme hâlindeki bu zât, beni o mesafeden nasıl görmüş de çağırmıştı!.. Her neyse, yanına gittim, elini öptüm; bana sordu, "**Sana bir görev versem, yapar mısın?**"... Serde o yaşın civanlığı var ki, sanki dağları delmeğe hazırım... "**Elbette yaparım**" demiştim... Ama hiçbir şey de bilmiyorum, henüz... Bana şunu teklif etti o zât.

"**Ne kadar zamanda yapabilirsen, yüz bin İHLÂS çek ve ondan sonra yanıma gel!..**"

Ne çare ki, bir hafta sonra, o zâtın ölüm ötesi yaşama intikâlini öğrendim. Ama gene de verdiğim sözü tutup yirmi gün içinde **yüz bin "İHLÂS"** okumayı tamamladım... Umarım, Allâh, okumuş olduğum bu **İHLÂS**'lar hürmetine beni bağışlar ve bu sûrenin sırrına erdirir...

Dolayısıyladır ki, fakir, tüm mümin kardeşlerine imkânları nispetinde bu çalışmayı tavsiye eder. Allâh kolaylaştıra!..

Evet, bakın Hazreti **Rasûlullâh** ashabıyla bu konuda ne konuşmuş...

Ebu **Hureyre** (r.a.) naklediyor:

"**Toplanın, size Kurân'ın üçte birini okuyacağım...**" buyurdu **Rasûlullâh** (s.a.v.)... Bunun üzerine toplanıldı... **Sonra Rasûlullâh evinden çıkıp, "Kul HUvAllâhu Ehad" Sûresi'ni okudu**... Sonra tekrar evine girdi... Bunun üzerine birbirimize **Semâdan bir haber geldi herhâlde ki, evine girdi**... diye konuştuk, yeni bir vahiy geliyor sandık...

Sonra **Rasûlullâh** (s.a.v.) evinden çıktı ve buyurdu ki:

— **Ben size Kurân'ın üçte birini okuyacağım**, dedim... **Dikkat edin, İHLÂS Sûresi, Kurân'ın üçte birine denktir!**"

ZİLZÂL SÛRESİ

Gene Ebu **Hureyre** (r.a.) naklediyor:

Rasûlullâh (s.a.v.) ile bir yere geldik, baktık ki bir adam; Kul HÛvAllâhu Ehad, Allâhus Samed, lem yelid ve lem yûled, velem yekün leHÛ küfüven Ehad'ı okuyor...

"Vacib oldu!.." buyurdu Rasûlullâh...

Ne vacib oldu Yâ Rasûlullâh?.. diye sordum kendisine...

Buyurdu ki:

"Cennet!.."

Hemen gidip adamı müjdelemeyi istedim, fakat korktum ki, Rasûlullâh (s.a.v.) ile yemek yeme şerefini kaybederim... Daha sonra da adamın yanına gittim, ama ne var ki adam gitmişti."

Ebu Derdâ (r.a.) naklediyor:

Rasûlullâh (s.a.v.) buyuruyor:

"Sizden biri bir gecede Kurân'ın üçte birini okumaktan âciz olur mu?"

"İnsan, Kurân'ın üçte birini nasıl okur?.." diye ashabı sordular...

Bunun üzerine Rasûlullâh (s.a.v.) şöyle buyurdu:

"Allâh Azze ve Celle Kur'ân-ı Kerîm'i üç cüze ayırdı. Kul HÛvAllâhu Ehad'ı da bunlardan biri kıldı"!..

◆ ◆ ◆

Bir başka hadîs-î şerîf'te gene Hazreti **Rasûlullâh** Aleyhis-Selâm bakın ne buyuruyor "İHLÂS" Sûresi için:

"Her kim bin İhlâs okuyup ruhuna yollarsa, Allâh o kişiyi cehennemden azât eder"... Dolayısıyla belirli gecelerde veya âhirete intikâl eden sevdiklerimize bin İHLÂS okumayı âdet edinirsek, hem onlar çok büyük faydalar elde ederler hem de bizler.

♦ ZİLZÂL SÛRESİ

İHLÂS Sûresi okumanın sonsuz ve sınırsız faziletini anlatamayacağımıza göre, şimdilik bu kadarla iktifa edip, gelelim "**muavvizeteyn**"e... "**Sığındırıcılar**"a...

31

◆

FELAK ve NÂS SÛRELERİ
(113-114. Sûreler)

113. FELAK SÛRESİ

"Eûzü Billâhi mineş şeytânir raciym"

"B"ismillâhir Rahmânir Rahıym
(1) **Kul e'ûzü BiRabbil felak;** (2) **Min şerri mâ halak;** (3) **Ve min şerri ğâsikın izâ vekab;** (4) **Ve min şerrin neffâsâti fiyl'ukad;** (5) **Ve min şerri hâsidin izâ hased.**

Anlamı:
1. De ki: "Sığınırım Felak'ın (karanlığı yarıp aydınlığa kavuşturan nûrun) **Rabbine"**
2. "Yarattığı halkının şerrinden"
3. "Karanlığı çöken gecenin şerrinden"
4. "Düğümlere üfüren kadınların şerrinden"
5. "Haset ettiğinde, haset edicinin şerrinden!"

♦ FELAK ve NÂS SÛRELERİ

114. NÂS SÛRESİ

"Eûzü Billâhi mineş şeytânir raciym"

"B"ismillâhir Rahmânir Rahıym

(1) Kul e'ûzü BirabbinNâs; (2) Melikin Nâs; (3) İlâhin Nâs; (4) Min şerril vesvâsil hannâs; (5) Elleziy yüvesvisü fiy sudûrin Nâs; (6) Minel cinneti ven Nâs.

Anlamı:
1. De ki: "Sığınırım Nâs'ın Rabbine,"
2. "Nâs'ın Meliki'ne,"
3. "Nâs'ın İlâhı'na"
4. "El Vesvas'il Hannas'ın (sinip sinip geri dönen, insanı bedenselliğe düşüren vesvese kuvvesi) şerrinden."
5. "O ki, insanların içlerinde vesvese üretir."
6. "Cinlerden ve insanlardan!"

Bilgi:

Felak ve Nâs sûreleri BÜYÜye, sihre, manyetizmaya ve kişinin iradesini zorlayan dış etkenlere karşı en önemli silahlardandır.

Efendimiz'e yapılan büyüye karşı Cenâb-ı Hak tarafından nâzil olmuş iki sûredir.

Her gün kırk bir defa, veya her namazdan sonra yedi defa okunmasında çok büyük fayda vardır.

Hemen herkesin bildiği, "**KUL EÛZÜ**"ler olarak da adlandırılan Felak ve Nâs sûreleri hakkındaki **Rasûlullâh** (s.a.v.)'in bazı tavsiyelerini de sizlerle paylaşmadan geçemeyeceğim.

Ukbe b. Amir (r.a.) naklediyor:

Rasûlullâh (s.a.v.) **şöyle buyurdu:**

FELAK ve NÂS SÛRELERİ

"Bu gece inzâl olan, benzerleri hiç görülmemiş bir kısım âyetleri biliyor musun?.. Onlar, Kul eûzü birabbil felak ve kul eûzü birabbin nâs sûreleridir."

"Okunan en hayırlı iki sûreyi sana öğreteyim mi; bunlar Kul eûzü birabbil felak ve kul eûzü birabbin nâs'tır."

Rasûlullâh (s.a.v.) ile beraber Cuhfe ile Ebva arasında yolculuk yapıyorduk. Birden bizi bir fırtına ile yoğun karanlık sardı. Bunun üzerine Rasûlullâh (s.a.v.); "Kul eûzü birabbil felak" ve "Kul eûzü birabbin nâs"ı okuyarak korunmaya başladı... Sonra da şöyle buyurdu:

"Yâ Ukbe, bu iki sûre ile korun!.. Hiçbir korunan, bu iki sûrenin benzeri ile korunamamıştır!.."

"Sen Kul eûzü birabbil felak sûresini okumaktan Allâh katında daha makbul ve sevabı çok hiçbir sûre okuyamazsın. Sen her namazda gücün yetiyorsa onu okumaya devam et!.."

◆ ◆ ◆

Evet, bunlardan sonra özetle birkaç hususu daha belirtelim:

Hazreti **Rasûl** AleyhisSelâm, genellikle namazlardan sonra İhlâs ve "Kul eûzü"leri avuçlarına üfleyip, bütün vücudunu sıvazlar ve bunu üç kere tekrar ederdi.

Her Cuma namazından sonra, dünya kelâmı etmeden, **İhlâs** ve **"muavvizeteyn"** denilen **Kul eûzü**'leri yedi defa okuyup vücuduna sürerse, o kişi gelecek Cuma namazına kadar her türlü tehlikeden emin olur, buyruluyor.

Bunun haricinde, **cinnî** etki altında olanların, **büyü** yapılmış olanların, **Âyet'el Kürsî** ile beraber **kırk bir defa** bu sûreyi okuyup, ayrıca bu okuma sırasında, nefesi suya üfleyip içmenin bir hayli faydalı olduğu da çeşitli kaynaklardan bize ulaşmıştır.

◆ FELAK ve NÂS SÛRELERİ

Ayrıca, bu tür rahatsızlıkları olanlara, topluca bu âyetlerin kırk bir defa okunmasının da çok yararlı olacağı belirtilmiştir.

32

♦

KUR'ÂN-I KERÎM'DEN ÖRNEK DUALAR

Bu bölümde de size **Kur'ân-ı Kerîm**'den bazı dua örneklerini nakletmek ve onların yararlarının bazılarından söz etmek istiyorum...

♦ ♦ ♦

"...**Rabbenâ âtinâ fiyddünyâ haseneten ve fiyl âhırati haseneten ve kınâ azâben nâr.**" (2.Bakara: 201)

Anlamı:
"**Rabbimiz, bize dünyada da hasene** (Esmâ'nın güzelliklerini yaşamayı) **ver, sonsuz gelecek sürecinde de hasene** (nefsimizdeki Esmâ'nın güzellikleri) **ver**; (ayrı düşmenin) **ateşinden bizi koru.**"

♦ KUR'ÂN-I KERÎM'DEN ÖRNEK DUALAR

Bilgi:
Rasûlullâh (s.a.v.)'in pek çok duasında bu âyete yer verdiğini **Enes** (r.a.) naklediyor bize... Bildiğimiz ve bilmediğimiz tüm dünya ve âhiret güzelliklerini dileyip; dolayısı ile ateş azabına yol açacak şeylerden korunmayı talep etmeyi öğretiyor bize bu dua.

♦ ♦ ♦

"Rabbenâ lâ tuzığ kulûbenâ ba'de iz hedeytenâ ve heb lenâ min ledünKE rahmeten, inneKE entel Vehhâb." (3.Âl-u İmran: 8)

Anlamı:
"**Rabbimiz, bize hidâyet ettikten** (hakikati gösterip idrak ettirdikten) **sonra şuurumuzu** (nefsaniyete-egoya) **döndürme ve bize ledünnünden bir rahmet bağışla. Muhakkak sen Vehhâb'sın.**"

Bilgi:
"**Mümin'in kalbi Rahmân'ın iki parmağı arasındadır**" hadîsinin işaret ettiği şekilde, kalplerimiz yani bilincimiz her an ilâhî kudrete tâbidir. Bu sebeple ne kadar gerçeğe ermiş olursak olalım, her an o gerçekten sapmak mümkündür. İşte bu dua, hâline güvenmeyip, ilâhî inayeti talep içindir.

Bu duaya devam, kişinin saadet hâli üzere ölümü tatması için iyi bir işaret olarak değerlendirilebilir... Çünkü ısrarla devam edilen dua icabet işareti taşır.

Namazlarda son oturuşta, salâvatlardan sonra okunması şâyânı tavsiyedir.

♦ ♦ ♦

KUR'ÂN-I KERÎM'DEN ÖRNEK DUALAR

"Rabbenâ mâ halakte hazâ batılâ * sübhaneKE fekınâ azâben nâr; Rabbenâ inneKE men tüdhılinnâre fekad ahzeytehu, ve mâ lizzalimiyne min ensar; Rabbenâ innenâ semi'na münâdiyen yünâdiy lil iymâni en âminû Bi Rabbiküm fe âmennâ * Rabbenâ fağfir lenâ zünûbenâ ve keffir annâ seyyiâtinâ ve teveffenâ ma'al'ebrar; Rabbenâ ve âtinâ mâ veadtenâ alâ RusuliKE ve lâ tuhzinâ yevmel kıyâmeti, inneKE lâ tuhlifül miy'âd." (3.Âl-u İmran: 191-194)

Anlamı:

"...Rabbimiz, bunları boş yere yaratmadın! Subhan'sın (yersiz ve anlamsız bir şey yaratmaktan münezzeh, her an yeni bir şey yaratma hâlinde olansın)! (Açığa çıkardıklarını değerlendirmemenin getireceği pişmanlıktan) **yanmadan bizi koru**" (derler). Rabbimiz, sen kimi ateşe atarsan onu muhakkak aşağılamış olursun. Nefsine zulmedenlere hiçbir **yardımcı** (kurtarıcı) olmaz! Rabbimiz, gerçekten biz 'Hakikatinizi Esmâ'sıyla oluşturan Rabbinize iman edin' diye imana davet edeni duyduk ve hemen iman ettik. Rabbimiz, suçlarımızı bağışla, yanlışlarımızı sil; sana ermiş kullarınla birlikte olarak yanına al. Rabbimiz, bize, Rasûllerine vadettiğini ver ve kıyamet sürecinde bizi rezil duruma düşürme! Muhakkak ki vaadinden dönmeyensin sen."

Bilgi:

Burada da Allâhû Teâlâ bizlere en kıymetli dua şekillerini öğretiyor.

Ayrıca, bu şekilde dua edildiği takdirde, bu duaya icabet edileceği de daha sonraki âyette kesinlikle ifade edilmiştir.

Artık Cenâb-ı Hak tarafından icabet sözü verilmiş bir duaya

◆ KUR'ÂN-I KERÎM'DEN ÖRNEK DUALAR

da devam edemiyorsak, elbette diyecek bir şey kalmaz.

◆ ◆ ◆

"...Rabbena zalemna enfüsena ve in lem tağfir lena ve terhamna lenekûnenne minel hasiriyn." (7.A'raf: 23)

Anlamı:
"Rabbimiz! Nefsimize zulmettik... Eğer bizi bağışlamaz ve bize rahmet etmez isen, biz kesinlikle hüsrana uğrayanlardan oluruz."

Bilgi:
Hazreti **Âdem** ve **Havva**, cennet hayatı yaşarken, kaderlerindeki o mâhut hatayı yaptıktan sonra, kendilerinden sadır olan bu fiilin üzüntüsü içinde, yukarıda ifade olunan biçimde bağışlanma talep ettiler.

Ve bu duaları kabul olunarak, bir süre dünyada yaşadıktan sonra, yeniden cennet yaşamına dönme imkânına ulaştılar.

İşte Kur'ân-ı Kerîm'deki bu dua bize, **"nefse zulmetmek"** hâlinde ne yapmamız gerektiğini öğretiyor.

Hayatı nefsine zulmetmekle, yani **"nefs"**inde mevcut olan sonsuz kemâlin hakkını yerine getirememek suretiyle ona eziyet etmekle geçen bizlere de bu duaya devamdan başka bir şey kalmıyor.

◆ ◆ ◆

"...HasbiyAllâhu, lâ ilâhe illâ HUve, aleyhi tevekkeltü ve HUve Rabbül arşil azîym." (9.Tevbe: 129)

Anlamı:
"Allâh bana yeter! Tanrı yoktur sadece 'HÛ'! O'na tevekkül ettim... Arş-ı Aziym'in Rabbi 'HÛ'dur!"

Bilgi:
Başınız haksız yere derde girdiği zaman bu âyeti günde beş yüz veya bin kere okumaya devam ederseniz, inşâAllâh kısa zamanda selâmete çıkarsınız...
Bu âyetteki duayı ilk okuyan **İbrahim** (a.s.)'dır.
İbrahim AleyhisSelâm **Nemrud** tarafından yakalattırılıp, mancınıkla ateş dağının içine fırlatıldığı zaman, havadayken **Cebrâil** isimli melek gelir ve sorar...
— Yâ İbrahim senin için ne yapmamı istersin?
İbrahim AleyhisSelâm cevap verir:
— Allâh'a güvendim. O bana yeter... Tanrı yoktur O vardır! Ben O'na bağlanıp, işimi O'na bıraktım... Ki O Arş'ın Aziym Rabbidir...
İşte **İbrahim** AleyhisSelâm'ın bu şekildeki ifadesinden sonra mucize olur ve **İbrahim** AleyhisSelâm yavaş bir şekilde ateşin içine düşer fakat onu ateş yakmaz... Çünkü, Kur'ân-ı Kerîm'de anlatıldığı üzere **"ateş soğumuş ve selâmet verici olmuştur"** **İbrahim** AleyhisSelâm için, Allâh emri ile... İşte, böyle bir mucizenin meydana gelmesine vesile olan anlayış ve ifade vardır bu duada...
Bakın bu dua için ne buyuruyor **Rasûlullâh** (s.a.v.) Efendimiz bizlere:
**"Kim sabah kalktığında ve geceye girdiğinde Allâh'a güvendim o bana yeter, Tanrı yoktur, Arş'ın Aziym Rabbi olan O vardır derse; bunu ister sıdk ile söylesin ister YALANDAN

(inanmayarak) **söylesin, yedi defa söylediğinde Allâh ona kâfi gelir..."** Ebu Davud.

Dikkat edin!..

Bu hadîs-î şerîf'te çok önemli bir hususa işaret ediliyor!.. Allâh'ın **SİSTEM**'ine!.. **"Allâh'ın düzeninde asla değişiklik olmaz"** âyetiyle de vurgulanan **SİSTEME**...

Siz belli duaları veya zikirleri yaptığınız zaman, inansanız da, inanmasanız da, o yapılan çalışma, ilgili mekânizmayı, sistemi harekete geçirir ve mutlaka semeresini verir; demiştik...

İşte bu hadîs-î şerîf, söylediklerimizin açık-seçik ispatıdır. **"Kişi ister SIDK ile ister yalandan yani inanmayarak"** yaptığında denmesi, bunun apaçık göstergesidir.

Bu sebeple diyoruz ki, siz **inanmasanız dahi** bu zikirlere veya dualara bir süre devam edin, söylenildiği sistem üzere... Elbette neticesine ulaşacaksınız.

Allâh bize bunun mânâsına ermeyi ve bu duayı edebilmeyi nasip etmiş olsun.

♦ ♦ ♦

"...Rabbi inniy eûzü BiKE en es'eleKE ma leyse liy Bihi 'ılm * ve illâ tağfirliy ve terhamniy ekün minelhasiriyn."
(11.Hûd: 47)

Anlamı:
"Rabbim! Bilgisine sahip olmadığım (içyüzünü bilmediğim) **şeyi senden istemekten sana sığınırım! Beni bağışlamaz ve bana rahmet etmezsen hüsrana uğrayanlardan olurum."**

Bilgi:
Nuh AleyhisSelâm kavmini uyarmış, ama kendisini dinlememişlerdi. O da aldığı emri ilâhî üzerine bir gemi yaptı ve hayvanlardan birer çift ile yakınlarını gemiye davet etti. Ne çare ki oğlu ona inanmamış ve gemiye de binmemişti.

Tufan başladıktan sonra, seller üzerinde gemi yüzerken, dalgaların arasında boğulmak üzere olan oğlunu gördü ve onun kurtulması için ısrarla Rabbine dua etti... Ama ne çare ki duasına icabet gelmiyordu...

"... **Muhakkak ki o senin ailenden değildir! Muhakkak ki o** (hükmüme karşı oğlun konusunda ısrarlı olman) **imanın gereği olmayan bir fiildir! Hakkında bilgin olmayan şeyi benden isteme! Muhakkak ki Ben sana cahillerden olmamanı öğütlerim...**"
(11.Hûd: 46)

İşte bu uyarıdan sonra **Nuh** AleyhisSelâm, yukarıda metnini verdiğimiz özrü, bağışlanmayı ihtiva eden duayı yaptı...

Bize, burada büyük **ders** vardır!.. Birçok akrabamız veya daha yakınımız, ailemizden kişiler vardır ki, gerçeği örtmekte, inkârda, tanrı kabulünde inat edip dururlar. Oysa onlarla her ne kadar kan bağımız varsa da, ölüm ötesi yaşam içinde hiçbir yakınlığımız mevcut değildir... Bu sebepten de onlar hakkında ısrar etmemiz ya da onları zorlamamız abestir. Bize düşen sadece onların hidâyet bulması için Rabbimize dua edip, gerisini O'na bırakmaktır.

Muhakkak ki **Allâh**'ın takdiri yerine gelecektir...

Öyle ise bize hayırlı nesil talep etmek düşüyor... Bakın o da bize nasıl öğretiliyor:

◆ KUR'ÂN-I KERÎM'DEN ÖRNEK DUALAR

"...Rabbena heb lena min ezvacina va zürriyyatina kurrete a'yunin vec'alna lil müttekıyne imama." (25.Furkan: 74)

Anlamı:
"Rabbimiz... **Eşlerimizden** (veya bedenlerimizden) **ve evlatlarımızdan** (bedenî çalışmalarımızın semeresinden) **göz aydınlığı** (cennet yaşamını) **oluşturacakları bize ihsan et; bizi, korunmak isteyenlere uyulası önder kıl.**"

Bilgi:
Evlat isteyen ana-babalara Cenâb-ı Hakk'ın öğrettiği bir dua bu... Hayırlı evladı olsun isteyenler, şayet bu duaya namazlarından sonra devam ederken çocukları olursa, umulur sâlih bir nesil sahibi olurlar.

◆ ◆ ◆

"Rabbic'alniy mukıymes Salâti ve min zürriyyetiy, Rabbenâ ve tekabbel duâ'; Rabbenağfir liy ve li valideyye ve lil mu'miniyne yevme yekumül hisâb." (14.İbrahiym: 40-41)

Anlamı:
"**Rabbim, salâtı ikameyi** (Esmâ hakikatine yönelişin getirisini yaşayanlardan) **kıl, beni ve zürriyetimden de** (ikame edenler yarat)! **Rabbimiz; duamı gerçekleştir** (Dikkat: İbrahim (a.s.) gibi bir Zât, salâtın ikamesini - yaşantısını talep ediyor; bu ne anlam taşır, derin düşünmek gerekir. Ahmed Hulûsi). **Rabbimiz, yaşam muhasebesinin ortaya serildiği süreçte, beni, ana-babamı ve iman edenleri mağfiret eyle!**"

KUR'ÂN-I KERÎM'DEN ÖRNEK DUALAR ♦

Bilgi:
İbrahim AleyhisSelâm'ın **Kur'ân-ı Kerîm**'de yer alan bu duası **NAMAZ** ile ilgili tek duadır.
NAMAZI ikame etmeyi hedef alan bu dua, namazın hakikatine yönelmek isteyenlere özellikle tavsiye olunur...
Namaz vardır **kılınır...**
Namaz vardır **ikame olunur...**
Namaz vardır içinden hiç çıkılmaz, **daimîdir...**
Biz namaz konusuna **Abdülkâdir Geylânî** Hazretleri'nin yazmış olduğu "**Risâle-i Gavsiye**" isimli eserin şerhi olan "**GAVSİYE AÇIKLAMASI**" isimli kitabımızda ve "8" numaralı "İslâm" kasetinde değindik. Arzu edenler **namaz** hakkında geniş ve derinlemesine bilgiyi buralarda bulabilir.
"**Namaz dinin direğidir**" uyarısı gereğince, Allâh bize namaza gereken önemi vermeyi ve hakkını edâ edebilmeyi nasip etsin...
Tekrar ediyorum, namazın özüne ermeyi dileyenler, secdelerde bunu talep etsinler...

♦ ♦ ♦

"...**Rabbi inniy messeniyeş şeytanu Bi nusbin ve azâb; Rabbi eûzü BiKE min hemezâtiş şeyâtıyn ve eûzü BiKE Rabbi en yahdurûn. Ve hıfzan min külli şeytanin mârid.**" (38.Sâd: 41, 23.Mu'minûn: 97-98, 37.Sâffât: 7)

Anlamı:
Rabbim muhakkak ki şeytan (kendimi beden olarak hissediş) **bana bitkinlik ve azap yaşattı. Rabbim!** (Bedenselliğe çeken) **şeytanların vesveselerinden sana** (hakikatimdeki koruyu-

♦ KUR'ÂN-I KERÎM'DEN ÖRNEK DUALAR

cu Esmâ'na) sığınırım. **Ve sana** (hakikatimdeki koruyucu Esmâ'na) **sığınırım Rabbim, çevremde bulunmalarından.** (Dünya semâsını) **kurallara itaatten çıkan her şeytandan koruduk.**

Bilgi:
ŞEYTANLARA yani CİNLERE KARŞI OKUNACAK EN TESİRLİ DUALAR... CİNLERİN her türlü zarar veren tesirlerine karşı **Kur'ân-ı Kerîm**'de bulunan bir iki dua âyeti, beraberce okunduğu zaman son derece tesirli olmaktadır.

"**Sâd**" Sûresi'nin 41. âyeti olan kısmı **Eyyûb** (a.s.) okumuştur... "**Mu'minûn**" Sûresi'nin 97 ve 98. âyetleri olan kısmı ise Cenâb-ı Hak tarafından **Rasûlullâh** (s.a.v.)'e öğretilmiştir.

Sâffât Sûresi 7. âyetindeki bölüm ise cinnî ilhamlara karşı korunmayı temin etmektedir.

CİNLER tarafından kandırılmış bulunan herkes bu duaya devam hâlinde çok büyük faydalar görür...

MEDYUMLAR, RUHLARLA, UZAYLILARLA GÖRÜŞTÜKLERİNİ SANANLAR, KENDİNİ EVLİYA, ŞEYH veya **MEHDİ** zannedenler bu dualara şayet bir süre devam ederlerse, o zannı oluşturan tüm veriler kesiliverir.

Bu duanın tesirli olabilmesi için birkaç yol vardır...

1. Kişinin kendisinin, üzerindeki etki kesilene kadar her gün sabah ve akşam iki yüz veya üç yüz kere bu duayı okuması ve ayrıca her okuyuşta bir sürahi su içine nefesini de üfleyerek ve daha sonra da o suyu içerek bünyesini güçlendirmesi...

2. Güvenilen sâlih birkaç kişinin bir araya gelerek o kişinin üzerine üç yüzer kere okumaları ve bu arada ortada geniş ağızlı bir kap içinde su bulundurmaları ve daha sonra o kişiye peyderpey bu suyu içirmeleri... Mümkünse o kişinin kendisinin de bu dualara devamı...

3. Ayrıca bu kişinin her gün 41 defa "Kul eûzü birabbil felak" ve "Kul eûzü birabbin nâs" sûrelerini sabah akşam okuması.

Şayet bunların hepsi bir arada yapılırsa daha kolay neticeye ulaşılır...

Burada şunu da belirtmeden geçmeyelim...

Gerek **"Âyet'el Kürsî"** ve gerekse **"muavvizeteyn"** denilen **"Kul Eûzüler"** pasif korunma sistemleridir. Kişinin beyin gücünü kuvvetlendirmeye, ruh gücünü kuvvetlendirmeye ve koruyucu manyetik kalkan içine almaya yarayan formüllerdir...

Yukarıda verdiğimiz âyetler ise tamamıyla aktif formüldür... Yani kişi bu dualara devam ettiği zaman; o kişinin beyni lazer tabancasının ışını gibi, fakat çevresine yaygın olarak öyle bir ışınsal yayın yapmaktadır ki; bundan bütün **CİNLER** rahatsız olmakta ve uzaklaşma zorunluluğunu hissetmektedirler.

Burada ayrıca şu hususu da belirtmeden geçmeyelim:

CİNLERİN musallat olduğu kişiler ve **CİNLERİN** çeşitli etkileme sistemleri hakkında **"RUH, İNSAN, CİN"** isimli kitabımızda ve **"RUH, CİN, MELEK"** isimli video kasetimizde son derece geniş kapsamlı bilgi vermeye çalıştık; İlâhî lütfu inayet neticesinde... Burada şunu da özellikle vermek istiyorum:

CİNLERİN etkisi altında olan kişiler, bu duaları okumaya başladıkları zaman, önce içlerinde büyük sıkıntı duyarlar. Hatta bırakın kendilerinin okumasını; çevresindekiler okumaya başlasa, hemen oradan uzaklaşmak isterler.

Bunun sebebi, bilinçleri dışında kendilerini elegeçirmiş olan cinlerin o dalgalardan zarar görerek uzaklaşmak istemeleri ve onları da yanlarında götürmeyi arzulamalarıdır.

Sıkıntının arkasından, ateş basması, tepeye ateş çıkması gibi hâller hissedilir, avuç içlerinde terlemeler görülür... **Cinlerin etkisi sonucu;** adrenalin salgısının kana karışması neticesi hissedilen şeylerdir bunlar...

Şayet kişi bütün bunlara dayanabilir ve kendisi de duaya devam edebilirse, birkaç gün içinde bu sıkıntıları azalır ve rahatlamaya başlar... Bütün mesele, kişinin iradesini kullanıp, direnebilmesi ve korkuyu atabilmesindedir.

Bu bahsettiğimiz duaların tatbiki için de, bize göre, hiçbir hocaya gidip para kaptırmanın âlemi yoktur!.. Kişinin kendisi veya güvendiği yakın dostları, bunu rahatlıkla yapabilirler.

Allâh cümlemizi bu konuda bilinçlendirsin ve **CİNLER**'in elinde oyuncak olup, el âleme rüsva olmaktan korusun.

◆ ◆ ◆

"**...Lâ ilâhe illâ ente subhaneKE inniy küntü minez zâlimiyn.**" (21.Enbiyâ: 87)

Anlamı:

"**Tanrı yok** (benliğim yok); **sadece Sen** (hakikatimi oluşturan El Esmâ mânâların)**! Senin** (Esmâ mânâlarını açığa çıkaran olarak bu işlevimle) **tespihindeyim! Muhakkak ki ben zâlimlerden oldum.**"

Bilgi:

Bakın bu hususta **Rasûl** AleyhisSelâm ne buyuruyor:

"**Zün Nun** (Yunus AleyhisSelâm) **balığın karnında iken 'Lâ ilâhe illâ ente Subhaneke inniy küntü minez zâlimiyn' diye dua ederdi. Bir şey hakkında bunu okuyan müslüman yoktur ki, Allâh onun duasını kabul etmesin.**"

KUR'ÂN-I KERÎM'DEN ÖRNEK DUALAR

Yunus AleyhisSelâm **Kur'ân-ı Kerîm**'in **"Enbiyâ"** Sûresi' nin 87. âyetinde belirtilen şekilde, bu duaya devam ederek, yaptığı bir yanlıştan dolayı bağışlandı... Sonra da o devir şartlarına göre yüz bin kişiden fazla olan büyük bir topluluğa hidâyet ulaştırdı.

Dünya şartları ve şartlanmaları içinde, âdeta balık karnında boğulmak üzere olan insan gibi, sıkıntı içinde olanlara çok büyük ferahlık ve kurtuluş getirecek olan bir tespihtir, duadır bu âyet...

İleride tavsiyemiz olan çeşitli zikir formülleri içinde de yer alan bu duaya günde üç yüz defa çekmek suretiyle devam edenler çok büyük fayda görürler. Kesinlikle devam edin.

♦ ♦ ♦

"...Rabbişrah liy sadriy; Ve yessirliy emriy." (20.Tâhâ: 25-26)

Anlamı:
"Rabbim, şuuruma genişlik ver (bunları hazmedebileyim ve gereğini uygulayabileyim)... **İşimi bana kolaylaştır."**

Bilgi:
Musa AleyhisSelâm'ın duasının bir kısmıdır yukarıdaki bölüm... Yapılan çalışmalara göre görülmüştür ki, günde üç yüz defa çekenlerde bir süre sonra iç sıkılmaları, daralmalar ortadan kalkmakta, daha hazımlı olunmakta ve işler yoluna girmektedir.

Yanı sıra **"Elem neşrah leke sadrek"** âyeti de üç yüz defa okunursa, tesiri çok daha kısa zamanda da görülebilir.

İç sıkıntılarından yakınan, içe kapanık, huzursuz, bunalımlı

◆ KUR'ÂN-I KERÎM'DEN ÖRNEK DUALAR

kişilere bu formül yanısıra **"Bâsıt"** ismi de bin sekiz yüz kere çekilmek suretiyle bir üçlü tertip şeklinde tavsiye edilir.

◆ ◆ ◆

"Ve in yemseskellahu Bidurrin fela kâşife lehu illâ HU * ve in yüridke Bihayrin fela radde li fadliHÎ, yusıybu Bihi men yeşau min ıbadiHÎ, ve 'HU'vel Ğafûrur Rahıym." (10.Yûnus: 107)

Anlamı:
"Allâh sende bir sıkıntı açığa çıkarırsa, onu O'ndan başka kaldıracak yoktur! Eğer sende bir hayır irade ederse, O'nun lütfunu geri çevirecek de yoktur! O, lütfunu kullarından dilediğine nasip eder... O Ğafûr'dur, Rahıym'dir."

Bilgi:
"Yûnus" Sûresi'nin 107. âyeti olan bu metin iç sıkıntısına düşenler, bir derdi sıkıntısı olanlar tarafından günde yüz defa okunursa büyük yarar sağlarlar. Kısa sürede Allâh o dertlerinden, sıkıntılarından selâmete çıkartır.

Kime böyle Allâh'a yönelmek kolaylaştırılırsa, sıkıntıdan kurtulmak da ona yakındır elbet!..

◆ ◆ ◆

"...Rabbirhamhüma kema Rabbeyaniy sağıyra." (17.İsra': 24)

Anlamı:
"Rabbim... **Merhamet et onlara** (anne ve babama), **küçükken beni terbiye ettikleri gibi.**"

Bilgi:

İnsan üzerindeki en büyük hak **anne ve baba hakkı**dır... Dünya'da varoluş vesilesi olan **anne-baba hakkının** bir evlat tarafından ödenebilmesi çok güçtür.

Ama bu âyeti kerîmede onlar için yapabileceğimiz dilde çok kolay fakat mânâda çok değerli bir duayı öğretiyor Cenâb-ı Hak bize...

Şayet ana-babamızın hakkını bir nebze olsun ödeme sorumluluğuna haiz bir vicdanımız varsa, dualarımızda mutlaka bu dört kelimeye de yer verelim.

♦ ♦ ♦

"...Rabbi evzı'niy en eşküre nı'metekelletiy en'amte aleyye ve alâ valideyye ve en a'mele salihan terdahu ve aslıh liy fiy zürriyyetiy* inniy tübtü ileyke ve inniy minel müslimiyn." (46.Ahkaf: 15)

Anlamı:

"Rabbim... Bana ve ana-babama lütfun olan nimetlere şükretmemi, razı olacağın yararlı fiiller yapmamı nasip et. Benim zürriyetime de salâhı nasip et... Ben sana tövbe ettim ve muhakkak ki ben Müslimlerdenim!"

Bilgi:

Yukarıdaki duayı ihtiva eden âyeti kerîmenin (46.Ahkaf: 15) inzâline sebep Hazreti **Ebu Bekir Sıddîk** (r.a.)'dır.

Ailesinin de müminlerden olması yolunda bu şekilde yaptığı dua Cenâb-ı Hak tarafından kabul olmuş ve bu durum, işbu âyet ile de tasdik olmuştur.

♦ KUR'ÂN-I KERÎM'DEN ÖRNEK DUALAR

Aynı duaya biz de devam edersek, ailemizin ve neslimizin kurtuluşu için çok hayırlı bir iş yapmış oluruz... Namaz ardından yapılan dualar içinde bu duanın da yer almasını özellikle tavsiye ederiz.

♦ ♦ ♦

"İnne rabbiy yebsutur rızka limen yeşâu ve yakdiru leh ve ente hayrur razikıyn."

Anlamı:
"Rabbim, şüphesiz ki sen dilediğinin rızkını genişletir, dilediğinin de daraltırsın. En hayırlı rızık ihsan edicisin."

Bilgi:
Daha önce metnini verdiğimiz "Âl-u İmran" Sûresi'nin 26-27. âyetleri olan "Allâhümme mâlikel mülk" duasıyla birlikte bu duaya devam edilirse, rızık sıkıntısı çekenler çok fayda görürler. Bu duanın günde üç yüz defa okunması tavsiye olunur.

♦ ♦ ♦

"...Rabbi edhılniy müdhale sıdkın ve ahricniy muhrace sıdkın vec'al liy min ledünke sultânen nasıyra." (17.İsra': 80)

Anlamı:
"Rabbim, girdiğim yere sıdk hâlinde girdir ve çıktığım yerden sıdk ile çıkart; ledünnünden zafere erdirici bir kudret oluştur bende!"

Bilgi:
Kur'ân-ı Kerîm'deki çok önemli dualardan biridir bu... Girişilen işe sıdk ile girmeyi, o işten sıdk üzere tamamlanmış olarak ve o işte başarıya ulaşmak için özel ilâhî güçle donanmayı talep etmeyi öğretiyor Cenâb-ı Hak bizlere...

Sıdk; sadakat, doğruluk, teslimiyet, iyi niyet, güvenirlilik gibi kavramları içine alan bir kelimedir. Hazreti **Ebu Bekir**'e **"sıddîk"** denilmesi de işte bu özelliklerin hepsinin onda mevcut olması dolayısıyladır. Bütün bu özelliklerle bezenmiş olarak bir işe girişmek veya bir ortama girmek, elbette ki başarılı olmanın birinci basamağıdır. İkinci basamak ise, ilâhî güçle destekli olmaktır ki, bunun ne kadar önemli olduğunu ehli bilir...

Allâh, yolunda çalıştığımız sürece indînden bir güçle bizi desteklesin ve başarıdan başarıya koştursun!..

◆ ◆ ◆

"...Rabbenâ âtinâ min ledünKE rahmeten ve heyyi' lenâ min emrinâ raşedâ." (18.Kehf: 10)

Anlamı:
"Rabbimiz (hakikatimiz olan Esmâ bileşimimiz) **bize ledünnünden** (aslın olan mutlak El Esmâ mertebesinden açığa çıkan özel bir kuvve ile) **bir rahmet** (lütfunla oluşacak bir nimet) **ver ve bize** (bu) **işte bir kemâl hâli oluştur."**

Bilgi:
Bu âyette de Cenâb-ı Hak bize, işlerimizde başarılı olmamız için **DUA** etmemiz gerekliliğini öğretiyor... Ayrıca, başarı niyazında bulunurken, Allâh'ın **"İNDÎNDEN"** yani **ZÂTÎ**

◆ KUR'ÂN-I KERÎM'DEN ÖRNEK DUALAR

rahmetinden talep etmemiz yolunda uyarıda bulunuyor...

Öyle ise bu işareti iyi değerlendirip, **"İNDÎNDEN"** diyerek talep edelim, **ZÂTÎ** sıfatlarıyla alâkalı konularda, **İlim, Rahmet, Kudret** gibi...

◆ ◆ ◆

"...Rabbi lâ tezerniy ferden ve ente hayrul varisiyn."
(21.Enbiyâ: 89)

Anlamı:
"Rabbim... Beni hayatta tek başıma bırakma (bir vâris ihsan et)! Sen vârislerin en hayırlısısın."

Bilgi:
Zekeriya (a.s.) ihtiyarlamış ve buna rağmen hâlâ bir çocuğu olmamıştı...

Bunun üzerine yukarıda naklettiğimiz şekilde dua etti Rabbine...

Ve duası kabul edilerek **Yahya** ismini koyduğu bir oğula kavuştu...

Bu, **İsa** (a.s.)'ın gelişini müjdeleyen **Yahya** (a.s.) idi...

Çocuğu olmayıp da ısrarla çocuk isteyenlerin, bu duaya devamları çok faydalı olur... Gece yarısından sonra birkaç gece, ileride tarif ettiğim, **"Hâcet namazı"** kılınır, ardından da bin defa bu duaya devam edilirse, umarım Allâhû Teâlâ bir kolaylık ihsan eder.

33

◆

RASÛLULLÂH'A SALÂVATLAR

"İnnAllâhe ve melâiketeHÛ yusallûne alenNebiyy yâ eyyühelleziyne âmenû, sallû aleyhi ve sellimû tesliymâ" (33.Ahzâb: 56)

Anlamı:
"Muhakkak ki Allâh ve melekleri, Nebi'ye salât eder... Ey iman edenler, siz de O'na salât (yönelin) edin ve teslimiyet ile selâm verin!"

Bilgi:
Efendimiz, Rasûlümüz, basîretimizin nûru, Allâh'ın habibine salâvat getirmemiz yukarıdaki âyeti kerîme ile bize emrolunuyor...

Niçin bu böyle?

Buyuruyor ki **Rasûlullâh** (s.a.v.):

♦ RASÛLULLÂH'A SALÂVATLAR

"İNSANLARA ŞÜKRETMEYEN HAKK'A ŞÜKRETMİŞ OLMAZ."

İşte bu açıklama, tasavvufun en derinliklerine ait bir gerçeği bizim basîretimiz önüne sermekte; şayet biraz olsun kalp gözümüzü örten perdelerden kurtulmuş isek!..

"ALLÂH MUHSİNLERE İHSAN EDİCİDİR" âyetinin inceliğine vâkıf olursak, anlarız ki, herhangi bir ihsan ediciden o şeyi bize ihsan eden Allâh'tır! Ve bize o şeyi ihsan eden Allâh'a şükür de; ancak, ihsan ettiği mahale şükretmekle mümkündür! Aksi hâlde biz, gerçek verene değil; hayalimizde yarattığımız TANRI'ya şükretmiş oluruz!

Allâh, mutlak gerçeği bize göstermek ve idrak ettirmek için **Rasûlullâh** (s.a.v.) ile bize ihsanda bulunduğuna göre; **Rasûl-ü Ekrem'e şükür Allâh'a şükür olacaktır!**..

Bu kitap, bu işin derinliklerini göstermek için yazılmadığından; görevi sadece gerçek ve tek kapı olan **DUA ve ZİKİR** kapısını tanıtmak olduğundan; biz dönelim mevzumuza.

İşte bu yüzdendir ki, biz, **Rasûlullâh** AleyhisSelâm'a şükürle emrolunduk **Kur'ân-ı Kerîm** âyeti ile; yani Rabbimiz olan âlemlerin Rabbi Allâh emri ile. Ve işte, **Rasûlullâh** dahi, bu emir dolayısıyla, şükredilenin kim olduğunun bilgisiyle, kendisine çokça salâvat getirilmesi yolundaki aşağıda nakledeceğimiz konuşmaları yaptı çeşitli zamanlarda;

"Burnu yere sürtülsün o kişinin ki, yanında benim ismim anılır da, üzerime salât etmez!.."

"Her cimriden daha cimri olan adam yanında anıldığım zaman, bana salât etmeyendir..."

"Her DUA semâya yükselmekte güçsüzdür; bana salât edince gücüne kavuşur, yükselir (icabet makamına)..."

"Kim bana bir kere salât ederse, Allâh ona on kere salât eder; onun on günahını siler; onu on derece yükseltir."

"İnsanlardan bana en yakın olanı bana en çok salât getirendir."

"Kim bana salât getirmeyi unutursa, ona cennetin yolu unutturulur."

"Kim kabrimin yanında bana salât ederse, ben onun sesini işitirim. Kim uzaktayken benim üzerime salât getirirse, o bana ulaştırılır..."

"DUA eden kimse, Nebilere ve Rasûllere salât etmedikçe, duası perdelidir."

"Allâh'ın yeryüzünde seyahat eden melekleri vardır ki, onlar bana ümmetimden selâm tebliğ ederler..."

"Bana salât edenlere Cenâb-ı Hak sırat üzerinde bir nûr ihsan eder... Ehli nûr ise ehli nârdan olmaz!.."

"Hangi topluluk bir yerde oturur da, Allâh'ı zikretmeden, bana salât getirmeden oradan kalkıp giderlerse, üstlerine Allâh'tan hasret siner!.."

"Her biriniz Allâh'tan bir dilekte bulunmak istediği zaman, evvela O'na şanına yakışır şekilde hamd etsin, sonra Rasûlüne salât etsin, ondan sonra duasını yapsın. Bu amacına ulaşmak için daha elverişlidir..."

"Cuma günleri benim üzerime salâtınızı çoğaltın... Zira, sizin salâtınız bana o gün arz olunur."

"Her kim cennette bana yakın olmak istiyorsa, o nispette bana salât etsin!.."

"Cebrâil'le buluştum... Bana şöyle dedi: Sana müjdelerim

◆ RASÛLULLÂH'A SALÂVATLAR

ki, Allâh; kim sana salât ederse, ben ona salât ederim; kim sana selâm verirse ben ona selâm ederim, buyurdu..."
"Sahabeden bir zât, Rasûlullâh (s.a.v.) ile şöyle konuştu:
— Yâ RasûlAllâh, ben senin üzerine çokça salâvat getiriyorum... Buna zamanımın ne kadarını ayırayım?..
— Dilediğin kadarını!
— Dörtte biri nasıl?..
— Dilediğin kadarını yap... Arttırırsan senin için daha hayırlıdır!..
— Üçte biri nasıl?..
— Dilediğin kadar yap... Arttırırsan senin için daha hayırlı olur!..
— Yarısını ayırsam zamanımın?..
— Dilediğin kadar yap... Arttırırsan senin için daha hayırlı olur...
— Ya zamanımın hepsini ayırırsam salâvata?..
— Bu takdirde yeter, günahların bağışlanır!.."

Salâvat okumanın ne kadar değerli olduğu hakkında, bu naklettiğimiz hadîs-i şerîfler umarım bir fikir vermiştir! Konunun önemi hakkında biraz düşünelim isterseniz.

Artık herkes, kendi anlayışına göre elbette bu hususu değerlendirecektir... Şimdi biz gelelim, size tavsiye edeceğimiz bazı salâvatı şerîfelere...

◆ ◆ ◆

"CezAllâhu 'annâ seyyidenâ Muhammeden mâ huve ehluhu"

Anlamı:

Allâh'ım, Efendimiz Muhammed'e lâyık olduğu şekilde ihsanda bulun bizim tarafımızdan, biz O'nu değerlendirmekten âciziz...

Bilgi:

Bu salâvatı bize öğreten Bizâtihi Hazreti **Rasûl** AleyhisSelâm... Hadîs-î şerîf'te buyuruyor ki:

"Her kim bu şekilde derse, yetmiş melek, bin sabah ona ecir yazar."

♦ ♦ ♦

"Allâhümme salli 'alâ men rûhuhû mihrâbul ervâhı vel melâiketi vel kevn... Allâhümme salli 'alâ men huve imâmul enbiyâi vel murseliyn... Allâhümme salli 'alâ men huve imâmu ehlil cenneti 'ıbadillâhil mu'miniyn"

Anlamı:

Bütün ruhların, meleklerin ve kevne gelenlerin mihrabı, O'nun Ruhu olan Zât'a salât eyle Allâh'ım!... Bütün Nebilerin ve mürselînin (Rasûllerin) imamı olan O Zât'a salât eyle Allâh'ım!... Allâh'ın mümin kulları cennet ehlinin imamı olan O Zât'a salât eyle Allâh'ım.

Bilgi:

Bundan üç yüz sene evvel zamanın **"GAVS"**ı olan **Seyyid Abdülaziz Ed Debbağ**, bu manevî görevi dolayısıyla, bütün **"DİVAN"** [1] toplantılarına da katılırdı.

---

[1] "DİVAN" hakkında bilgi "İNSAN VE SIRLARI" kitabımızın "RİCALİ GAYB" bölümünde mevcuttur.

♦ RASÛLULLÂH'A SALÂVATLAR

İşte bu toplantılardan birinde, **Rasûlullâh** (s.a.v.)'in kızı olan Hazreti **Fâtıma** (r.a.) ile arasında cereyan eden olayı şöyle anlatıyor:

"DİVAN" toplantılarından birindeydik... Ben, Rasûlullâh Efendimiz'in sağında oturuyordum diğer arkadaşlarla beraber... Karşı tarafta da bazı kadın evliyalar ile diğer mânâ büyükleri oturuyordu...

Derken Hazreti Fâtıma geldi ve onların önüne oturarak, cennet lisanı ile şu salâvatı şerîfeyi okudu... Cennet lisanından her bir kelime veya cümle bir harf ile ifade edilebilir... Kur'ân-ı Kerîm'in bazı sûre başlarında yer alan elif, lâm, mim, nun, ra, ta, ha gibi harfler dahi bu cennet lisanındandır. Bu şekilde okunan bu salâvatı dinledikten sonra, yanına gidip sordum Hazreti Fâtıma'ya...

— Nedir bu salâvatın ecri yâ Fâtıma?.. Cevap verdi:

— Her kim bu salâvata devam ederse, onun hakkını ödemeye yeryüzündeki bütün ağaçlar, yapraklar, taşlar ve molozlar mücevher olsa, gene de yetmez!..

Bu kadar büyük ecri olacağına inanamadım!.. Hemen Rasûlullâh (s.a.v.)'in yanına gittim ve sordum, buyurdu ki:

— Fâtıma söylemiş ya, daha ne istiyorsun!.. Aynen O'nun dediği gibi!..

Bunun üzerine ilk işim, bu salâvatı şerîfeyi Arapçaya çevirmek oldu.

İşte size yukarıda nakletmiş olduğum salâvat, böyle bir toplulukta, böyle bir zevât arasında tespit olmuştur... Artık siz bu salâvatı nasıl arzu ederseniz öyle değerlendirin... Hiç olmazsa günde yüz defa okumaya çalışalım.

"Allâhümme salli 'alâ seyyidinâ Muhammedin ve 'alâ âli seyyidinâ Muhammedin, kad dâkat hıyletiy edrikniy yâ RasûlAllâh"

Anlamı:
Allâh'ım... Efendimiz Muhammed'e ve Efendimiz Muhammed'in Âl-una (ehline) salât eyle... Çok daraldım ve sıkıntım var (çaresiz kaldım), bana yetiş (elimden tut, yardım et) yâ RasûlAllâh!

Bilgi:
Birçok sıkıntıları olan nice insan beş vakit namazdan sonra yüz yirmi beş defa bu salâvatı şerîfeye devam etmek suretiyle sıkıntılarından azât olmuşlar... Muhakkak ki **Rasûlullâh**'tan O'nun ruhaniyetinden yardım istemek çok güzel bir şey. O'na yüzümüz olmasa bile, dünyada ve âhirette O'ndan başka kime sığınıp, şefaat talep edeceğiz ki!

◆ ◆ ◆

"Allâhümme salli ve sellim ve bârik 'alâ seyyidinâ Muhammedin 'adede halkıke ve rıdâe nefsike ve zinete 'arşike ve midâde kelimâtik"

Anlamı:
Allâh'ım... Efendimiz Muhammed'e halkettiklerinin adedince, sen razı olasıya kadar, arşının ağırlığınca ve kelimelerinin midadınca (mürekkebince, adedince?) salât, selâm ve bereket ihsan eyle.

♦ RASÛLULLÂH'A SALÂVATLAR

Bilgi:

Bu şekilde tespihât yapılmasını Hazreti **Rasûlullâh** Aleyhis-Selâm, eşine öğretmişti... Aynı kelimeler ile Rasûlullâh' a salâvat yapılırsa bunun ne kadar büyük kazançlar getireceğini hiç kimse tahmin edemez... Hiç değilse günde yüz defa çekebilsek!..

♦ ♦ ♦

"Allâhümme salli 'alâ seyyidinâ ve mevlânâ Muhammed'in şeceretil aslin nûrâniyyeti ve lem'âtil kabdatir Rahmâniyyeti ve efdalil haliykatil insaniyyeti ve eşrefis suveril cismâniyyeti ve menba'il esrâril ilâhiyyeti ve hazâinil 'ulûmil ıstıfâiyyeti, sâhibil kabdatil asliyyeti ver rütbetil 'aliyyeti, vel behcetis seniyyeti men in derecetin nebiyyûne tahte livâihi fehüm minhü ve ileyhi, ve salli ve sellim 'aleyhi ve 'alâ âlihi ve sahbihi 'adede mâ halakte ve razakte ve emette ve ahyeyte ilâ yevmin teb'asu men efneyte, ve salli ve sellim 'aleyhi ve 'aleyhim tesliymen kesiyra"

Anlamı:
Allâh'ım!... Nûrânî aslın şeceresi, Rahmâniyyet kabzasının parlaması, insan mahlukatının efdali, cismanî sûretlerin en şereflisi, ilâhî sırların menbaı, seçilmiş-arı (ıstıfa) ilimlerin hazineleri; asli kabza, Alîy rütbe, yüce güzellik sahibi Efendimiz, Mevlâmız Muhammed'e salât eyle; ki tüm Nebiler O'nun sancağının altında derecelenmiştir, onlar O'ndandır O'nadır... Ve O'na, O'nun Âl-una ve ashabına yaratıp rızıklandırdıklarının, öldürüp dirilttiklerinin adedince, fâni ettiklerini bâ'settiğin güne kadar salât ve selâm eyle... Ve yine O'na ve diğerlerine sa-

lât ve teslim-i kesir (hakkıyla, daimî selâmet) olarak selâm eyle...

Bilgi:
Zamanının en önde gelen evliyaullâhından olan **Seyyid Ahmed Bedevî** Hazretlerinin tertiplemiş olduğu bu salâvatı şerîfenin şöyle bir olayı vardır...
Bir zâtı muhterem, Efendimiz'e salâvatları ihtiva eden **"Delâili Hayrât"** kitabını tam on dört kere okumuş, bir gün içinde... Ve o huzur veren yorgunluk ile uykuya dalmış!..
Rüyasında **Efendimiz** AleyhisSelâm'ı görmüş ve kendisine şöyle denilmiş:
"On dört kere Delâili okuyacağına bir kere bu salâvatı okusaydın, sana kâfi gelirdi!.."
Düşünün **Delâili Hayrat** kitabı yüzlerce salâvatı şerîfeyi ihtiva eden bir salâvat koleksiyonudur!.. Ve çok değerli bir eserdir. Böyle bir koleksiyonu on dört kere okumaktan daha değerli olarak anlaşılıyor bu salâvat... Hiç olmazsa günde bir kere okusak!

♦ ♦ ♦

"Allâhümme salli 'alâ seyyidinâ Muhammedin bahri envârike ve ma'deni esrârike, ve lisâni hüccetike ve arûsi memleketike ve imâmı hazretike ve tırâzi mülkike ve hazâini rahmetike ve tariykı şeriy'âtike'lmütelezzizi Bitevhiydike insani 'aynil vücûdi ves sebebi fiy külli mevcûdin 'ayni â'yâni halkıkel mütekaddimi min nûri dıyâike; salâten tedûmu Bidevâmike ve tebka Bibekaike, lâ müntehâ lehâ dûne 'ılmike, salâten turdıyke ve turdıyhi ve terdâ Biha 'annâ yâ Rabbel âlemiyn"

♦ RASÛLULLÂH'A SALÂVATLAR

Anlamı:

Allâh'ım!... Nûrlarının denizi, sırlarının madeni, hüccetinin lisanı, Senin memleketinin fidanı, Senin hazretinin imamı, mülkünün nakışı-nişanı, rahmetinin hazineleri, şeriatının yolu, tevhidin ile lezzet duyan, Vücud'un aynı ve her mevcudda vücudun sebebi olan İnsan, Senin ziyanın nûrundan sunulan halkının hakikatlerinin hakikati olan Efendimiz Muhammed'e öyle salât eyle ki, Senin devamın ile devam eden, Senin Bekâ'n ile Bakıy olan, ilminin dûnunda ona nihayet olmaya; ve dahi öyle salât ki, SENi ve O'nu razı etsin ve o salâtla da SEN bizden razı olasın yâ Rabbel'âlemîn.

Bilgi:

Ruhaniyet kazanmak isteyenlere bu salâvatı ehemmiyetle tavsiye ederiz. Zira, bu salâvatı şerîfeye Bâtın âleminin Sultanı **Hazreti Âli** Efendimiz devam ediyordu ve değerinin yetmiş bin salâvata denk olduğunu kendileri söylemişlerdi... İlim, hikmet şehrinin kapısı olarak tavsif edilen Zâtın devam etmekte olduğu salâvatın değerini ne kadar idrak edebiliriz, bilemiyorum...

♦ ♦ ♦

"Allâhumme salli salâten kâmileten ve sellim selâmen tâmmen alâ seyyidina Muhammedinilleziy tenhallü bihil ukadu ve tenfericü bihil kürebü ve tukda bihil havâicü ve tunalü bihir reğaibu ve hüsnül havâtimi ve yüsteskâl ğamamü bivechihil keriym ve alâ âlihi ve sahbihi fiy külli lemhatin ve nefesin biadedi külli ma'lumin lek."

RASÛLULLÂH'A SALÂVATLAR

Anlamı:

Allâh'ım, bütün düğümler kendisi ile çözülen, hüzün ve kederler kendisiyle izale olan, hâcetler onun sayesinde giderilen, arzulara ve güzel sonlara kendisiyle ulaşılan, Keriym Vechî hürmetine bulutlardan yağmur boşalan Efendimiz Muhammed'e ve O'nun Âl-una ve ashabına, her an ve daim, sana malûm olan şeylerin adedince, kâmil bir salât ile salât ve tam bir selâm ile selâm eyle.

Bilgi:

Halkımız arasında çok bilinen bu salâvatı şerîfeyi yeni öğrenmek isteyenler için buraya dâhil ettim. Zor işleri, dertleri olanlar toplanıp aralarında okunma sayısını taksim etmek suretiyle toplam 4444 kere bu salâtı okuyarak çare niyaz ederler. Çok tecrübe edilmiş ve murada nail olunmuştur.

♦ ♦ ♦

"Allâhümme Rabbe hâzihidda'evetittâmmeti vesSalâtilkaimeti âti MuhammedânilVesiylete velFadıylete vedDereceterRafiy'atel'âliyete veb'ashu Makamen Mahmûda* elleziy vaadtehû, inneke lâ tuhliful miy'ad"

Anlamı:

Ey şu TAM davetin ve Kaîm olan (ikame edilen) Salât'ın Rabbi olan Allâh'ım!... (Efendimiz) Muhammed'e el-VESİLEyi, el-FAZİYLETi, üstün DERECE-i RAFİAyı ver ve O'nu MAKAM-ı MAHMÛD olarak bâ's et!.. Ki, onu sen vadettin; muhakkak ki sen vaadine hulf etmezsin.

♦ RASÛLULLÂH'A SALÂVATLAR

Bilgi:
Rasûlullâh (s.a.v.) buyuruyor ki;
"Her kim konuşmadan ezanı dinler ve kelimelerini tekrarlar, ardından da bu duayı okursa âhirette o kişiye şefaatim farz olur."
Muhakkak ki her mümin, hele hele büyük günah sahipleri şefaati **Rasûlullâh**'a çok ihtiyaç duyacaklar... Öğrenip de devam etsek ezan okundukça!..

♦ ♦ ♦

"Allâhümme salli 'alâ Muhammedin ve Ademe ve Nuhın ve İbrahiyme ve Musa ve 'Iysa ve mâ beynehüm minenNebiyyiyne velmurseliyn... Salevâtullâhi ve selâmuhû 'aleyhim ecma'ıyn"

Anlamı:
Allâh'ım!... Muhammed'e, Âdem'e, Nuh'a, İbrahim'e, Musa'ya, İsa'ya ve onların arasında gelmiş geçmiş bütün Nebilere ve Mürselîn'e (irsâl olunan Rasûllere) salât eyle... Allâh'ın salâtları ve O'nun selâmı onların hepsinin üzerine olsun.

Bilgi:
Rasûlullâh (s.a.v.)'in öğrettiği bu salâvatı Hazreti **Âişe** (r.a.) naklediyor;
"Her kim gece uyumadan evvel bu salâvatı okursa, yeryüzüne gelmiş geçmiş ne kadar Nebi ve Rasûl varsa, hepsi de ona şefaatçi olurlar âhirette."
Kim gelmiş geçmiş **bütün Nebi ve Rasûllerin şefaatini** istemez ki? Öyle ise, geceleri yatmadan önce bir kerecik okuyuverelim...

34

◆

RASÛLULLÂH ALEYHİSSELÂM'DAN ÜÇ AÇIKLAMA

Şimdi de size **Rasûlullâh** AleyhisSelâm'ın üç konuda yaptığı önemli açıklamaları nakletmek istiyorum.

Birinci açıklaması **"SABIR"** konusunda...

Muâz bin Cebel (r.a.) naklediyor bize bu açıklamaları:

Rasûlullâh (s.a.v.) **bir adamın "Allâh'ım senden SABIR isterim!.."** diye dua ettiğini işitince hemen ekledi:

— Sen Allâh'tan BELÂ istedin!.. AFİYET iste!..

Bu çok önemli bir uyarı... **Rasûlullâh** AleyhisSelâm'ın bize işaret ettiği gerçek şu: Bir insan Allâh'tan **SABIR** istediği zaman, farkında olmadan demektir ki, **"Bana belâ ver de sabredeyim"**... İşte bunun için **sabır** istemeyi men ediyor **Rasûl-ü Ekrem** ve onun yerine **"Afiyet iste"** diyor!

◆ RASÛLULLÂH ALEYHİSSELÂM'DAN ÜÇ AÇIKLAMA

Gelelim ikinci uyarıya...
Rasûlullâh (s.a.v.) gene bir adamın dua ettiğini duydu, adam şöyle diyordu:
"Yâ Zül'Celâli vel'İkrâm..."
Bunun üzerine Rasûlullâh (s.a.v.) buyurdu ki:
— Sana icabet edildi... İste istediğini!
Burada da, dua sırasında, "Zül'Celâli vel'İkrâm" ismiyle duaya başlamanın faydasına işaret ediliyor ve bu kelimenin zikrinin getireceği faydalar konusunda uyarılıyoruz.

◆ ◆ ◆

Ve üçüncü açıklama...
Rasûlullâh (s.a.v.) bir adamın dua ettiğini işitti ki adam şöyle diyordu:
"Allâh'ım, senden nimetin tamamını isterim!"
Sordular:
"Nedir nimetin tamamı ki?"
Adam cevap verdi:
"Ben bir duada bulundum... Ve bu dua sebebiyle hayır beklerim... (nimet nasıl tamam olur bilemiyorum.)"
Açıkladı Rasûlullâh (s.a.v.):
— Nimetin tamam olması, cehennemden kurtuluş ve cennete giriştir!..
Umarım bu üç hususu iyi anlar, gereğini de ona göre yaşarız.

35

◆

TESPİH BAHSİ

"HİÇBİR ŞEY YOK Kİ, O'NUN HAMDI OLARAK, TESPİH ETMESİN! FAKAT SİZ ONLARIN İŞLEVİNİ ANLAMIYORSUNUZ! MUHAKKAK Kİ O, HALİYM'DİR, ĞAFÛR'DUR." (17.İsra': 44)

♦ ♦ ♦

SEMÂLARDA VE ARZDA OLAN HER ŞEY ALLÂH'I (İŞLEVLERİYLE) TESPİH ETMEKTEDİR! "HÛ" AZİYZ'DİR, HAKİYM'DİR. (57.Hadiyd: 1)

Bilgi:
Evrende var olarak algılanan ve algılanamayan her ne varsa, sadece **ALLÂH'I TESPİH ETMESİ** için yaratılmıştır… İyi veya kötü, güzel ya da çirkin, mükemmel veya mükemmel kabul edilmeyen her ne varsa!..

♦ TESPİH BAHSİ

Bu ön bilgiden sonra şimdi de yukarıdaki vurgulamanın ifade ettiği anlamı kavramaya çalışalım...

İlmin, fiillere dönüş sınırı olarak konan **"ARŞ"** isminin kapsamı altındaki her şey, Allâh isimlerinden bir terkibin mânâsını ortaya koyan sonsuz-sınırsız varlıkları kapsamına alır...

Rahmân'ın arş üzerine **"istiva"**sı ise, Rahmet eseri olarak tüm mevcudatın ilâhî isimlerin mânâlarını açığa çıkarmak üzere meydana getirilmesidir... Bu **varlıklar**, hep **"Allâh Rahmeti"**nin bir eseridir...

İşte her **"şey"**, kendisini meydana getiren Allâh **"isminin"** mânâsının ortaya çıkışına vesile oluşu yönüyle, her an, daimî olarak o ilâhî mânâ çevresinde dönüp durmaktadır ki; işte bu durum o varlıkların sürekli **"tespihi"** olarak açıklanmıştır!..

Bir başka ifadeyle; biz neyle tavsif edersek edelim, **her şey, kendisini meydana getiren ismin mânâsını ortaya koymak suretiyle kulluğunu ifa etmektedir** ki, bu da onların tespihleri olmaktadır.

Tespih, işte bu anlamda olmak üzere zorunlu olarak yerine gelmektedir ki, birinci şeklidir!.. İkinci şekli ise, ihtiyarîdir!.. Yani...

Kişi, **taklidî** veya **tahkikî** şekilde tespih eder Allâh'ı!..

Taklidî tespih, kişinin kendisine yapılan tavsiyelere uyarak, çeşitli kelimeleri tekrar etmek suretiyle, yaptıklarının bilincine ermeden yapılandır.

Bu şekil, kişiye hiç farkında olmadan büyük bir ruh gücü temin eder ve ölüm ötesi yaşamın değişik aşamalarında çok büyük yarar sağlar... Kabir âleminde, haşr yerinde, sırattan geçerken ve cennette!..

Tahkikî tespihe gelince... Bu zikir, kişinin söylediğinin bilincine ermesi suretiyle meydana gelir. Neticesi ise, hem

TESPİH BAHSİ ♦

yukarıda bahsetmiş olduğumuz büyük ruh gücüne erişmektir; hem de söylenilen kelimelerin mânâlarını kendi özünde çok daha üst boyutlarda hissetmek suretiyle Allâh'ı fevkalâde mânâlar ile ilham yollu, keşif yollu anlamaya başlamaktır. Bütün bu çalışmalar sırasında asla şunu hatırdan çıkartmamak zorunludur ki; **Allâh Zâtı itibarıyla tefekkürü mümkün olmayan; hatıra gelen her şeyden münezzeh varlıktır!..**

♦ ♦ ♦

İşte bu çok özet ön bilgiden sonra gelelim Allâh'ı tespih etme konusunda bize yapılan tavsiyelere...

♦ ♦ ♦

"SubhanAllâhi ve BiHamdihi"

Anlamı:
Allâh, Hamdıyla Subhan'dır (Allâh'ı, O'nun hamdıyla tespih-tenzih ederim).

Bilgi:
Bu tespih ile ilgili iki hadîs-î şerîf nakledeceğim sizlere:
Rasûlullâh (s.a.v.) şöyle buyurdu:
— **Her kim günde yüz kere "SubhanAllâhi ve BiHamdihi" derse; günahları, deniz köpüğü kadar çok olsa bile, mahvolur ve bağışlanır.**
Rasûlullâh bir gün yanındakilere şöyle söyledi:
— **Allâh'ın en çok sevdiği kelâmı size bildireyim mi?**
— **Elbette haber ver yâ RasûlAllâh!..**
— **Allâh'ın en çok sevdiği kelâm "SubhanAllâhi ve BiHamdihi" den ibaret olan kelâmdır.**

♦ TESPİH BAHSİ

"SubhanAllâhi ve BiHamdihi 'adede halkıhi ve rıdâe nefsihi ve zinete 'arşihi ve midâde kelimatih"

Anlamı:
Allâh'ı, halkettiklerinin adedince, razı olasıya kadar, arşının ağırlığınca ve kelimelerinin midadınca (mürekkebince, adedince?) kendi hamdıyla tespih-tenzih ederim.

Bilgi:
Bu şekilde tespih etmenin ne fayda sağladığını da aşağıdaki hadîs-i şerîf'te öğrenelim:
Rasûlullâh (s.a.v.) sabah namazını kıldıktan sonra, Cüveyriye (r.a.)'ı namaz kıldığı yerde bırakarak çıkıp gitti... Kuşluktan sonra döndüğü zaman baktı ki, Cüveyriye (r.a.) hâlâ bıraktığı yerde tespih çekmekle meşgul... Sordu:
— Senden ayrılıp çıkarken bıraktığım yerde hâlâ tespihe devam mı ediyorsun?..
— Evet.
— Ben senden sonra üç defa şu dört cümleciği söyledim ki; onlar senin söylediklerinle tartıya konulsa ağır gelirler... O söylediğim cümlecikler şunlardır:
"Subhanallâhi ve bihamdihi adede halkıhi ve rızâe nefsihi ve zinete arşihi ve midade kelîmatih."
Umarım anlamışızdır bu şekilde tespih etmenin yararını. Hiç değilse günde yüz defa devam etsek bu tespihe...

♦ ♦ ♦

"SubhanAllâhi, velHamdu Lillâhi, ve lâ ilâhe illAllâhu, vAllâhu Ekber... Ve lâ havle ve lâ kuvvete illâ Billâhil 'Aliyyil Azıym"

TESPİH BAHSİ ◆

Anlamı:
SUBHANALLÂH: Allâh Subhan'dır (varlıkta gayrından ve varlıkla kayıtlanmaktan münezzehtir).

ELHAMDU LİLLÂH: Hamd (mutlak değerlendirme), **Allâh ismi** kapsamındaki değerlendirmedir; Allâh ismiyle işaret edilene aittir...

LÂ İLÂHE İLLALLÂH: "Allâh" ismiyle işaret edilenden gayrı vücud, müsemma yoktur!..

ALLÂHU EKBER: Allâh Ekber'dir; gayrı bir varlık tarafından algılanıp değerlendirilemez ve herhangi bir değerlendirme-sıfat-zuhur ile de sınırlanıp kayıtlanamaz büyüklük sahibidir!..

VE LÂ HAVLE VE LÂ KUVVETE İLLÂ BİLLÂHİL ALİYYİL AZİYM: (Tüm Efâldeki) **Havl** (devinim, hareket, dönüşüm, tespih hâli) ve (bunu gerçekleştiren) **Kuvvet, Alîy** (üstün gelinemez yüce; dilediğinden gayrı zannını kahreden) ve **Aziym** (azametinin önüne geçilemeyen) **Bi-Allâh** iledir!

Bilgi:
Bu tespihe devam etmenin ecri sevabını şöyle anlatıyor Hazreti **Rasûlullâh** (s.a.v.):

"Bu şekilde zikir yapmam, üzerine Güneş'in doğduğu bütün yerlerden, Dünya ve içindeki her şeyden daha sevgilidir."

Bu tespih ayrıca namazda da yapılır ki, "**TESPİH NAMAZI**" denir.

◆ ◆ ◆

"Lâ ilâhe illAllâhu vahdeHÛ lâ şeriyke leh... Lehul'Mülkü ve lehul'Hamdu ve Huve 'alâ külli şey'in Kadiyr"

◆ TESPİH BAHSİ

Anlamı:

İlâh-tanrı (gayrı vücud) yok; ortağı olması mümkün olmayan Bir Tek 'Allâh' ismiyle işaret edilen!... Mülk de "O"nundur, Hamd da "O"nundur... "HÛ", her şeye Kaadir'dir.

Bilgi:
Ebu **Ayyâş ez Zurakî** (r.a.) naklediyor...
"Rasûlullâh (s.a.v.) şöyle buyurdu:
— Kim sabahleyin "Lâ ilâhe illAllâhu vahdeHÛ lâ şeriyke leh... Lehul'Mülkü ve lehul'Hamdu ve HUve 'alâ külli şey'in Kadiyr" derse; o kimse için İsmail AleyhisSelâm'ın evladından bir köle azât etmiş kadar sevap alır... O kimsenin on hatası silinir, on derece terfi eder ve o gün akşama kadar o kimse şeytandan korunmuş olur!..
— Akşamleyin de bu zikri okuyunca, ertesi günün sabahına kadar anılan şeylerin bir mislini kazanır!.."

◆ ◆ ◆

"Lâ ilâhe illAllâhu vahdeHÛ lâ şeriyke leh... Lehul'Mülkü ve lehul'Hamdu, yuhyiy ve yumiytu, ve HUve Hayyun lâ yemûtu, ebeden BiyediHİL hayr, ve HUve 'alâ külli şey'in Kadiyr"

Anlamı:

"İlâh-tanrı (gayrı vücud) yok; ortağı olması mümkün olmayan BirTek 'Allâh' ismiyle işaret edilen!... Mülk de "O"nundur, Hamd da "O"nundur... (O) İhya eder (ilmiyle hayat bahşeder) ve ölümü tattırır; "O" ölmeyen Hayy'dır... Ebeden hayır "HÛ"nun elinde (kudretinde) dir... "HÛ", her şeye Kaadir'dir."

TESPİH BAHSİ

Bilgi:
"Kim bu şekilde Allâh'ı tespih ederse ve bunu sırf Allâh'ı böyle bildiği için derse, Allâh onu Naîm cennetine koyar" buyuruluyor **Rasûlullâh** (s.a.v.) tarafından.

Dikkat edilirse, diğer hadislerde tespihlerle ilgili olarak belli bir sevap ve günah silinmesinden söz edilirken, burada direkt olarak **cennete girme müjdesi** veriliyor... Öyle ise bu ifadenin mânâsını iyi anlamak gerekecek demektir...

Yazalım anlamını:

"**Tanrı yoktur Allâh TEK'tir ortağı yoktur, mülk ve hamd O'na aittir, diriltir ve öldürür, kendisi ölüm kavramından uzak sonsuz diridir, ebeden hayr O'nun kudretindedir ve her şeye gücü yeter.**"

◆ ◆ ◆

"SubhanAllâhi ve BiHamdihi, SubhanAllâhil'Azıym, estağfirullâhe ve etûbu ileyh."

Anlamı:
"**Allâh, Hamdıyla Subhan'dır** (Allâh'ı, O'nun hamdıyla tespih-tenzih ederim)... **Aziym olan Allâh SUBHAN'dır** (azamet sahibi Allâh'ı tespih-tenzih ederim)!.. **Allâh'tan mağfiret** (bağışlanma; beşeriyetin örtülmesini) **dilerim... Tevbem** (dönüşüm) "**HÛ**"**yadır.**"

Bilgi:
İbn Abbâs (r.a.), **Rasûlullâh** (s.a.v.)'in şöyle buyurduğunu bildirmiştir:

♦ TESPİH BAHSİ

"Kim 'SubhanAllâhi ve BiHamdihi, SubhanAllâhil'Azıym, estağfirullâhe ve etûbu ileyh' derse, bu hemen amel defterine yazılır ve arşa bağlanır... Kıyamet gününde bu tespihi eden, huzurullâha çıkana kadar bu okuduğu mühürlü olarak kalır... Onun işlemiş olduğu hiçbir suç ve günah bu duasının sevabını yok edemez"

Bilindiği üzere, yapılan suçlar, kişinin sevaplarını götürmektedir, ancak, bu tespih, kişinin yaptığı günahlarla silinmemektedir... Bunun üzerinde durup, iyi anlamak lazım.

♦ ♦ ♦

"LeKEl'HAMDu kemâ yenbeğiy liCelâli vechiKE ve li'Azıym'i sultâniKE"

Anlamı:

"Vechin Celâli, sultanlığının azameti gerektirdiği gibi Hamd sana mahsustur."

Bilgi:

İbn Ömer (r.a.) naklediyor, Rasûlullâh (s.a.v.)'den:

"Allâhu Teâlâ'nın kullarından biri:

— Yâ Rabbi, Vechi Celâlinin ve saltanatı azametinin gerektirdiği biçimde hamd sana aittir, dedi...

Bu sözlerin ecrinin nasıl yazılabileceğini yazıcı melekler bilemediler... Hemen semâya çıkıp,

— Ey Rabbimiz, kulun bir söz söyledi, ne yazacağımızı bilemiyoruz, dediler...

Allâh, ne dediğini bildiği hâlde, meleklere sordu:

TESPİH BAHSİ ♦

— Kulum ne dedi?
Melekler:
— Yâ Rabbi, kulun, "Rabbena lekel hamdu kemâ yenbağiy licelâli vechike ve liazıymi sultânik" dedi!..
Bunun üzerine Allâh meleklere şöyle buyurdu:
"Onu, kulum benimle karşılaşıncaya kadar, dediği şekilde yazınız. Onun mükâfatını ben veririm..."
Bir başka hâdîs-î şerîf'ten öğrendiğimize göre, Hazreti Rasûl AleyhisSelâm, bu tespihi **namazlarda, rükûdan kalkınca ayakta okuyor** ve sonra secdeye gidiyormuş...
Biz çok uzun yıllardır Allâh'ın lütfu inayeti ile buna riayet etmeye çalışıyoruz Elhamdülillâh... Dostlara da tavsiyemiz olur... Rükûdan kalkınca, ayakta iken okumalarını her namazda!..

♦ ♦ ♦

"Lâ ilâhe illAllâhu vahdeHÛ lâ şeriyke leh... Lehul'Mülkü ve lehul'Hamdu ve Huve 'alâ külli şey'in Kadiyr... ElHamdu Lillâhi, ve SubhanAllâhi, ve lâ ilâhe illAllâhu, vAllâhu Ekber... Ve lâ havle ve lâ kuvvete illâ Billâhil 'Aliyyil Azıym"

Anlamı:
"İlâh-tanrı (gayrı vücud) **yok; ortağı olması mümkün olmayan Bir Tek 'Allâh' ismiyle işaret edilen!**... Mülk de "O"nundur, Hamd da "O"nundur... "HÛ", her şeye Kaadir'dir." Hamd (mutlak değerlendirme), **Allâh ismi** kapsamındaki değerlendirmedir; Allâh ismiyle işaret edilene aittir... **Allâh Subhan'dır** (varlıkta gayrından ve varlıkla kayıtlanmaktan münezzehtir)...
"**Allâh**" ismiyle işaret edilenden gayrı vücud, müsemma yok-

♦ TESPİH BAHSİ

tur!.. **Allâh Ekber**'dir; Gayrı bir varlık tarafından algılanıp değerlendirilemez ve herhangi bir değerlendirme-sıfat-zuhur ile de sınırlanıp kayıtlanamaz büyüklük sahibidir!... (Tüm Efâldeki) **Havl** (devinim, hareket, dönüşüm, tespih hâli) ve (bunu gerçekleştiren) **Kuvvet, Alîy** (üstün gelinemez yüce; dilediğinden gayrı zannını kahreden) ve **Aziym** (azametinin önüne geçilemeyen) Bi-**Allâh** iledir!

Bilgi:
Rasûlullâh (s.a.v.) buyuruyor ki:
"**Her kim gecenin bir kısmında, yatakta bir taraftan bir tarafa dönerken, kendine gelir de, bu tespihi söylerse, sonra istiğfar ederse, bağışlanır, dua ederse duasına icabet olunur; kalkar abdest alıp iki rekât namaz kılarsa o namazı makbûl olur...**"

Bildiğimiz kadarıyla, birçok kişi gece uykudan uyandığı anda bu tespihi yapmış ve ardından dua etmişlerdir ki, dualarına en kısa sürede icabet edilmiştir... Sıkıntısı olanlara tavsiye edilir.

Şu ana kadar bizzat çeşitli hadislerden size nakletmiş olduğum tespihlerden başka, özel bazı tespihleri de ilave etmek istiyorum ki bunların da imkân bulunduğu takdirde hiç değilse günde yüzer defa okunması son derece faydalı olur:

1. Subhane zil mülki vel melekût;
Mülk ve Melekût'un sahibi SUBHAN'dır (münezzehtir; tespih-tenzih ederim)!

2. Subhanel Melikil Hayyilleziy lâ yemût;
Ölmeyen Hayy (diri) **olan Melik SUBHAN'dır!**

TESPİH BAHSİ ♦

3. Subhane zil 'İzzeti vel Ceberût;
İzzet ve Ceberût'un sahibi SUBHAN'dır!

4. Subhanel Melikil Kuddûsi Rabbil Melâiketi ver Rûh;
Mukaddes Melik, Melâikenin ve Ruh'un Rabbi SUBHAN'dır!..

5. Subhane halıkın Nûri ve BiHamdihi;
Nûr'un yaratıcısı, kendi Hamdıyla SUBHAN'dır!..

6. Subhane Rabbi külli şey'in;
Her şeyin Rabbi SUBHAN'dır ("şey"de gayrından ve o "şey"le kayıtlanmaktan münezzehtir {hiçbir şey 'Allâh' ismiyle isimlenemez}; her şey O'nun Hamdı ile tespihtedir!).

36

♦

İSM-İ Â'ZÂM BAHSİ

"**İSM-İ Â'ZÂM**" konusu, bu mevzuyu bilenlerin asırlar boyu kafasını meşgul edip durmuştur... Belki siz, hiç duymadınız bu ismi ve şu anda soruyorsunuz kendi kendinize, nedir "**İsm-i Â'zâm**" diye...

"**İSM-İ Â'ZÂM**", Hazreti **Rasûlullâh** (s.a.v.)'in bize bildirmiş olduğu bir kavramdır...

"**Allâhu Teâlâ'nın öyle bir İsm-i Â'zâm'ı vardır ki, şayet bir kimse bu ismiyle O'na dua ederse, kesinlikle duası kabul edilir**" buyurarak; **Rasûl-ü Ekrem**, dikkatlerimizi bu isme çekiyor...

Ancak, bu konuda kesin ve net bir açıklama da yapmayarak, sadece bu isim hakkında bazı işaretler vermekle yetiniyor...

Bu işaretler, **Kur'ân-ı Kerîm**'de bulunan bazı âyetlere oluyor... Falanca ve filanca âyetlerde bu isim vardır, gibilerden...

İşte bu yüzdendir ki, işaret edilen çeşitli âyetler araştırılarak hepsinde ortak olan, **Allâh**'ın o çok yüce ismi tespit edilmeye

♦ İSM-İ Â'ZÂM BAHSİ

çalışılmış asırlardır...
İşte bu araştırmalara yön veren **Rasûlullâh** (s.a.v.)'in hadislerinden bir tanesi şu; **Bureyde** (r.a.) naklediyor:
"**Rasûlullâh** (s.a.v.) **bir adamın** (Ebu Musa el Eşarî) **dua ederken dediklerini duydu**... **Şöyle diyordu:**
— Allâh'ım senin O ismin adına isterim ki, **Ehad, Samed ki doğurmayan ve doğurulmayan ve hiçbir şey kendisine denk olmayansın**"
Bunun üzerine Rasûlullâh şöyle buyurdu:
— **Şüphesiz ki bu adam, Allâh'ın İsm-i Â'zâm'ı ile dua etti**... **O İsm-i Â'zâm ki, O'nunla Allâh'tan bir şey istendiği zaman verir ve O'nun ile çağrıldığı zaman icabet eder**..."

♦ ♦ ♦

Bitmez tükenmez isteklere sahip olan insanoğlu elbette ki, imkânsızlıklar ölçüsünde Allâh'a sığınacak, O'ndan isteyecek, nazını niyazını hep O'na yönlendirecektir...
İşte bu yüzden yapılan çalışmalar sonucu "**İsm-i Â'zâm**" olması muhtemel olan şu isimler tespit edilmiştir:
1. ALLÂH...
2. Lâ ilâhe illAllâh...
3. ErRahmân-ur Rahıym...
4. El Hayy-ul Kayyûm...
5. Allâhu Rahmân-ur Rahıym...
6. Allâhu lâ ilâhe illâ HU, el Hayy-ul Kayyûm...
7. Lâ ilâhe illâ HU, el Hayy-ul Kayyûm...
8. Rabb...
9. Allâhu Lâ ilâhe illâ HU, el Ehad'üs Samed'ulleziy lem yelid ve lem yûled ve lem yekün leHU küfüven ehad.
10. El Hannân-ul Mennânu, Bedî'üs semâvâti ve'l ardı

Zül'Celâli vel'İkrâm.

Evet, şimdi biz önce **İsm-i Â'zâm** olduğu hakkında çok kuvvetli işaretler olan iki duayı yazıp, sonra da kendi mütalaamızı beyan edelim... Şüphesiz ki gerçeği bilen Allâh'tır!..

◆ ◆ ◆

"Allâhümme innî es'elüke bienniy eşhedü anneke entellâhulleziy lâ ilâhe illâ entel Vâhıd'ül EhadusSamedülleziy lem yelid ve lem yûled ve lem yekün leHÛ küfüven ehad."

Lâ ilâhe illâ ente yâ Hannân yâ Mennân Ya Bedies semâvâti vel ardı, yâ Zül'Celâli vel'İkrâm."

Bilgi:
Bu iki dua da, Hazreti **Rasûlullâh** AleyhisSelâm'ın bu konudaki buyruklarına istinad etmekte... Duaya bu şekilde başlanırsa, o duaların kabul olacağına işaretleri var...

◆ ◆ ◆

Evet, bütün bu işaretlerden bize göre ortaya çıkan netice şudur... Eğer ortak nokta aranırsa; hemen hemen bütün işaretlerede dikkati çeken iki isim görülüyor:
1. **ALLÂH**
2. **HÛ**

Esasen bu iki isim dahi birbirinden ayrı olmayıp; bu konunun derinliklerine ve sırlarına nüfuz etmiş evliyaullâh tarafından bir olarak kabul edilmektedir...

Vahdet konusunun zirvedeki isimlerinden biri olan **"İNSAN-I KÂMİL"** yazarı **Abdülkerîm Geylânî** (Ciylî) KaddesAllâhu Sırrahu Azîzan, bu konuda özetle şöyle demektedir:

◆ İSM-İ Â'ZÂM BAHSİ

"ALLÂH isminin sonundaki H harfi hüviyeti Zât'a işaret eder ki, bunu HÛ ismi olarak da bilir ve bu hususa HÛ ismiyle işaret ederiz"

Nitekim, **Efendimiz, büyüğümüz** Hazreti Âli dahi, **"HÛ"** ismine çok riayet eder, bu ismi çok zikreder, özellikle şu şekilde söyler ve yakınlarına tavsiye ederdi:

"Yâ HÛ ya men HÛ, lâ ilâhe illâ HÛ"

"İsm-i Â'zâm"ın gerçekten **"HÛ"** olduğuna inanabilmek veya bunu müşahede edebilmek için tasavvufun çok derinliklerindeki bazı gerçekleri Allâhû Teâlâ'nın müşahede ettirmesi icap eder.

Rasûlullâh AleyhisSelâm'a bir gün şu soru sorulur:

— Yerleri ve gökleri yaratmazdan evvel Rabbimiz neredeydi?..

Cevaben buyururlar ki:

"Altında ve üstünde hava olmayan Â'mâ'da idi!.."

Bu hadîs-i şerîf'te işaret edilen husus **Allâhû** Teâlâ'nın **Zâtı'** dır...

◆ ◆ ◆

"ALLÂH" ismi, toplayan bir isimdir... Yani, **Allâh**'ın hem **Zât**'ını, hem vasıflarını, hem de sayısız özelliklerini içeren bir isimdir...

Allâh ismiyle işaret edilen **ZÂT**'ın hüviyetine ise **"HÛ"** ismi işaret eder... **EHADİYET** sıfatıyla idrak edildikten sonra, gerçek mânâsıyla **"Allâh'a iman"** meydana gelir ve **"yakîn"** hasıl olur; **iş taklitten çıkar, tahkike varır**... Aksi hâlde, hep **Allâh "İSMİNE"** iman edilir ki, bu da **ehli taklidin** mertebesidir... **Tahkike ermişlerin** ismi ise **"müferridûn"** veya **"mukarrebûn"**dur ki; **Allâh "İSMİNDE"** değil; **ALLÂH'IN EHADİYE-**

İSM-İ Â'ZÂM BAHSİ ♦

TİNDE benlikleri yok olmuş; "**el ân öyledir**" sırrına binâen, **Allâh Bakıy**'dır mânâsı yaşanır olmuştur...

İşte bu yaşantı içinde olanlar, "**İsm-i Âzâm**" sırrına ermiş olanlardır ki; her nefeste "**HÛ**" **diyenin** mutlak bilinciyle yaşarlar...

Bu zevâtı kirâm, dua edip de "**Yâ ALLÂH**", "**YÂ HÛ**" dedikleri zaman;

"**Dillerinden söyleyen ben olurum**" **hadîs-î kudsîsi** mânâsınca; dileyen kendi olur ve elbette kendi dileği de havada kalmaz, yerini bulur!..

♦ ♦ ♦

Peki ya bizler?..

Hazreti **Rasûl** AleyhisSelâm'ın tuttuğu ışık altında, deriz ki...

DUA'sına icabet bekleyen kişi, şayet iki rekât namaz kılar ve her rekâtında **yirmi bir İhlâs** okursa **Fâtiha**'dan sonra ve son secdesinde de şu şekilde Allâhû Teâlâ'ya yönelirse, inancımız odur ki, kendisine icabet edilir...

Yalnız, **Cenâb-ı Hak** kendisine **duada ısrar edilmesini** sevdiği için bunu yedi kere yapmak gerekir...

♦ ♦ ♦

"Estağfirullâh Yâ Rabbel arşıl aziym... Estağfirullâh Yâ Rabbel arşıl kerîm... Estağfirullâh Yâ Rabbel âlemiyn. Allâhümme salli alâ seyyidina Muhammedin biadedi ilmike...

Yâ HÛ yâ men HÛ, Lâ ilâhe illâ HÛ, Entel Hayyul Kayyûm ve lâ şeriyke lek ve lekel mülkü ve lekel hamdü ve inneke alâ külli şey'in kadir.

Yâ Hannân yâ Mennân Yâ Bedî'es semâvâti vel ardı yâ Zül'

◆ İSM-İ Â'ZÂM BAHSİ

Celâli vel'İkrâm, Eşhedü en lâ ilâhe illAllâhul Ehadus Samedülleziy lem yelid ve lem yûled ve lem yekün leHÛ küfüven ehad...
Allâh'ım senin indînde fevkalâde âciz, zâif ve nefsine zulmeden biri olduğumu itiraf eder, Senin Azamet ve kibriyândan, eşsiz yüceliğinden, sonsuz bağışlayıcılığın dolayısıyla, Kereminden niyaz ederim...
Allâh'ım senden İsm-i Â'zâm'ın hürmetine, Habibin Muhammed Mustafa hürmetine, henüz hiç kimseye bildirmediğin indîndeki en yüce ismin hürmetine niyaz ederim ki..."
(Burada önce Allâh'ın kendine seçtiklerinden olmayı, Allâh'ın çok sevdiklerinden olmayı, O'nun indînde en değerli olanlarla bir arada olmayı isteyip, O'nun yolunda Rasûlünün rızasına uygun çalışmalar yapmayı kolaylaştırmasını talep edip, ondan sonra da ne isteğiniz varsa onu söyleyebilirsiniz.)
Ve sonra duanızı şöyle bitirmenizi tavsiye eder bu fakir:
"Allâhümme salli ve sellim ve bârik alâ Seyyidina Muhammed ve alâ âlihi ve sahbihi ve sellim. Amin Amin Amin Yâ Rabbel Arşıl Aziym. Biliyorum kesin olarak ki, sen benim duamı işittin ve dualara icabet eden VAHHAB'sın sen... Senden, Zât'ının hakkı için; indîndeki yüce isminin işaret ettiği mânâ hakkı için; duama icabet etmeni niyaz ederim. Amin, Amin, Amin..."
Rabbimin bu fakire bildirdiği bu duanın değerini elbette ki bu konunun ehilleri takdir eder... Ve değerlendirir...
Takliden Allâh yoluna baş koymuşlar da samimiyetle bu duaya devam ederlerse, elbette neticesini apaçık bir biçimde görürler.
Elinizdekileri paylaşınız hükmünce, öğrettiklerini naklediyoruz... Allâh, cümlemize mübarek eylesin.

37

ALLÂH'IN İSİMLERİ VE MÂNÂLARI

"**Esmâ ül Hüsnâ**" diye bilinen Allâh'ın isimleri bizler için son derece önemli anahtarlardır. Bu anahtarları kullanarak Allâh'ı tanıma kapısından içeri girebiliriz.

İnsanın "**HALİFETULLÂH**" olması, bu yüce isimlerin mânâlarının kendisinden aşikâr olması dolayısıyladır...

Hatta daha derinlemesine bir ifade ile, "İnsan" bu Allâh isimleriyle kaîm ve daim varlıktır!.. Ve hatta **tüm mevcudat bu Allâh isimlerinin mânâlarının sûretler hâlinde algılanışından başka bir şey değildir!**..

İşte bu sebepledir ki, âlemlerin Rabbi olan Allâh'ı tanımak, O'na karşı marifet elde etmek istiyorsak, bu isimleri öğrenmek, mânâlarını kavramak mecburiyetindeyiz.

Kâinat ismi altında düşündüğümüz her şeyin ve dolayısıyla

◆ ALLÂH'IN İSİMLERİ VE MÂNÂLARI

insanın, Allâh isimlerinin, mânâlarının terkibi olduğundan geniş bir şekilde "İNSAN ve SIRLARI" isimli kitabımızda bahsetmiştik. O sebeple burada bu mevzuya daha fazla temas etmeyeceğiz. Arzu edenler, oradan bu hususu derinlemesine tetkik edebilirler.

Bir sonraki bölümümüzde **"Allâh İlminden Yansımalarla KUR'ÂN-I KERÎM ÇÖZÜMÜ"** isimli yeni eserimizdeki ilgili bölümün tamamını paylaşarak **"Esmâ ül Hüsnâ"** konusuna tüm detaylarıyla açıklık getirmeye çalıştık.

38

◆

ESMÂ ÜL HÜSNÂ

"B'ismi-llâh-ir Rahmân-ir Rahıym...

Esmâ'sıyla (muazzam, muhteşem mükemmel özellikleriyle) varlığımı yaratan, ismi Allâh olan Rahmân Rahıym'dir!

Bilelim ki, **"isim"** yalnızca, dikkati o isimlenene veya o isimle isimlenmişteki bir özelliğe işaret için kullanılır!

İsim, asla isimle işaret edileni bütünüyle anlatmaz ve açıklamaz! Yalnızca kimliğe veya bir özelliğe işaret eder!

Belki isim, çok özellikler taşıyana sadece dikkati yöneltmek için kullanılır.

Öncelikle şu gerçeği çok iyi fark edelim... **"Allâh isimleri"** olarak bildirilen özellikler, *ötelerde bir tanrının çeşitli cici - güzel isimleri* midir? Yoksa bir **"varlık - vücud sahibi"** kabul edilenlerin tüm özelliklerini, asılları itibarıyla **"yok"**ken; **"zıll = gölge"** varlığına verilen isimden ve açığa çıkan özelliğinden dolayı, duyu ve şartlanmanın ayrı bir varlık verdiği; gerçekte ise

◆ ESMÂ ÜL HÜSNÂ

"**Allâh**" ismiyle işaret edilenin yaratış özelliklerine dikkat çekmek için midir?

Bu realite fark edilip kavranıldıktan sonra, konunun "**Allâh isimleri**" diye bilinen yanına gelelim.

"**Zikir = insana hakikatini hatırlatıcı**" olarak bildirilen Kur'ân-ı Kerîm, gerçekte, tümüyle "**Ulûhiyet**"i anlatan "**El Esmâ ül Hüsnâ**"nın açılımıdır! İnsanın "**hatırlaması**" istenilen, kendisine talim edilmiş olan "**esmâe külleha**"dır! Yani, "**var**"lığını meydana getiren, "**bildirilen isimlerin özelliklerinin tamamı**"! Bunların bir kısmı Kur'ân-ı Kerîm'de bildirilmiş, bir kısmı da **Rasûlullâh** tarafından açıklanmıştır. Bu yüzdendir ki, asla, her şey bu doksan dokuz isimden ibarettir, denemez! Misal verelim... **Rab, Mevlâ, Kariyb, Hallak** gibi bazı isimler Kurân'da mevcut olmasına rağmen doksan dokuz isim arasında sayılmamıştır. "**... Yef'alu ma yuriyd**" âyetinde (2.Bakara: 253) bildirilen "**İrade sıfatının**" (dilediğini oluşturma) adı olan "**Müriyd**" ismi de gene bu isimler arasında bildirilmemiştir. Buna karşın **Celiyl, Vâcid, Mâcid** gibi bazı isimler ise doksan dokuz isim içinde var olmasına karşın, Kur'ân-ı Kerîm'de geçmez. İşte bu yüzdendir ki, Allâh ismiyle işaret edilenin, **ilminde seyrini** oluşturan "**Esmâ mertebesi**" olarak tanımlanan isimlerini (özelliklerini - Kuantum Potansiyel) doksan dokuz ile sınırlamak çok yanlış olur. Belki, insana hakikatini hatırlaması için bu kadar isim özelliği bildirilmiştir; hakikatini hatırlayıp yaşayan ise hadsiz hesapsız bilinmeyen başka isimlerin özellikleriyle yaşar; diyebiliriz. Ayrıca, cennet diye tanımlanan yaşam boyutunun dahi buna işaret ettiği söylenebilir. Evren içre evrenler gerçeğini var kılan sayısız özelliklere işaret eden isimlerden ise hiç haberimiz yoktur belki de!

Derin düşünce (Ulül Elbab = öze ermişler) indînde kullanılan **"zıll vücud = gölge varlık"** tanımlaması, o varlığın bizâtihi **"var"** olmayıp; algılayana GÖRE **"Allâh isimlerinin bileşimi olarak"** açığa çıkışına işaret eder.

Hatta gerçeği hakkıyla dillendirmek gerekirse, **"Esmâ bileşimi"** tanımlaması dahi bir mecazdır; çoklu algılayan anlayışları, Tek'il realiteye adapte içindir. Zira mutlak hakikat, **her an yeni bir şe'nde** olan **"çok boyutlu tek kare resim"** seyridir! **"Esmâ bileşimi"** denilen ise resimdeki bir fırça darbesi! Algılanan her "şey", **ismi nedeniyle,** sanki Allâh'ın Esmâ'sı itibarıyla O'nun gayrı olarak sanılsa dahi, -O ötede tanrı olmadığı için-, hakikatte, o isimle isimlenmiş varlık, **Allâh Esmâ'sı nedeniyle "var"lık olarak algılanandır!** Bununla beraber, Esmâ ile işaret edilen ise, bölünmez, cüzlere ayrılmaz, cüzlerden oluşmamış mutlak Tek, sınırsızlık ve sonsuzluk kavramından dahi berîdir; **"Ehad'üs Samed"**dir ve Kur'ân-ı Kerîm'de bir kere vurgulanır bu şekliyle! **"Allâhu lâ ğayra HÛ! - Allâh var, gayrı yok!"** Ki bunu beşer aklı havsalası kavrayamaz! Ancak, vahiy veya ilham ilmi - bilgisi olarak şuura yansır ve **"seyri"** oluşur! Akıl, mantık, muhakeme adım atamaz burada! Fikir yürütenin yolu dalâlet olur! Bu konunun tartışılması mümkün değildir! Tartışan ise, yalnızca cehli dillendirmek için var olandır! Cebrâil'in, **"bir adım atarsam yanarım"** diye dillendirdiği gerçekliktir bu husus!

Fark edilmelidir ki, **"Allâh Esmâ'sında İlim"** özelliğine işaret eden isim vardır; Allâh'ın **aklına** işaret eden bir isim yoktur; çünkü bu muhaldir! Akıl, çokluk algılamasının oluşması için yaratılmış olan beyin işleyiş düzenine verilen isimdir! Esasen **"Akl-ı küll"** veya **"Akl-ı evvel"** tanımlamaları dahi mecazî ve izafeten kullanılır; gerçekte **"İlim"** vasfının açığa çıkması

◆ ESMÂ ÜL HÜSNÂ

sisteminin aldığı isimden başka bir şey değildir. Birimin derûnundaki, hakikatindeki **"ilim"** boyutunun tanımlaması **"Akl-ı küll"**dür ki, **"vahiy"**in kökeni dahi budur. **"Akl-ı evvel"** ise tamamıyla yakıştırma bir tâbir olup, ehli olmayana Esmâ mertebesinin **"şe'n"**deki **"ilim"** boyutunu tarif için kullanılmıştır. **"AN"** içre geçerli **"ilim"**e işaret yollu olarak.

Esasen, **Efâl mertebesi** olarak algılanması dilenilmiş boyut, gerçekte, **"her an yeni bir şe'nde"** olan **"Esmâ mertebesi"**nden başka bir şey değildir! "Madde" adıyla işaret edilen boyut aynıyla kuantsal boyuttur; algılama farkı farklı boyut zannını oluşturmaktadır. **Seyreden, seyredilen, seyir; aynı TEK'tir!** **"Şarabı la yezâli"** diye işaret edilen bu seyirdir; **"cennet şarabı"** tanımlaması dahi, bu seyre işaret eder! Çokluk algılaması içinde olanın ise bunun yalnızca *bilgisini gevelemekten* başka şansı yoktur!

Efâl - fiiller - kesret - çokluk - algılaması yaşanan âleme gelince... Vücud, varlık yalnızca **"Esmâ mertebesi"** tanımlamasıyla işaret edilene aittir! **İlmiyle ilmini ilminde seyretmektedir,** ifadesi dahi **"şe'n"**i itibarıyla aynıyla **"Esmâ"** olan bu mertebedeki seyrine işaret etmektedir. Bu mertebede, ilimde yaratılmış **sûretlerle,** seyir ve tedbirât yürümekte olup; **"âlemler vücudun kokusunu bile almamışlardır"** uyarısı bu yüzden yapılmıştır. **Zerre,** bu mertebedeki **seyreden, "küll"** seyredilendir! İsimlerle işaret edilen **kuvveler** ise **"melek"** ismiyle tanımlanmıştır ki; **"insan"**ın dahi hakikati budur; farkındalığını yaşamak süreci ise **"Rabbinin likâsına kavuşmak"** diye anlatılmıştır! Bunu keşfettikten sonra, **devamının gelmemesi** ise feci cehennem yanışı olarak anlatılmıştır! Burası **"Kudret"** yurdudur, **"kün"** hükmü buradan çıkar; **İlim** mertebesidir; aklın burada geçerliliği yoktur! **"Hikmet"** yurdunun bâtınıdır! Hikmet yurdunda olup biten her şey ise **akılla** seyredilegelir; burada **bilinçler** konuşur! **Efâl** âlemi ise, bu boyuta (kudret yurduna) göre, tümüyle **hologramik** (zıll - gölge) vücud - varlık ve yapıdır! Algılayanın algılama kapasitesine göre var olan paralel veya çoklu evrenler, içindekiler ile maden, nebat, hayvanat (insansı) ve cin âlemlerine ait tüm **tedbirât** ve tasarruf **"mele-i âlâ"** hükmü ile buradan açığa çıkar! Rasûller ve vârisleri velîler, **"mele-i âlâ"**nın yani **Esmâ kuvvelerinin** yeryüzündeki dilleridir! Bütün bunlar dahi, hep **Esmâ mertebesinde ilimde olup biten seyirlerdir!** **"İnsan"**ın hakikati dahi bu anlamda **"melek"**tir ve **melek oluşunu hatırlamaya ve gereğini yaşamaya** davet edilmektedir gerçekte! Bu konu çok daha derin ve detaylı bir konudur... Anlattığımız ilimden nasibi olmayan ise, farklı boyut ve mertebelerden seyri dillendiren anlatımı, çelişkili bulabilir. Ne var ki, biz, 21 yaşında 1966 yılında kaleme aldığımız **"Tecelliyât"** isimli kitabımızda dillendirdiğimiz şaşmaz doğrultudaki müşahedemizi, kırk beş yıllık süreçte, tahkike dayalı olarak, insanlıkla paylaştık kulluğumuzun sonucu olarak; kimseden maddi veya manevî bir karşılık beklemeden. Açıkladıklarımız, *"el malı"* değil, **"Allâh hibesidir"**! Şükrünü edâ etmem ise mümkün değildir! Bu nedenledir ki anlattıklarımızda hiçbir çelişki yoktur. Var sanılıyorsa bu, aradaki bağlantıları kurmaya yeterli veritabanı olmamasındandır!

Evet, müşahedemiz bu realite ise...

"Allâh isimleri" konusunu nasıl anlamamız gerekir?

Bilelim ki...

"Allâh isimleri", bilinç devrede olmaksızın şuurda açığa çıkıp (vahiy), daha sonra bilinç tarafından değerlendirilmeye çalışılan evrensel -kâinat anlamında değil, âlemler işareti doğrultu-

♦ ESMÂ ÜL HÜSNÂ

sunda- özelliklerdir.

"**Esmâ ül Hüsnâ**" **Allâh'ındır;** o isimlerin işaret ettiği özellikler, **TEK ve SAMED olarak bildirilen,** Allâh adıyla işaret edilenin, **Esmâ mertebesine,** (Kuantum Potansiyele) zamansızlık - mekânsızlık boyutuna, "**nokta**"ya işaret eder... Dolayısıyla bu isimler ve bu isimlerin işaret ettiği anlamlar sadece O'nundur; beşer anlayışıyla kayıtlanamaz!

Nitekim 23.Mu'minûn Sûresi 91. âyetinde de: **SubhanAllâhi amma yesıfun = Allâh onların tanımlamalarından Subhan'dır** (ötedir)! buyurulur. **O'na isimlerin mânâlarıyla yönelin... O'nun Esmâ'sında ilhada sapanları** (şirke düşenleri) **terk edin! Yapmakta olduklarının karşılığını göreceklerdir.**" (7.A'raf: 180)

"**El Hüsnâ'yı** (en güzelini hakikati olarak) **tasdik ederse, böylece ona en kolayı kolaylaştırırız!**" (92.Leyl: 6-7)

Hatta **ihsan** hâli (muhsin oluşun cezası) bile "**El Hüsnâ**"ya bağlanıyor...

"**İhsan ehline, daha güzeli** (El Hüsnâ) **ve fazlası** (Rıdvan) **vardır... Onların vechlerini** (yüzlerini - şuurlarını) **ne kara toz zerresi** (bencillik) **ne de** (hakikatlerinden ayrı düşmenin getirisi olan) **zillet kaplar... Onlar sonsuza dek cennet ehlidirler!**" (10.Yûnus: 26)

"**Zâtı**" itibarıyla "**benzeri**" olmayan; **Esmâ**'sının işaret ettiği özellikleriyle yarattıklarıyla kayıtlanmaktan ve sınırlanmaktan berî olan; "**Ekberiyeti**" ile sayısız "**nokta**"lardan bir nokta olan "**çok boyutlu holografik tek kare resim**" diye açıklamaya çalıştığımız "**Esmâ mertebesi**"nin "kesret - çokluk boyutu" olarak algılanışı olan -gerçekte tekil tümel- "**fiiller**" âlemini, "**ilminde**" var kıldığı özellikler ile yaratmıştır.

ESMÂ ÜL HÜSNÂ ◆

Daha derine gitmeden toparlayalım...

Allâh isimleri olarak vahiy yollu bildirilen özellikler, Dünya üstünde yaşayan **"yeryüzü halifeliği"**nin farkındalığına ermeye çalışan **"zâlim ve cahil insan"**ın algıladığının çok çok ötesinde, evrensel boyutların tümünü **"yok"tan, "zıll - gölge"** vücud olarak (hologramik) **"var"** kılan özellikler tekilliğidir!

MUAZZAM, MUHTEŞEM, MÜKEMMEL özelliklerdir **"Esmâ mertebesi"**, tüm boyutsallığı ve içre varlıklarıyla evrenselliğin hakikati olarak!

Şimdi bir an, insanın algıladığı dünyasını düşünün!

Sonra da dar çerçeveli bakış açısı anlamındaki köylü bakışından arınmış olarak, en son bilgilerinizin oluşturduğu evrensellik anlayışıyla **"başınızı** (bakışınızı) **kaldırıp semâya bir bakın"** Kur'ân-ı Kerîm ifadesiyle!

Duyularınızla algıladıklarınız, evrensel azamet, ihtişam ve mükemmeliyet yanında nedir ki?

İşte bu gerçeklik dolayısıyla...

Umarım...

Allâh isimleri hakkında bugüne kadar düşünülüp konuşulup yazılmışların, yalnızca vahiy kaynaklı gelen **BİLGİ**'nin (Kitap'ın), arındığı kadarıyla bilinçlerimiz tarafından değerlendirilişi olduğunu aklımızdan çıkarmayarak; bu isimlerin işaret ettiği özelliklerin, tüm evrensellikte geçerli olduğunu; tüm yapıda **her an** yepyeni anlamları, açılımları meydana getirdiğini göz önünde tutarak konuya eğilebiliriz. Bu arada şunu vurgulayayım ki, **"Ekberiyet"** başlıklı yazımda açıklamaya çalıştıklarım pek **"oku"**nmamış! Bahsettiğimiz **Esmâ mertebesinin** özelliklerinin, **"Allâh"** adıyla işaret edilen indîndeki, sayısız **"nokta"**lardan bir

♦ ESMÂ ÜL HÜSNÂ

"**nokta**" ve dahi "**Hakikat-i Muhammedî**" veya "**Ruh adlı melek**" isimlerine bürünerek açığa çıkan "Kuantum Potansiyel", sonsuz-sınırsız; ezeli ve ebedi olmayan Esmâ mertebesi özellikleri olduğu gibi; ayrıca, bu mertebenin ilminin, tüm evren içre evrenler olan "**çok boyutlu tek kare resim**" diye söz ettiğimiz olduğu da fark edilmemiş! Bu yüzdendir ki, hâlâ, **Allâh, âlemlerdeki tek bir tanrı olarak algılanmakta** devam ediyor! Oysa tüm seyir ve dillendirilenler yalnızca "**nokta**"mızla ilgilidir ki; Allâh yalnızca "**Allâh**"tır; "**Ekber**"dir! Subhanehu min tenzihiy!

Şunu da asla hatırdan çıkarmayalım ki, yazdıklarım kesinlikle olayın son noktası olmayıp, bu konuda yazılabileceklerin yalnızca mukaddimesi (giriş yazısı) mahiyetindedir. Bundan daha derininin açıkça yazılıp yayınlanması tarafımızdan mümkün değildir. Ayrıca ehlinin fark edeceği üzere, bu kadarı dahi bugüne kadar bu açıklık, netlik ve detayla yazılmamıştır. Konu ustura sırtı gibi ince ve keskindir, çünkü okuyan kişi hiç farkında olmadan ya ötede bir tanrı kavramına kayabilir; ya da çok daha kötüsü firavun misali, benliğiyle - bilinciyle ve dahi hayvani yapı olan bedeniyle hakikati sınırlama derekesine düşebilir!

Buraya kadar "**El Esmâ**" işaretinin neye olduğuna dikkat çekmeye çalıştık.

Şimdi gelelim "**El Hüsnâ**" olarak bildirilen **muazzam, muhteşem ve mükemmel** anlam ve özellik ihtiva eden isimlerin işaret ettiği özelliklere... Elbette "**esfeli sâfîliyn**" olan kelimelerin elverdiğince!

Burada öncelikle şu hususa dikkat gerekir kanımca.

TETİKLEME SİSTEMİ

Bu isimlerin işaret ettiği özellikler her noktada tümüyle

mevcuttur eksiksiz! Ne var ki, açığa çıkması dilenen özelliğe göre, kimileri kimilerine baskın hâle gelerek, tıpkı ekolayzırda yükselen kanalların öne geçmesi gibi, diğerlerinin önüne geçerek oluşumu meydana getirmektedir. Ayrıca belli isimlerin işaret ettiği **belli özellikler, doğal olarak, otomatik olarak ilgili diğer isimlerin oluşumlarını tetikleyerek,** akışı - oluşumu, **"yeni şe'n"**i meydana getirmektedirler. İşte bu olay, **"Sünnetullâh"** diye tanımlanan, **evrensel Allâh** kanunlarının –ya da basîreti kısıtlı olanların deyişiyle doğa kanunlarının– işleyiş mekanizmasını anlatmaktadır. **Bu husus tahmin ve hayal edilemeyecek kadar azametli bir olaydır; ezelden ebede, tüm boyutlarıyla ve algılanan tüm birimleriyle her şey bu sistem içinde varlığını sürdürür!** Evrensel boyutta veya insanın dünyasında, bilincinden açığa çıkan **düşünceler dâhil, tüm fiiller** bu sisteme göre oluşur. Buna kısaca **"İsimlerin özelliklerinin ilgili ismin özelliğini tetiklemesi mekanizması"** diyebiliriz. Yukarıda uyardığım üzere, bu isimlerin özelliklerinin açığa çıkış ortamı olarak -gerçekte **TEK**'il- bilebildiğiniz tüm evrenselliği düşünün. O evrensellik içinde algılayanın algıladığı her ortama ya da boyuta veya açığa çıkan birime göre, söz ettiğim **"tetikleme"** olayı geçerlidir! Bu sisteme göre de -neyin neyi meydana getireceği bilinmesi nedeniyle- ezelden ebede ne olup bitecekse **"Allâh ilminde"** mevcuttur!

Bakara Sûresi sonundaki (2.Bakara: 284) **"...Bilinçlerinizde (düşündüğünüz) ne varsa, açıklasanız da gizleseniz de, Allâh varlığınızdaki Hasiyb ismi özelliğiyle size onun sonuçlarını yaşatır..."** uyarısı; 99.Zilzâl Sûresi'nin 7.âyeti **"Kim bir zerre ağırlığınca bir hayır yaparsa, onu görür."** ve de **"Hasiyb"** isminin işaret ettiği özellik, hep bu **"tetikleme"** mekanizmasını bize

♦ ESMÂ ÜL HÜSNÂ

anlatmak içindir ki, açığa çıkan bir fiil veya düşüncenin sonucunun yaşanmaması mümkün değildir. **İşte bu yüzdendir ki**, geçmişimizde düşündüğümüz ya da ortaya koyduğumuz şükür ya da nankörlük bâbında her fiil mutlaka sonucunu yaşatmıştır veya yaşatacaktır! Bu konu üzerinde derin düşünülürse çok kapı açar ve çok sırlar fark edilir. **"Kader sırrı"** olarak bahsedilen konu dahi bu mekanizma ile ilgilidir!

Şimdi gelelim birer işaret-yön levhası hükmündeki özel "isim"lerin bize gösterdiklerine:

ALLÂH... Öyle bir isimdir ki... **"Ulûhiyet"**e işaret eder! **"Ulûhiyet"** hem **"HÛ"** ismi ile işaret edilen "Mutlak **Zât**" anlamını içerir; hem de **"Zatî"** İlim mertebesinde, ilmiyle ilmini seyir anlamında oluşmuş, **"nokta"**lar âlemlerini, her bir **"nokta"**yı oluşturan kendine özgü **"Esmâ"** mertebelerine işaret eder! **"Zât"**ı itibarıyla, **"şey"**in ayrı, **"Esmâ"**sı itibarıyla **"şey"**in aynı olan Allâh ismiyle işaret edilen; **âlemlerden Ğaniyy ve benzeri olmayandır!** Bu yüzdendir ki, **"şey"**i ve fiillerini **Esmâ'**sıyla yaratan **Allâh ismiyle işaret edilen,** Kur'ân-ı Kerîm'de **"BİZ"** işaretini kullanmaktadır. **"Şey"**de kendisinin gayrı yoktur! Bu konuda çok iyi anlaşılması gereken husus şudur: **"Şey"**den söz ettiğimizde **"şey"**in zâtı derken onun varlığını oluşturan **"Esmâ mertebesinden"** söz ederiz. **"Şey"**in zâtı hakkında tefekkür edilir, konuşulur. **Allâh adıyla işaret edilenin Zâtı hakkında ise konuşmak muhaldir;** yani kesinlikle olanaksızdır! Çünkü Esmâ özelliğinden meydana gelmişin, mutlak Zât hakkında fikir yürütmesi, **"vahiy"** yollu gelmiş bilgi ile dahi olsa -ki bu da olanaksızdır- mümkün olmaz! İşte bunu anlatmak sadedinde yolun sonu **"hiç"**likte biter, denmiştir!

HÛ... "HÛ'vAllâhulleziy lâ ilâhe illâ HÛ"! İster vahiy yollu gelsin, ister bilinç yollu üzerine eğilinsin, algılanan her "şey"in hakikatinin derûnu... Öylesine ki; **Ekberiyet** tecellisi sonucu önce **"haşyeti"**, sonucu olarak da **"hiç"**liği yaşatır ve bu yüzden de O'nun hakikatine erişilemez! **"Basîretler ona ulaşmaz!"** Mutlak bilinmezliğe ve kavranılmazlığa işaret ismidir! Nitekim **"ALLÂH"** dâhil tüm isimler **"HÛ"**ya bağlı geçer **Kurân**'da! **"HU ALLÂHu EHAD"**, **"HU'ver Rahmânur Rahıym"**, **"Hu' vel'Evvelu vel'Ahıru vez'Zahiru vel'Batın"**, **"HU'vel Aliyyül Aziym"**, **"HU'ves Semiy'ul Basıyr"** ve **Haşr Sûresi**'nin son üç âyeti gibi! Bu arada şunu da bir diğer okunuş şekli itibarıyla fark ederiz ki, isimlerin öncesindeki **"HÛ"** ismi işaretiyle önce tenzih vurgulaması yapılır, sonra da söz edilen isimlerle teşbihe işaret edilir. Bu da hiçbir zaman gözden kaçırılmaması gereken bir işarettir.

ER RAHMÂN... **"Allâh"** ismiyle işaret edilenin, **"zerre"**lerin zâtını **"Esmâ"**sıyla ilminde "var" kılma özelliğine işaret eder. Bugünkü anlayışa göre "Kuantum Potansiyel"e işaret eder. Tüm yaratılmışların kaynağı olan potansiyeldir. "Esmâ mertebesi"nin adıdır! Her şey, "var"lığını **"ilim ve irade"** mertebesinde bu ismin işaret ettiği özellikle elde eder!
"Er Rahmânu alel Arşisteva; Rahmân, Arş'a istiva etti (El Esmâ'sıyla âlemleri yaratıp hükümran oldu. Kuantum Potansiyelde ilmini seyretti ilmiyle)." (20.Tâhâ: 5) ve **"Er Rahmân; Allemel Kur'ân; Halekal İnsan; Allemehül beyan..."** (55. Rahmân: 1-4) işaretleri gereği **"ŞUUR"**da açığa çıkan **"Esmâ"**nın hakikatidir! Rahmeti, o "şey"i ilminde **"var"**lığa getirmesidir! **"Allâh Âdem'i Rahmân sûretinde halk etti"** işareti **"İnsan"**ın, ilmî sûretinin **Rahmâniyet** özelliği yansıması üzere mey-

dana getirildiğine işaret eder. Yani Esmâ mertebesinde bulunan özellikler ile! İnsan'ın, **Zâtı itibarıyla** kendini tanıyışı da **Rahmâniyet**'le ilgilidir...
Bu nedenle **"RAHMÂN"**a secdeyi müşrikler algılayamamıştır. **"Onlara: 'Rahmân'a secde edin** (Esmâ hakikatiniz indîndeki 'yok'luğunuzu hissedin)' **denildiğinde: 'Rahmân da nedir? Bize emrettiğine secde eder miyiz hiç?' dediler..."** (25.Furkan: 60) ve **"...Muhakkak ki şeytan Rahmân'a âsi oldu."** (19.Meryem: 44) âyetleri **"İnsan"**ın **Zât'ının "Esmâ"** hakikatinden meydana getirildiğine işaret eder! **"İnsan"**daki **"Zâtî tecelli"**de budur!

ER RAHIYM... "Rahmân"daki sayısız özellikleri yoktan var kılan Rahıym özelliğidir! Potansiyeldeki özelliklerin seyrini oluşturma özelliğidir! Âlem sûretleri ile kendini seyir edendir! Bilinçli varlıkları, hakikatlerine erdirmek suretiyle; seyretmekte ve Esmâ'sı özellikleriyle yaşatmakta olanın, kendisi olduğu farkındalığıyla yaşatandır. **"...Ve kâne bil mu'miniyne Rahıyma = Hakikatine iman etmişlere Rahıym'dir"** (33.Ahzâb: 43). Cennet diye işaret edilen yaşamın kaynağıdır. Melekî boyutun **"var"**lığını oluşturandır.

EL MELİK... Mülkü hükmünde olan Esmâ mertebesinde dilediğince şe'n alarak fiiller âlemi sûretlerinde tedbir edendir! **"Her şeyin melekûtu** (Esmâ kuvveleri) **elinde olan** (tedbirâtın bu mertebeden açığa çıktığına işaret) **Subhan'dır... O'na rücu ettirileceksiniz."** (36.Yâsiyn: 83)
Tek **Melik**'tir! Ortağı olmaz. Bunun farkındalığını yaşattığının kesin ve mutlak teslimiyet dışında bir hâli olmaz! İtiraz ve isyan hiç kalmaz! **"Arşı istiva"** diye anlatılan olayda önde gelen özelliktir diğer birkaç özellikle birlikte...
"Semâlarda ve arzda her ne varsa; Melik, Kuddûs, Aziyz ve

Hakiym olan (dilediği mânâları açığa çıkarması için onları yaratan) **Allâh'ı** (işlevleriyle) **tespih etmedeler!"** (62.Cumu'a: 1)

EL KUDDÛS... Yaratılmışlarda açığa çıkan özellik ve kavramlarla tanımlanmaktan, kayıtlanmaktan, ve sınırlanmaktan berî! Tüm âlemleri Esmâ'sıyla yoktan "var" kılarken; onlarda açığa çıkan özelliklerle tanımlanıp sınırlanmaktan dahi berîdir.

ES SELÂM... Yaratılmışlara (beden ve tabiat kayıtlarından; tehlikeden; boyutlarının kayıtlarından) **selâmet ihsan eden, yakîn hâlini oluşturan; iman edenlere "İSLÂM"ın hazmını veren; Dar'üs Selâm** (hakikatimize ait kuvvelerin tahakkuku) **olan cennet boyutu hâlinin yaşamını meydana getiren!** Rahıym isminin tetikleyerek açığa çıkardığı isim - özelliktir!

"Selâmün kavlen min Rabbin Rahıym = Rahıym Rab'den "Selâm" sözü ulaşır (Selâm ismi özelliğini -Rableri olan Esmâ hakikatlerinden açığa çıkan yolla- yaşarlar)!" (36.Yâsiyn: 58)

EL MU'MİN... Algılananın ötesi olduğu farkındalığını oluşturandır, Esmâ boyutu itibarıyla. Bu farkındalık, boyutumuzda **"iman"** olarak açığa çıkar. İman edenler şuurlarındaki bu farkındalıkla iman ederler; dünyamızda Rasûller; tüm varlıkta ise melekler dâhil! Bu farkındalık, bilinçteki aklın vehim esaretinden kurtulmasını sağlar. Vehim, kıyası kullanarak muhakeme yapan aklı saptırabilirken, iman karşısında güçsüz ve etkisiz kalır. Mu'min isminin özelliğinin açığa çıkışı şuurdan bilince direkt yansır; dolayısıyla da vehim kuvvesi onun üzerinde tasarruf edemez.

EL MÜHEYMİN... **"Esmâ"** mertebesinden açığa çıkanları kendi sistemi içinde koruyup sürdürendir (El hafizu ver Rakiybu ala külli şey)! Ayrıca, (emaneti) **gözetip himaye eden, koruyan,**

♦ ESMÂ ÜL HÜSNÂ

emin, anlamlarına da gelir. **"MÜHEYMİN"**in türediği kök olan **"el Emanet"**in Kurân'daki fonksiyonel kullanılışı, semâların - arzın - dağların yüklenmekten imtina ettiği ve **el Kurân'**ın ikizi olan **el İnsan'**ın yüklendiği şeydir. Esas itibarıyla Esmâ mertebesi ilminin RUH adlı melek olarak şuuruna işaret eder. Ondan da yeryüzünde açığa çıkan insana yansır bu emanet! Yani, Hakikatinin, Esmâ özellikleri olduğu şuurunu yaşamak! Bu da **Mu'min** ismiyle ortak çalışır. RUH adlı melek (kuvve) dahi, Esmâ mertebesinin sonsuz sınırsız özelliklerine **imanın kemâliyle** Hayy ve Kayyum'dur! Çünkü o dahi **"şe'n"** olarak vücud sahibidir!

EL AZİYZ... Karşı konulmaz güç sahibi olarak, dilediğini uygulayan! Tüm âlemlerde dilediğini karşı çıkacak güç olmaksızın yerine getiren. Bu isim **Rab** ismiyle paralel çalışan bir isimdir. **Rab** özelliği Aziyz özelliğiyle hükmünü icra eder!

EL CEBBÂR... Hükmü zorunlu olarak uygulamada olandır. Âlemler **Cebbâr'**ın hükmü altında, dilenileni uygulamak zorundadır! Uygulamama gibi bir seçenekleri yoktur! Cebr, onların varoluş sistem ve özlerinden gelen bir şekilde açığa çıkar ve hükmünü yaşatır!

EL MÜTEKEBBİR... Mutlak **BEN**'lik O'na aittir! **"Ben"** diyen yalnızca kendisidir! Kim ben sözüyle kendisine varlık verirse; var oluşunun hakikatine ait "Ben"liği örtüp, göreceli benliğini ileri çıkarırsa, bunun sonucunu, yanmak suretiyle yaşar! Kibriyâ, O'nun vasfıdır.

EL HÂLIK... Mutlak TEK yaratan! Esmâ özellikleriyle birimleri **"yok"**ken **"var"** kılan! **Hâlık'**ın **"halk"**ettiği her bir şeyin bir **"hulk"**u, yani yaratılış amacına göre bir huyu, ahlâkı (doğasına göre davranışı) vardır... Bu nedenle **"tehalleku BiAhlâkıllâh = Allâh ahlâkı ile** (Allâhça) **ahlâklanın!"** buyurulmuştur ki bunun anlamı; **"Allâh Esmâ'sının özellikleriyle var olmuş olduğunuzun farkındalığıyla ve bunun gereğince yaşayın"** demektir.

EL BÂRİ... Mikrodan makroya doğru her yarattığını kendine özgü program ve özellikle yaratırken, bütünsellikle de uyumlu olarak onu işlevlendiren. Bedendeki tüm organların birbiriyle ahenkli düzeni misali!

EL MUSAVVİR... Mânâları sûretler hâlinde açığa çıkarıp, algılayanda o sûretlerin algılanma mekanizmasını oluşturan.

EL ĞAFFAR... Kudret veya hikmetin gereği olarak oluşmuş noksanlıklarını fark edip, bunların sonuçlarından kurtulmayı irade edenlere, örtüleyiciliğini yaşatan. Bağışlayan.

EL KAHHÂR... "Vâhid" oluşunun sonucunu yaşatarak "izafî - göresel" benliklerin asla **"var"** olmadığını seyrettiren!

EL VEHHÂB... Dilediğine karşılıksız ve "hak etme" kavramı devrede olmaksızın veren.

ER REZZÂK... Hangi boyutta veya ortamda olursa olsun açığa çıkan birimin yaşamının devamı için gereken her türlü gıdayı veren.

EL FETTAH... Birimde açılım oluşturan. Hakikati fark ettirip seyrettiren; bunun sonucunda âlemlerde eksik, noksan, yanlış olmadığını müşahede ettiren. Görüş veya kullanım alanını açıp değerlendirme olanağını meydana getiren. Fark edilemeyeni fark ettirip değerlendirten!

EL ALİYM... **"İlim"** özelliği sebebiyle sınırsız sonsuz her şeyi

♦ ESMÂ ÜL HÜSNÂ

ve her boyutu, her yönüyle Bilen!

EL KABIDZ... Tüm birimleri, onları oluşturan **"Esmâ"**sıyla hakikatleri yönünden kudret eliyle tutup, hükmünü icra eden! İçe dönüklüğü yaşatan.

EL BÂSIT... Açıp yayan. Boyutsallıkları ve derin görüşü oluşturan.

EL HÂFIDZ... Alçaltıcı. Hakikatinden uzak yaşamı oluşturucu! Evrensel boyuttaki **"Esfeli sâfiliyn"**i yaratıcı. **"Kesret"** müşahedesini oluşturan perdeliliği meydana getiren!

ER RÂFİ'... Yükselten. Bilinçli birimi yatay veya dikey anlamda yükselterek hakikatini kavrama veya seyir anlamında yükselten.

EL MUİZZ... Dilediği birimde, izzeti oluşturan özelliği açığa çıkartarak, onu diğerlerine göre değerli kılan!

EL MÜZİLL... Dilediğinde zilleti zahir kılan! Zelil eden... İzzeti meydana getiren yakınlık özelliklerini yaşatmayarak, benlikle perdelenmenin yetersizlikleri içinde aşağılanmayı aşikâr kılan!

ES SEMİ'... Açığa çıkardığı Esmâ özelliklerini her an algılamakta olan. Farkındalığı ve kavramayı yaşatan. Bunun sonucu olarak **Basıyr** ismi özelliğini tetikleyen!

EL BASIYR... Açığa çıkan Esmâ özelliklerini her an seyir ile onlardan çıkanları değerlendirip, sonuçlarını oluşturan.

EL HAKEM... Hükmeden ve hükmü kesinlikle yerine gelen!

EL ADL... Ulûhiyetinin sonucu olarak açığa çıkardığı her Esmâ özelliğinin **yaratış amacına göre** hakkını veren. Haksızlık etmekten, zulüm etmekten münezzeh olan!

EL LATÎYF... Yarattığının derûnunda ve varlığında gizli olan. Lütfu çok olan!

EL HABÎYR... Açığa çıkan Esmâ özelliğinin "**var**"lığını, "**Esmâ**"sıyla meydana getiren olarak, onun durumundan haberi olan. Birime, kendisinden açığa çıkanla, ne mertebede anlayışa sahip olduğunu fark ettiren!

EL HALÎYM... Açığa çıkan bir olaya ani ve fevrî tepki vermeyip, açığa çıkış amacı doğrultusunda değerlendirmeye alan.

EL AZÎYM... Açığa çıkmış Esmâ özelliği olan hiçbir birimin, azametini kavrayamayacağı muhteşem büyüklük.

EL ĞAFÛR... Allâh Rahmetinden asla ümit kesilmemesi gereken. Gerekli arınmayı yaptırtarak Rahıymiyetin nimetlerine erdiren. Rahıym ismini tetikleyen!

EŞ ŞEKÛR... Verdiği nimeti çoğaltmak için o nimeti değerlendirten. Birimde verilen nimeti hakkıyla değerlendirerek "**daha**"sına açılmayı oluşturan. "**Keriym**" isminin özelliğini tetikler. Bu ismin özelliğinin kapalı kalması ise, birimi kendisine ulaşana karşı kapanmayı; o nimeti değerlendirmek yerine başka yönlere dönerek o nimetten perdelenmeyi yaşatır. Bu da "***nankörlük***" yani verileni değerlendirmemek olarak tanımlanır. Verilenin gerisinden mahrum kalma sonucunu doğurur. Nimetin ardı kesilir!

EL ALÎY... Yüce. Varlıkları Hakikat noktasından seyreden!

EL KEBÎYR... Esmâ'sıyla yarattığı âlemlerinin büyüklüğü kavranamaz olan.

◆ ESMÂ ÜL HÜSNÂ

EL HAFÎYZ... Âlemler içindekilerin varlığının korunması için onların gerekenlerini oluşturan.

EL MUKÎYT... **Hafîyz** isminin özelliğinin oluşması için gerekli olan maddi veya manevî olarak nitelendirilen alt yapıyı oluşturup meydana getiren.

EL HASÎYB... Birimselliğin devamı için yeterli olduğu gibi, birimden açığa çıkanların sonucunu yaşatan. Böylece sonsuza dek oluşumun akışını yaratmış olan!

EL CELÎYL... Muhteşem kapsam ve mükemmeliyetiyle Efâl âleminde sultan!

EL KERÎYM... Öylesine cömert ki, kendisini inkâr ile açığa çıkanlara dahi sayısız nimetlerini bağışlamakta. **"OKU"**mak yani **"İKRA"** ancak O'nun keremiyle bir birimde açığa çıkabilir. Her birimin hakikatinde yer almakta.

ER RAKIYB... Her birimi Esmâ'sıyla yarattığı için her an onunla olarak kontrol altında tutan.

EL MUCÎYB... Kendisine olan yönelişlere mutlaka icabet ederek gereğini oluşturan!

EL VASİ'... Esmâ özellikleriyle tüm âlemleri kapsamış olan.

EL HAKÎYM... İlminin kudretiyle açığa çıkmasını sebepler zincirine bağlayarak, nedenselliği oluşturan ve böylece kesret algılamasını oluşturan.

EL VEDUD... Cazibeyi, çekim gücünü yaratan. Salt karşılıksız, çıkar beklenmeyen sevgiyi var eden. Her sevenin, sevdiğinde sevdiği gerçekliktir!

EL MECİYD... Açığa çıkardığı muhteşem yaratış dolayısıyla şanının yüceliğini ortaya koyan!

EL BÂİS... Sürekli yeni yaşam boyutlarına dönüştüren! **"Her an yeni bir şe'nde"** oluşun mekanizması olarak sürekli yeni bir hâl yaşatan.

Bu özelliğin insanda açığa çıkışı itibarıyla... **"ÂMENTU"**da da yerini alan **"Ba'sü ba'delMevt = ölüm akabindeki diriliş"** anlamındadır... **"Mutlaka siz, boyutlar değiştirerek o boyutların uygun bedenlerine dönüşeceksiniz!"** (84.İnşikak: 19) âyetindeki işlev de bunu anlatır...

Ölümü TATMAK ve bunun devamı yeni bir yaşam hâline başlamak. Şu dünya (beden) yaşamımızda iken de bu **bâ'**slar mümkündür... **Velâyet - Nübüvvet - Risâlet bâ'**sları gibi! Ki, bunlarda dahi yeni bir yaşam mertebesi söz konusudur!

Tohumun kabuğunu çatlatıp mahsulünü açığa çıkarması gibi, ölü (bilkuvve - işlevsiz - nesnel) olanı **bâ's** edip dirilten, demektir. Açığa çıkana, yeni yaşam ortam veya boyutuna kavuşana göre, bir önceki ortama uygun yaşam bedeni **"kabir"** hükmündedir...

"O Saat (vefat) **muhakkak gelecektir, onda hiç şüphe yoktur. Kesinlikle Allâh, kabirlerde** (bedenleri içinde) **olan nefsleri** (bilinçleri) **bâ's edecektir** (yeni bir beden oluşturarak yaşamlarına devam ettirecektir)!" (22.Hac: 7)

EŞ ŞEHİYD... Varlığıyla varlığının şahidi olan. Açığa çıkardığı Esmâ özelliklerinden varlığını seyredip açığa çıkanlara şehâdet eden! Şehâdet edilenin kendisinden gayrı olmadığını yaşatan.

◆ ESMÂ ÜL HÜSNÂ

EL HAKK... Apaçık ortada olan Mutlak Hakikat! Açığa çıkan tüm işlevlerin hakikati ve kaynağı!

EL VEKÎYL... Açığa çıkan her birimin işlevinin gereğini yerine getirmek için gerekeni yapan. Bunun idrakıyla kendisine tevekkül edene sahip çıkarak, onun için en hayırlı sonucu oluşturan. Hakikatindeki **el Vekiyl** isminin özelliğine iman eden, **Allâh**'ın tüm isimlerine (tüm kuvvelerine) de iman etmiş olur! **Halifelik** sırrının kaynağı bir isimdir!

EL KAVÎYY... Kudreti kuvveye dönüştürerek varlığın oluşmasını sağlayan ve onlardaki kuvveleri oluşturan. Melekî boyutu meydana getiren.

EL METÎYN... Tüm Efâl âlemini ayakta tutan. Metîn... Sağlamlığı oluşturan. Metanet, direnç veren!

EL VELÎYY... Birimde kendi hakikatini tanıma ve gereğini yaşama özelliğini açığa çıkaran. Velâyetin ve onun kapsamındaki üst düzey yaşam özellikleri olan Risâlet ve Nübüvvetin kaynağı. Velâyetin en üst mertebesi olan Risâlet ve bir altı olan Nübüvvet kemâlâtını irsâl eden. Risâlet kemâlâtının zuhuru sonsuza dek geçerli ve işlevli iken, Nübüvvet kemâlâtının işlevi yalnızca dünya yaşamında geçerlidir. Nebi, âhiret yaşamında da o kemâlâtla yaşar, ancak işlevi bitmiştir dışa dönük olarak! Risâlet işlevi ise velâyet getirisi üzere devam eder sonsuza dek, velîlerdeki gibi.

EL HAMÎYD... Açığa çıkardığı evrensel kemâlâtı **"Veliyy"** ismi kapsamında açığa çıkardığı âlem sûretlerince seyredip değerlendirendir! Hamd yalnızca kendisine aittir!

EL MUHSIY... TEK'likteki çokluk sûretlerini makrodan mikroya tek tek tüm özellikleriyle yaratan.

EL MUBDİ'... Yaratılmışları, eşi benzeri olmayan kendine özgü özellikler bütünü olarak âlemlerde açığa çıkaran.

EL MUIYD... Aslına rücu edenleri yeni bir yaşam boyutunda hayata döndüren.

EL MUHYİ... İHYA eden. Hayata kavuşturan. İlim yaşantısıyla hakikati müşahede ederek yaşamını sürdürmeyi oluşturan.

EL MUMİT... Ölümü tattıran... Bir yaşam boyutundan diğer yaşam boyutuna geçirten!

EL HAYY... Esmâ âleminin kaynağı! Tüm isim özelliklerinin hayatını veren, varlığını oluşturan. Evrensel enerjinin kaynağı; enerjinin hakikati!

EL KAYYUM... Hiçbir şeye ihtiyaç duymaksızın kendi vasıflarıyla varlığını kaîm kılan. Var olan her şey kendisiyle kaîm olan.

EL VÂCİD... Özellikleri âdeta taşan... Her dilediğini var eden. Tüm yaratışına rağmen hiçbir şeyi eksilmeyen!

EL MÂCİD... Kerem ve ihsanının sınırsızlığının getirdiği şan ve yücelik sahibi!

EL VÂHİD... **Vâhid'ül EHAD...** Sayısal çokluk kabul etmez **TEK!** Cüzlere bölünmemiş ve cüzlerden oluşmamış; panteizm anlamına gelmeyen Bir! Çokluk kavramının düştüğü, "yok"luğa kavuştuğu, hiçbir fikir ve düşüncenin ayak basamadığı **TEK!**

ES SAMED... Som, salt TEK! Çokluk kavramından münezzeh! Çok özelliğin birleşmesinden oluşmamış! Ve dahi sınır kavramından berî olan TEK'lik sahibi. Hiçbir şeye muhtaciyeti söz konusu olmayan TEK'illik. **Hadîs-î şerîf**'te şöyle tanımlanmıştır: "**Es Samedülleziy lâ cevfe fiyhi = Samed odur ki, onda boşluk yoktur** (SOM, SALT)!"

EL KAADİR... İlmindekileri kudretiyle bir nedenselliğe dayanmaksızın yaratıp seyreden! Bu hususta asla sınırlanmayan!

EL MUKTEDİR... Kudretiyle izhar ettiği tüm varlıkta iktidarı, tedbir ve tasarrufu geçerli olan mutlak - işlevsel kudret sahibi.

EL MUKADDİM... Yaratış amacına göre açığa çıkaracağı Esmâ özelliğine öncelik veren.

EL MUAHHİR... Yarattığında açığa çıkacak olanı **Hakiym** isminin gereğince erteleyen.

EL EVVEL... Yaratılmış olanın başı, ilk Hâli olan Esmâ Hakikati.

EL ÂHİR... Yaratılmış olanın sonsuza dek bir sonrası.

EZ ZÂHİR... Apaçık ortada olan, Esmâ özelliğiyle algılanmakta olan!

EL BÂTIN... Apaçık ortada olanın algılanamayanı ve Gaybın hakikati. (Evvel Âhir Zâhir Bâtın, HÛ'dur!)

EL VÂLİY... Hükmüne göre yöneten.

EL MÜTEÂLİY... Sonsuz sınırsız yüce; yüceliği her şeye yaygın! Âlemlerdeki hiçbir akıl ve idrakın kapsamıyla, hiçbir fıtratın mahiyet ve yansıtıcılığıyla sınırlanmayan yücelik sahibi.

EL BERR... Fıtratların gereğini kolaylaştırarak oluşmasını sağlayan! Bu konuda vaatlerini yerine getiren.

ET TEVVAB... Hak ve hakikati algılatıp kavratarak, o birimin kendi hakikatine dönüşünü oluşturan. Tövbeyi yaşatır. Yani, birime yaptığı yanlışlardan dönmeyi ve verdiği zararları gidermeyi nasip eder. Bu isim özelliği açığa çıktığında **Rahıym** isminin özelliğini tetikler. Sonuçta kişinin hakikatinin getirisi olan güzellikleri ve müşahedeyi yaşatır.

EL MÜNTEKIM... Birimdeki, hakikatini yaşamasına engel olan davranışlarının sonuçlarını yaşatan! "**Züntikam**", açığa çıkanın sonucunu, hak ettiğini yaşatmaktır. Allâh, intikam almak gibi duygularla vasıflanmaktan münezzehtir! "Şediyd'ül Ikab" ile birlikte kullanıldığında, "**Hakikatinin gereğini yaşamaya ters düşen düşünce ve davranışların sonucunu en sert ve keskin bir biçimde yaşatan**" anlamına gelir.

EL AFÜVV... Şirk dışında işlenmiş bütün suçların tövbesini kabul edip, affedendir. Şirk hâli yaşamında bu ismin özelliği açığa çıkmaz. Burada fark edilmesi önemli konu şudur. Suçun affı demek, o kişinin af öncesi yaşantısındaki kayıplarının geri kazanılması demek değildir. Geçmişin telâfisi ve kazası yoktur Sünnetullâh'ta!

ER RAÛF... Çok şefkatli, acıyan; kendisine yönelenleri, onlara zarar verip sıkıntıya sokacak davranışlardan koruyan, uzaklaştıran.

EL MÂLİK'ÜL MÜLK... Mülkünde dilediğini tedbir edip, hiçbir birime hesap verme kavramı olmadan dilediğini uygulayan. "**De ki: 'Mülkün Mâlik'i olan Allâh'ım... Mülkü dilediğine verirsin, dilediğinden de mülkü çekip alırsın. Dilediğini aziyz edersin, dilediğini zelil edersin. Hayır senin elindedir. Kesinlikle Sen her şeye Kaadir'sin.'"** (3.Âl-u İmran: 26)

ZÜL'CELÂLİ VEL'İKRÂM... "Celâl"iyle açığa çıkardığına

♦ ESMÂ ÜL HÜSNÂ

"yok"tan var olmuşluğunu kavratarak "yokluğunu" yaşatıp; "İkrâm"ıyla, Esmâ kuvvelerinin kendisinde açığa çıkışını seyrettirerek Bekâ'yı yaşatır.

EL MUKSIT... Ulûhiyeti gereği olarak, her yaratılmışa yaratılış amacına göre hak ettiğini vermek suretiyle adaletini uygular.

EL CÂMİ'... Tüm varlığı **"çok boyutlu tek kare resim"** olarak ilminde topluca seyreden. Yaratılmışları, yaratılış amaç ve işlevleri doğrultusunda toplayan!

EL ĞANİYY... Esmâ'sının işaret ettiği özelliklerle sınırlanıp kayıtlanmayan ve o vasıflarla etiketlenmekten dahi münezzeh olan; **"Ekberiyeti"** dolayısıyla! Esmâ'sıyla sayısız sınırsız zengin olan!

EL MUĞNİY... Dilediğini, başkalarından mustağnî kılan, zenginliği yaşatan, kendi zenginliğiyle zengin eden. "Fakr"ın sonucu olan Bekâ'nın güzelliklerini hibe eden...
"Seni hiçbir şeyin yok iken (fakr - "yok"lukta) **bulup da zenginliğe** ("gına"ya -Bekâ'ya) **kavuşturmadık mı** (El Ğaniyy kulu yapmadık mı, Âlemlerden Ğaniyy olanın kulluğunu yaşatmadık mı)?" (93.Duha: 8)
"Muhakkak ki 'HÛ'dur ganî eden de fakir kılan da." (53.Necm: 48)

EL MÂNİ'... Hak etmeyene, hak etmediğine erişmesine engel yaratan!

ED DÂRR... Birimlerin sıkılıp bunalarak kendine dönmesi için çeşitli azap veren hâlleri (hastalık, çile, belâ) yaşatan!

EN NÂFİ'... Hayra erişmeye vesile olacak yararlı düşünce ve fiilleri hatıra getirip gereğini uygulatan!

ESMÂ ÜL HÜSNÂ ♦

EN NÛR... Her şeyin hakikati olan İlim! Her şeyin aslı Nûr'dur, demek; her şey ilimden ibarettir İlmullâh'ta demektir. Hayat, ilimle vardır. İlim sahipleri Hayy'dır; diridir! İlmi olmayan ise, yaşayan ölüdür.

EL HÂDİY... Hakikate erdiren... Hakikatin gereğini yaşatan! Hakk'ı dillendirten! Hakikate yönlendiren!

EL BEDİY'... Eşi benzeri olmayan güzellikte olup, güzellikleri yaratan! Türleri ve varlıkları herhangi bir örneğe dayanmayan şekilde kendilerine özgü özelliklerle yaratan.

EL BAKIY... Zaman kavramsız, yalnızca var olan.

EL VÂRİS... Sahibi olduklarını geride bırakarak dönüşenlerin, arkada bıraktıklarının sahibi olarak çeşitli isimlerle açığa çıkan! Bir tükenişin ardından yeni bir yapıyla devam eden.

ER REŞİYD... Rüşde erdiren! Birimin hakikatini fark etmesinin sonucu olarak olgunlaşmasını yaratan ve yaşatan!

ES SABÛR... **"Eğer Allâh insanları zulümlerinden dolayı sorumlu tutup sonucunu hemen yaşatsaydı; (arz) üzerinde hiçbir DABBE** (insan değil insan bedeni) **bırakmazdı! Fakat onları hükmedilmiş bir vakte tehir ediyor... Ecelleri geldiği vakit de ne bir saat geri kalırlar, ne de öne geçebilirler."** (16.Nahl: 61) Her yaratılmış olanın amacına uygun işlevini yapmasını bekleyip, o işlevini tamamladıktan sonra sonuçlarını yaşatan. Zâlimin zulmüne müsaade etmesi, yani Sabûr özelliğini açığa çıkarması, hem zâlim hem mazlum yönünden yaşanacak işlevin tam hakkıyla yaşanması ve daha sonra da sonuçlarının oluşması içindir. Belânın büyüğünün açığa çıkması, zulmün büyüğünün oluşmasını gerektirir!

♦ ESMÂ ÜL HÜSNÂ

SON HATIRLATMA

Elbette ki "Allâh" ismiyle işaret edilen **"EKBER"**in **"Esmâ ül Hüsnâ"**sının anlamları bu kadar dar kapsamlı değildir! Bu yüzdendir ki, uzun yıllardır bu konuya hiç girmemiştim. Çünkü bu konunun hakkının verilmesi muhaldir - olanaksızdır! **"ALLÂH İLMİNDEN YANSIMALARLA KUR'ÂN-I KERÎM ÇÖZÜMÜ"** dolayısıyla bu konuya girmek zorunda kaldım. Rabbimden bağışlanma dilerim. Bu konuda nice eserler yazılmıştır. Biz bugünkü bakış açımız yönünden kısa ve akılda kalabilecek şekilde konuyu ele aldık. Belki deryadan bir damla sudur bu konudaki anlattıklarımız!

"... SubhanAllâhi amma yesıfun!"

"... Allâh onların tanımlamalarından Subhan'dır (ötedir)**!"**

(23.Mu'minûn: 91)

Bu çalışmamıza nokta koymadan, şu mutlak gerçeği bir kere daha vurgulayalım. Bütün bu açıkladıklarımız ve yazdıklarımız, kişinin kendisini, bedensellikten ve **"ben"**likten arındırdıktan sonra, **"şuurda seyir"** boyutunda yaşanacak olan şeylerdir. <u>Bu arınma - tezkiye olmadan, kişinin, bilgileri edinip tekrarlaması bir bilgisayarın tekrarlamasından farklı bir sonucu asla yaşatmaz!</u> Tasavvuf, dedi-kodu olmayıp bir yaşantıdır! Gıybet veya dedikoduyla ömür tüketen, şeytanın süslü gösterdiği amelle kendini avutandır. Kişinin bu bilgileri yaşamasının açık teyidi ise, onun için **"yanma"**nın kesinlikle bitmiş olup; hiçbir şeyin veya olayın onu üzüp kapsamamasıdır! <u>Kişide şartlanmaların getirdiği değer yargılarına dayalı duygusallık yaşamı ve buna dayalı davranışlar olduğu sürece, o beşeriyetinin kemâlini yaşayan bir birim olarak ve yaptıklarının sonucunu yaşamaya devam ederek ölümsüzlük boyutuna geçer.</u>

ESMÂ ÜL HÜSNÂ ♦

Bilgi uygulamak içindir. **"Uygulanmayan ilim, insanın sırtındaki yüktür"** farkındalığıyla işe kendimizden başlayalım.

Gecenin sonucunda kendimize şu soruyu soralım: Bilgimize göre, gece uykuda geri dönüşü olmayan yolculuğa hazır mıyız? Dünyada bizi **"yakan"** olaylar bitti mi? Huzurlu, mutlu "kulluğu" yaşıyor muyuz? Cevap evetse ne mutlu! Değilse, yarına çok iş var demektir. Bu durumda sabah kalktığımızda, bu gece yatarken mutlu ve hazır olarak yatmak için neler yapmalıyım; diye düşünmemiz gerekmez mi?

Sahip olduğumuzu sandığımız her şeyi geride bırakarak gideceğimizin idrakı içinde günü değerlendirebiliyorsak şükürler olsun.

Ves Selâm.

Bu bölüm "**Allâh İlminden Yansımalarla KUR'ÂN-I KERÎM ÇÖZÜMÜ**" isimli kitabımızdaki hâliyle güncellenmiştir. Söz konusu çalışmamda emeği geçen, ilminden yararlandığım değerli âlim ve hâl ehli İstanbul CERRAH MEHMET PAŞA Camii İmamı muhterem Hasan GÜLER Hocamıza huzurlarınızda teşekkürlerimi sunarım.

Ahmed Hulûsi

39

◆

ÖZEL ZİKİR ÖNERİLERİMİZ

"Kalpler ancak ALLÂH ZİKRİ İLE TATMİNE ULAŞIRLAR" buyuruluyor... Niye?..

Çünkü insan, sonsuzu düşünmeye yönelik bir kapasiteyle yaratılmıştır ve **sonsuzluk-sınırsızlık ise ALLÂH**'ın vasfıdır!..

"Lâ uhsiy senâen aleyke ente kemâ esneyte alâ nefsik" diyen Rasûlullâh AleyhisSelâm;

"Sana hakkıyla senâ (övgü) etmem mümkün değildir; ancak sen kendini hakkıyla bildiğin için, kendi kendine senâ edersin" itirafında bulunurken sonsuz-sınırsız yüce **Zât**'ın kesinlikle kavranamayacağına işarette bulunmaktadır.

Bu durumda bize düşen ne oluyor?..

Bize kendini tanıttığı nisbette **O**'nu tanımak!..

O'nun aynasında, kendimizi seyredip tanımak!..

Kendimizdekilerden, **O**'nun sonsuz-sınırsız kemâlâtına, yüce özelliklerine, hikmetlerine, hayran kalmak!..

♦ ÖZEL ZİKİR ÖNERİLERİMİZ

"**Allâh'ım, hayretimi arttır**" diye **DUA** eden **Rasûl** AleyhisSelâm da bu husus hakkında bizi uyarıyordu herhâlde... Allâh'ı tanımanın yolu da, kitabın baş bölümlerinde kısaca izah ettiğimiz gibi, zikirden geçer!..

Zikir, ya Zât, Sıfat ve Esmâ'yı içine alan toplu isim "**ALLÂH**" ismi ile yapılır... Ya da, Allâh'ı çeşitli özellikleriyle tanımaya yönelik diğer isimleri ile yapılır...

♦ ♦ ♦

"**İNSAN ve SIRLARI**" isimli kitabımızda tafsilâtlı olarak izah ettiğimiz üzere; **İNSAN**, gerçeği itibarıyla bir **İSİMLER TERKİBİDİR**!..

Her insanda, **Allâh** ismiyle toplu olarak işaret edilen isimlerin tümü, yani bildiğimiz ve bilemediğimiz pek çok **Allâh** ismi bir terkip oluşturur... İşte bu terkibe, biz insan deriz!.. Allâh, bu Esmâ terkibine "**insan**" adını takmıştır...

İnsanın Rabbi, kendi varlığını meydana getiren bu "**Allâh**" isimlerinin işaret ettiği ilâhî güçtür!..

Her insanın yapısının bir diğerinden farklı olması, her birinin terkibindeki "**Allâh**" **isimlerinin** farklı güçlerde olmasındandır.

Şimdi siz; "**ALLÂH**" ismini zikrettiğiniz zaman; bu ismin zikrinden doğan güç, terkibinizdeki bütün isimleri eşit oranda güçlendirir... Bunun da neticesinde tüm özellikleriniz aynı seviyede gelişir...

"**ALLÂH İSİMLERİ**" zikri ise, yapınızı meydana getiren isimler terkibi içinde, belirli isimlerin mânâlarını güçlendirmeye yöneliktir...

Mesela, "**ALLÂH**"ın "**İRADE**" sıfatının adı olan "**MÜRİYD**" ismini zikrettiğiniz zaman; terkibinizdeki bu ismin

ÖZEL ZİKİR ÖNERİLERİMİZ ♦

mânâsı güçlenir; beyninizdeki "**İRADE**" fonksiyonu daha kapsamlı olarak faaliyete geçer ve eskiden iradeniz zayıf olduğu için başaramadığınız birçok şeyi rahatlıkla başarabilirsiniz...

Ya da "**HAKİYM**" ismini zikretmeniz, sizin bir süre sonra, her şeyin hikmetini, sebebini, neyin niçin olduğunu anlamanıza yol açar... Eskiden bağlantısız sandığınız, gereksiz olduğunu düşündüğünüz pek çok şeyin aslında bir sistem içinde birbiriyle bağlantılı olarak yer aldığını idrak edersiniz...

Yani, "**ALLÂH**" ismi zikri; fizikteki bileşik kaplar sistemindeki gibi, bütün isimleri eşit oranda yükseltirken; "**İSİMLER**" zikri ise sadece kendi cinsinden olan terkibinizdeki mânâyı güçlendirir... Ve bu yüzden de kişide çok kısa sürede önemli gelişmeler fark edilir hâle getirir...

İşte bu sebepledir ki, biz, kendinde kısa süre içinde gelişme görmeyi arzu edenlere, "**İSİMLER**" zikri tavsiye ederiz.

♦ ♦ ♦

Bizim tavsiye ettiğimiz zikirlerin, herhangi bir tarikat zikri ile alâkası asla yoktur!..

Tarikatsız ya da hangi tarikattan olursa olsun; kişi bu zikirleri yaptığı zaman, birkaç ay içersinde neticelerini görmeye başlar!..

♦ ♦ ♦

Şunu kesinlikle belirtelim ki...

Allâh, asla, dışarıda ötelerde bir yerde olup, fizik beden ya da ruh ile yanına gidilecek bir varlık olmayıp; **kendi özünde** hissedilmesi zorunlu olan, sonra da her zerrede varlığı algılanabilen **sonsuz-sınırsız "TEK"**tir!.. Bu anlayışa uymayan bütün fikirler, **şeytanî vasıflı CİNLERİN** vesveseleridir!..

♦ ÖZEL ZİKİR ÖNERİLERİMİZ

Allâh'ı bilmek, bulmak ve O'nunla olmak için **tek bir tarikat** vardır, **tek bir yol vardır**; o yol da **Efendimiz Rasûlullâh AleyhisSelâm'ın yoludur!**..

Kur'ân-ı Kerîm ve Rasûlullâh öğretisine dayanmayan; bu öğreti dışında kalan her fikir, kesin olarak neticede insanın gerçekten sapmasına yol açar!..

Bu yüzden deriz ki...

Şayet bu zikirleri yaparsanız, kesinlikle ilim yolundan ayrılmayınız! **Âyet ve hadislere ters düşen fikirlere itibar etmeyiniz! Farz kılınanları ne gerekçe ile olursa olsun asla terk etmeyiniz! Artık, kendinizin evliya, şeyh, Mehdi olduğu yolunda, içinize gelen fikirlere asla itibar etmeyiniz.**

Çünkü, **CİNLER**, en büyük oyunlarını, hassasiyet kazanmış, alıcıları güçlenmiş olan beyin sahiplerine oynayıp, **kendilerini bir şey zannettirerek** yoldan çıkartırlar!..

Kesinlikle bilelim ki....

ALLÂH KULU olmaktan daha üstün bir derece asla yoktur!..

Biz bütün çalışmalarımızla bu dereceyi, bu yakınlığı niyaz edelim.

♦ ♦ ♦

İster hiçbir şeye inanmayın... İster sadece **"Allâh"**a inanın; ister sadece haftada bir kere Cuma namazına giden bir müslüman olun; başlangıç olarak size şu zikir formülünü tavsiye edebiliriz:

100 Allâhümme eğinniy alâ zikrike ve şükrike ve hüsnü ibadetik
Allâh'ım, seni hatırlamayı ve değerlendirmeyi ve gereği çalışmaları en güzeliyle nasip et.

ÖZEL ZİKİR ÖNERİLERİMİZ ♦

300 Allâhümme inniy es'eluke hubbeke ve hubbu men yuhıbbuke
Allâh'ım, sevgini ve de sevenlerinin sevgisini senden dilerim.

300 Lâ ilâhe illâ ente subhaneke inniy küntü minez zalimîn
"Tanrı yok (benliğim yok); sadece Sen (hakikatimi oluşturan El Esmâ mânâların)! Senin (Esmâ mânâlarını açığa çıkaran olarak bu işlevimle) tespihindeyim! Muhakkak ki ben (hakikatimi fark etmeyerek ve hissetmeyerek) nefsime zulmettim."

500 Kuddûs'üt tâhiru min külli sûin
Bütün beşerî kusurlardan beni arındır.

100 Yâ Nûra külli şeyin ve hedahu ahrıcniy minez zulûmâti ilennûr
Ey her şeyin nûru ve hidâyetçisi; beni cehlin karanlıklarından çıkar, ilim nûruna erdir.

MÜRİYD	3600	HALİYM	2700
MU'MİN	1800	REŞİYD	2700
KUDDÛS	3600	NÛR	3600
HAKİYM	1800	FETTAH	2700

Başlangıç olarak ilk birkaç isimle zikre başlayabileceğiniz gibi; saymak zor geliyorsa saatle de yapabilirsiniz... Ayrıca; bunları yapmak zor geliyorsa sadece **"MÜRİYD"**, **"NÛR"** ve **"KUDDÛS"** isimlerini bir süre için saymadan dahi zikredebilirsiniz.

Bu listedeki isimleri, vaktiniz olmadığı zamanlar, daha azaltarak da yapabilirsiniz, hiçbir mahzuru yoktur. Sadece netice almanız biraz daha fazla zaman alır.

Önemli olan, bu listedeki **DUA ve ZİKİR**'lerin sabah uyandıktan sonra başlayıp, gece uyumadan önce bitirilmesidir. Her yerde, her zaman, abdestli veya abdestsiz çekilebilir, hiçbir sa-

♦ ÖZEL ZİKİR ÖNERİLERİMİZ

kıncası yoktur!..

Kelimeleri dokuz defa üçlü üçlü söyleyip tespihten bir tane çekerseniz, yüzlük bir tespihte, bir dönüşte 900 olur. Mesela: Müriyd-Müriyd-Müriyd, Müriyd-Müriyd-Müriyd, Müriyd-Müriyd-Müriyd...

Şayet, ince, zayıf yapılı bir kimse iseniz, el parmaklarınız ince uzun, parmak uçlarınız sivri, oval ise; veya geniş alınlı, sivri çeneli bir tipiniz var ise, o takdirde ek olarak şu duayı da yapmanızı tavsiye ederiz:

300 Allâhumme sebbit kalbiy alâ diynike,

Şayet içine kapanık, sıkıntılı, zaman zaman bunalan, hayattan tad almayan bir yapınız mevcut ise bu listeye ilave olarak veya sadece;

100 İnşirah Sûresi
300 Rabbişrahliy sadriy ve yessirliy emriy
300 Elem neşrah leke sadrek

dualarıyla birlikte **"BÂSIT"** ismini 1800 defa zikredebilirsiniz.

Eğer, üç-dört ay yukarıdaki listeye devam ettikten sonra kendinizde bir gelişme görür, fayda sağlarsanız; daha ileriye gitmek isterseniz ve vaktiniz de müsait ise, şu duaları ve isimleri de belirtilen sayılarla mevcut listenize ilave edebilirsiniz.

300 Allâhumme elhimniy rüşdiy ve eızniy min şerri nefsiy
300 Rabbiy zidniy ilmen ve fehmen ve iymânâ

RAHIYM	3600	SEMİ'	2700
BASIYR	2700	ALİYM	2700
AZİYZ	2700	VEKİYL	2700
VEHHÂB	2700	CÂMİ'	2700

Eğer bir numaralı, en başta verdiğimiz listeyi tatbik edecek kişide ömür süresi kırk yılın üzerine çıkmışsa, birkaç ay

ÖZEL ZİKİR ÖNERİLERİMİZ

"**MÜRİYD**" ismini "**4500**" defa zikretmek suretiyle belli bir netice aldıktan sonra "**3600**"e indirilebilir.

Bunların dışında boş vakti olup da değerlendirmek isteyenlere 203. sayfanın alt bölümünde başlayarak 204. sayfada tamamlanan **Hazreti Fâtıma'nın öğrettiği salâvatın üç yüz** kere okunmasını; "**Rabbi inniy zalemtü nefsiy zulmen kebiyren lekel utba hatta terda**" istiğfarının **yüz** defa tekrarını önemle tavsiye ederim.

Başı herhangi bir dünyevî işten dolayı dertte olan ise günde **beş yüz defa** şu âyetlere devam ederse, kısa zamanda büyük faydasını görür:

"**Hasbiyallâhu lâ ilâhe illâ HU aleyhi tevekkeltü ve huve rabbül arşıl azıym. Seyec'alullahu ba'de usrin yusra.**"

"**Hasbiyallâhu veni'mel vekiyl; ve kefâ Billâhi veliyyen ve kefâ Billâhi nasıyra**"

Bu **DUA** ve **ZİKİR**'lere devam edilirken, bu arada da fırsat buldukça tasavvuf konusunda bazı eserler okunursa; veya DİN kavramı içine giren tüm sistemi izah etmeye çalışan diğer, şu ana kadar yayınlanmış **otuz kitabımız** ile **yirmi dört ses kasetlik** "**Çağdaş bilimle İslâm ve Tasavvuf anlayışı**" setimiz, **on altı video sohbetimiz** ve **otuz televizyon programımız** (Expo Channel) izlenirse, bu konuları çok kolaylıkla anlayabilirsiniz...

Çünkü yapacağınız bu çalışmalar, isteseniz de istemeseniz de; inansanız da inanmasanız da beyninizde yeni bir kapasite devreye sokacaktır ki; bu durumda çok kolaylıkla yeni öğrendiğiniz birçok şeyi anlayıp, idrak edebileceksiniz.

Bu arada arzu edenler için, gece yatmadan önce veya kalktıkları takdirde kılacakları iki rekâtlık bir namazın son secdesinde aşağıdaki **DUA**'yı yapmalarını da tavsiye edebiliriz:

Elbette ki burada önemli olan yazdığımız **DUA**'yı kelime keli-

♦ ÖZEL ZİKİR ÖNERİLERİMİZ

me ezberleyerek tekrar etmek değil; o mânâyı ihtiva eder bir biçimde içinizden geldiği gibi niyazda bulunmaktır.

"Arşın, Ruh'un ve bütün melâikenin Rabbi olan yüce Allâh'ım... Senin yanında âciz, güçsüz, muhtaç ve indînde bir hiç olduğum idraki içinde sana yalvarıyorum... Ne olur bütün yanlışlarımdan, bilmeyerek ve dayanamayarak yaptığım bütün fiillerimden dolayı beni bağışla!..

Efendimiz Muhammed AleyhisSelâm'ın Rabbi olan Allâh'ım, bana in'amda bulunduklarının yolunu kolaylaştır ve gerçekten sapanlardan olmaktan beni koru!.. Kendine seçmekle şereflendirdiklerinden eyle; şu anda yeryüzünde yaşayan en sevdiğin zâtlara beni yakın eyle; onların fiillerini bana da kolaylaştır, sevgili eyle!..

Kendisinden gayrı olmayan Allâh'ım, yarattığı her şeyi tam bir mükemmeliyetle var eden Allâh'ım, ihâta edilmesi asla mümkün olmayan Allâh'ım, Ya HÛ ya men HÛ!.. Zâtın hakkı için, basîretimdeki körlükten beni kurtar; mutlak gerçeği bana idrak ettir, hazmını ver!.. Öyle bir yakîn ihsan et ki, ondan sonra küfr ve şirk olmasın!..

Allâh'ım, Hakkel yakîn olarak yaşamama engel her ne var ise ondan sana sığınırım... Senden sana sığınırım... Benlikle huzurunda bulunmaktan sana sığınırım... Koruyucu sensin ve senin gücün her şey için yeterlidir... Âlemlerin Rabbi olan Aziym Rab sensin Allâh'ım...

Bu gerçekleri bize bildiren Rasûlullâh AleyhisSelâm'a indîndeki sayıca ihsanda bulun, ne şekildekine lâyık ise; biz onu takdirden âciziz."

♦ ♦ ♦

Bu arada tavsiye etmekte olduğumuz isimlerle ilgili olarak

ÖZEL ZİKİR ÖNERİLERİMİZ ♦

biraz bilgi vermek istiyorum... Ki, ne yaptığının bilincine ermek isteyenlere yararlı olur umarım!

Önce ilk tavsiyem olan **"MÜRİYD"** isminden söz edeyim... **"MÜRİYD"** ismi, Allâh'ın **"İRADE"** sıfatının adıdır!.. Bizim tüm boyutları ile varlığımız önce Allâh'ın sıfatlarıyla meydana gelmiştir!... Hayat sıfatıyla, hayatımız; bedenlerimiz içinde bulunduğu boyuta göre **"BÂİS"** ismi hükmünce yeni özelliklerle yeni yapıyla meydana gelse dahi; sonsuza dek devam edecektir... **"ALİYM"** ismi gereğince bir bilincimiz ve ilmimiz mevcuttur...

"MÜRİYD" ismi sonucu olarak **"ALLÂH'IN İRADE SIFATI"** bizden ortaya çıkar ve **"İRADE"** sahibi olarak algılanırız. **"SEMİ'"** sıfatıyla algılayıcılık kazanır, **"BASIYR"** sıfatıyla görür idrak ederiz... **"KELÂM"** sıfatı bize **"İFADE"** yeteneği kazandırır ve bütün bunlar hep **"KUDRET"** sıfatının bizden ortaya çıkışı dolayısıyladır ki, bütün bunları yapacak **"KUDRET"** bizde görev yapar!..

"MÜRİYD" ismi, bildiğimiz kadarıyla ilk defa olarak bize açılmış, bir **"sır"**dır!.. Bizden evvel, hiç kimse bu ismin zikrini yapmamış ve başkalarına da tavsiye etmemiştir... Hatta din ve tasavvufla uğraşan pek çok kişi, bu ismin varlığını bile bilmez; çünkü kitaplarda daima diğer sıfatların isimleri yazılır da; **"İRADE"** sıfatının ismi yazılmaz!.. Muhakkak ki bu da Allâh'ın bir hikmeti sonucudur...

"MÜRİYD" ismi, yaptığımız çeşitli çalışmalar sonucu olarak müşahede ettik ki, insanda en süratli gelişmeyi sağlayan bir güce sahip!

Hemen hepimiz, pek çok şeyi biliriz de, bir türlü bu bildiklerimizi uygulamaya koyamayız. Bunun da gerçekte tek bir sebebi vardır, **İRADE ZAYIFLIĞI!..**

♦ ÖZEL ZİKİR ÖNERİLERİMİZ

İşte bu irade zayıflığının çaresi, anladığımız kadarıyla **"MÜRİYD"** isminin zikredilmesidir... Bu ismin zikredilmesi sonucu, kişinin ilgi duyduğu konuya karşı iradesi güçlenmeye başlıyor ve eskiden bilip de tatbik edemediği pek çok şeyi kolaylıkla tatbik edebilir hâle geliyor... Mesela **içkiyi bırakamıyor; TASAVVUF EHLİNE KESİNLİKLE YASAK OLAN SİGARAYI BIRAKAMIYOR** veya istediği gibi ibadet edemiyor; yahut kendini ilme verip kararlı bir biçimde ilim çalışamıyor; işte bu durumda bu zikir, kişinin irade gücünü arttırdığı için, kolaylıkla bunları başarabiliyor...

Ancak bu isimden bahsederken, şunu da kesinlikle belirteyim... Nasıl ilaçların belirli dozajları varsa, **"İSİMLER"** zikrinde de belirli rakamların üstüne kesinlikle çıkılmamalıdır...

"İSİMLER" zikri insan bünyesinde, beyninde, sürekli takviye yapar!..

Nasıl, diyabet yani şeker hastalığında, şekeri tüketmek için insülin yeteri kadar verilmediği için dışardan takviye alınırsa; terk edildiği zaman bünye derhâl kendi orijinini yaşarsa... Aynı şekilde, zikre devam edildikçe de, mânâsı ister bilinsin ister bilinmesin; inanılsın inanılmasın, hükmünü icra eder... Tecrübelerimize göre, zikir bırakıldıktan sonra onbeş gün içinde bünye eski normal hâline döner!..

Burada kesinlikle anlamamız gereken bir husus da şudur!..

Siz asla ötedeki, yukarıdaki bir **TANRI**'yı zikretmiyorsunuz!.. Siz, varlığınızın her zerresinde tüm varlığıyla mevcut olan **SONSUZ-SINIRSIZ ALLÂH**'ın bazı sıfat ve isimlerinin sizde açığa çıkmasını sağlama yolunda bir çalışma yapıyorsunuz... Ve ancak algılayabildiğiniz nispette, gerek kendinizde ve gerekse çevrenizde, **Allâh**'ı tanıyabilirsiniz!..

İşte bu sebeplerle, **"MÜRİYD"** ismi, bize göre, kişinin

ÖZEL ZİKİR ÖNERİLERİMİZ ♦

ALLÂH'ı tanımasında en süratli yoldur... Ancak bu tanıyışı **Allâh**'tan **"Hazmı ile"** talep etmek gerekir. Zira, **"hazımsızlık"** insanın başına olmadık işler açar!..

♦ ♦ ♦

"MU'MİN" ismine gelince... Bu isim kişinin **"İMAN NÛRU"**na kavuşmasına vesile olur... **"İMAN NÛRU"** ne demektir?

İnsan, tüm ömrünü şartlanma yollu, şartlanmaların kendi bünyesinde oluşturduğu mantık düzenine göre geçirir... Ve bu şartlanmalarının oluşturduğu mantığının kabul edemediği şeyleri de bir türlü özümleyemez ve reddeder... İşte "iman nûru" bir kişide oluştu mu, artık o kişi mantığına ters düşeni reddetmeyi bırakarak, o şeyin olabilirliğini araştırmaya başlar... Zihin kapasitesinin ötesinde bir şeyler olabileceğini düşünebilir. Her şey benim bildiğimden ibarettir, en büyük benim, benim bilmediğim olamaz, mantığımın kabul etmediği şey yoktur, izansızlığından kurtulup, yeniye, ileriye, algılayamadığına açık bir hâle gelir...

İşte bu algılayamadığını inkâr etmeyip, olabilirliğini düşünme ve inanma hâlini **"İMAN NÛRU"** diye tanımlarız...

İnsanı sürekli yeniye, ileriye, bilmediklerine, algılayamadıklarına açık bir hâle getiren özellik **"İMAN NÛRU"** dur!..

♦ ♦ ♦

"FETTAH" isminin zikri, insanda açılımlar yapar!.. Hem zâhirî problemlerin çözümlenmesi yönünden, hem de **BÂTINÎ** kapanıklıkların açılması fetholması cihetinden!

♦ ÖZEL ZİKİR ÖNERİLERİMİZ

"KUDDÛS" isminin zikri, insanın tabiatından, benliğinden kurtulması yönünden çok faydalıdır... İnsan, şartlanmaları ve doğası gereği olarak, kendini içinde yaşamakta olduğu fizik beden zanneder!..

Tıpkı, 58 model Chevrolet otomobilin direksiyonunda oturup da, kendini otomobil sanan sürücü gibi!.. Sorarsınız, kimsin sen diye; "58 model Şevroleyim!.." der. Bir türlü aklı almaz, kendisinin otomobilden ayrı bir varlık olduğunu ve bir süre sonra arabadan çıkıp gidebileceğini!..

Aynaya bakıp, "ben bu bedenim" diye düşünen kişiler de, şayet fark edemiyorsa bir süre sonra bu bedeni terk edip yaşamına değişik bir boyutta o boyuta özgü bir bedenle devam edeceğini; durum biraz vahim demektir!..

İşte **"KUDDÛS"** ismi, insanın aslının kudsî bir varlık olduğunu, madde ve ruh ötesi bir bilinç varlık olduğunu fark etmesine yarayan isimdir.

♦ ♦ ♦

"REŞİYD" ismi insanda **"RÜŞD"** hâlinin oluşmasını sağlar...

Fizik bedende **"rüşd"** bir tanımlamaya göre, **"büluğ"** ile başlar; çünkü o zaman cinsiyet hormonları faaliyete geçerek zihinsel fonksiyonlarda **"aklı"** güçlendirir; ve aynı zamanda da cinsiyet hormonları beynin biyokimyasını etkileyerek, **"günah"** dediğimiz **"negatif yüklü ışınsal enerji"nin** ruha yani bir tür hologramik ışınsal bedene yüklenmesini sağlar... Bir diğer tanımlamaya göre de, sebebi her ne hikmetse, 18 yaşında başlar!..

Olgunluğun tabanı, insanın ölüm ötesi yaşam olabileceği ihtimalini düşünerek, hayatına ona göre yön vermesi, bu konuda araştırmalar yapmasıyla başlar!..

ÖZEL ZİKİR ÖNERİLERİMİZ ◆

İşte **"REŞİYD"** ismi bu en alt sınırdan başlayıp, **"İlâhî sıfatlarla tahakkuk etme"** hâli olan **"FETİH"** hâline kadar devam eder. Ondan sonra bir başka şekilde hükmünü icra eder.

◆ ◆ ◆

"HAKİYM" ismine gelince... İnkârın daima kökeninde, idrak edememe vardır!.. Sebebi hikmetini bilemediğin, anlayamadığın şeyi inkâr edersin. Oysa, bilsen o şeyin neden öyle olduğunu, neyin neyi nasıl meydana getirdiğini, ne yapılırsa, nasıl neyi meydana getireceğini, bütün değerlendirmen bir anda değişiverir!..

Bu isim, kişide oluşların hikmetine erme kapasitesini genişleten, her şeyin ne sebeple oluştuğunu, neye yönelik olarak konduğunu fark ettiren isimdir...

◆ ◆ ◆

"HALİYM" ismi insanda, öncelikle hoşgörü ve yumuşaklık, sakinlik ve fevrî çıkışları kesme özellikleriyle tesirini gösterir...

Kişinin maneviyatta gelişmesi için önce hoşgörülü olması ve fevrî, aşırı ve zamansız çıkışlarını kontrol altına almış olması gerekir!..

Çünkü bu tür çıkışlar insanın hem zâhir dünyasını mahveder, sinirli, stresli, bunalımlı bir yaşama çevirir... Hem de bâtın âlemini mahveder, Allâh'la arasına sanki ziftten-katrandan bir perde çeker!..

"HALİYM" ismi işte insanın hem zâhir hem de bâtın dünyasını düzene sokan isimdir... Kişinin olgunlukla hoşgörüyle karşısındakine açık olmasını sağlar ki bu da onun yeni yeni şeyleri fark etmesine vesile olur... Sinirlilik, stres, fevrî davranışlar bu zikre devamla çok kısa sürede kontrol altına alınır.

◆ ÖZEL ZİKİR ÖNERİLERİMİZ

"**VEDUD**" ismi kişide muhabbet duygusunu geliştirir... Tüm varlığa karşı sevgiyle yaklaşır... **Her yerde ve şeyde Allâh**'ı hissedip sevmeye başlar... Dünyası sevgi olur...

◆ ◆ ◆

"**NÛR**" ismi insanın idrak gücünü, kapasitesini artıran bir isimdir... Kişinin hem ruh gücünün artması, hem de idrak gücünün gelişmesi hep bu ismin neticesidir.

◆ ◆ ◆

"**BÂİS**" ismi dar mânâda yeni bir bedenle gibi anlaşılır. Ve işin gerçeğini bilmeyenler tarafından da zannedilir ki, "şimdi öleceğiz yok olacağız; sonra kıyamette mahşerde Allâh bizi "**BÂ'S**" edecek yeniden yaratılacağız!"

Bütünüyle İslâm öğretisi dışındaki yanlış bâtıl ilkel bir bilgidir!..

"**BÂİS**" ismi her an geçerlidir ve eseri her an görülen bir isimdir... **Bâ's** olayı da her an cereyan etmektedir... Ölüm meydana geldiği anda, kişi fizik bedenden kopar, biyolojik bedenle bağlantısı kesilir ve hemen o anda ışınsal bedenle "**Bâ's**" olarak yaşamına kesintisiz bir şekilde devam eder... Bu hususu isteyenler, **İmam-ı Gazalî**'nin "**Esmâ-ül Hüsnâ**" ismiyle dilimize tercüme edilen kitabında "**BÂİS**" ismi açıklamasında veya "**HAZRETİ MUHAMMED'İN AÇIKLADIĞI ALLÂH**" isimli kitabımızın "**ÖLÜMÜN İÇYÜZÜ**" bahsinde tetkik edebilirler...

İşte bu "**Bâis**" ismi zikri hem olayın kavranılmasını kolaylaştırır hem de, her anki bâ's oluşumuzda, yani her an yeni bir bedenle varoluşumuzda bize çok daha gelişmiş özellikler getirir...

ÖZEL ZİKİR ÖNERİLERİMİZ ◆

"**RAHMÂN**" ismi hem "İlâhî Rahmet"e nail olmamızı sağlar, hem de gazap anlamı taşıyan fiillerden korunmamızı temin eder... Çünkü gazap, şiddet ateşini kesen Rahmân'ın rahmetidir... İleri mertebelerdeki zevâtta bu ismin çok daha değişik neticeleri vardır ki, onlara bu kitapta girmek istemiyorum...

Bu arada şunu da açıklığa kavuşturayım... "Bu Allâh isimlerini çekerken başında "**Yâ**" veya "**EL**" diyecek miyiz; mesela "**Yâ Müriyd**" gibi" diye soruyorlar... Ötede birinin ismi zikredilmiyor ki böyle bir ek ismin başına gelsin! Buna hiç gerek yoktur!..

Evet, arzu edenler diğer isimlerin mânâlarını da "**ESMÂ ÜL HÜSNÂ**" isimli bir önceki bölümde inceleyebilirler...

40

◆

TESPİH NAMAZI

Son derece önemli bir namaz tarifiyle devam etmek istiyorum... Bu **ÇOK DEĞERLİ NAMAZI**, Efendimiz Hazreti **Rasûlullâh** (s.a.v.), **Amcası Abdulmuttalib'in oğlu Abbas** (r.a.)'a öğretmiştir.

Abbas bir gün **Rasûl-ü Ekrem**'e sorar, der ki:

— Yâ NebiAllâh, ben hayli yaşlandım, zamanımı geçirdim... Bana öyle bir şey öğret ki, bunca boşa geçen yıllardan sonra bir şeyler yapmış olarak Huzurullâh'ta yerimi alayım?..

İşte bunun üzerine **Rasûlullâh** (s.a.v.) şöyle buyurur:

— Yâ Abbas, ey amcam! Sana vereyim mi?.. Vermemi ister misin?.. Sana on özelliği olan şu namazı öğreteyim mi ki; onu edâ ettiğin zaman, Allâh günahlarının ilkini de sonunu da; eskisini de yenisini de; bilerek yapılanını da bilmeyerek yapılanını da; küçüğünü de büyüğünü de; gizlisini de açık olanını da AFFEDER!.. İşte bu on günahtır (bütün günahlar).

♦ TESPİH NAMAZI

Yeryüzündekilerin en büyük günahkârı dahi olsan, bu namaz sebebiyle günahların affolur... Alic (çok kumlu bir çöl) kumları kadar günahın olsa dahi Allâh onları affeder!.."

İşte böyle buyuran **Rasûlullâh** AleyhisSelâm, namazı da şöyle tarif ediyor hadisin devamında:

"Dört rekâtlık bir namazın her rekâtında, "Allâhuekber" deyip namaza durduktan sonra on beş defa "SUBHANALLÂHİ VELHAMDULİLLÂHİ VE LÂ İLÂHE İLLALLÂHU VALLÂHU EKBER" dersin; sonra Fâtiha ve bir sûre okur; sonra on defa daha aynı tespihi tekrar edersin; sonra rükûya eğilir, on kere daha tespih edersin; sonra rükûdan kalkıp ayakta dururken on kere daha tespih edersin; sonra secdeye varır on kere tespih edersin; sonra secdeden kalkıp oturur ve on kere tespih edersin ve nihayet tekrar, ikinci defa secdeye varır on kere tespih edersin ki, toplam yetmiş beş eder... Bunu dört rekâtta da aynen tekrar edersen, toplamı üç yüz olur...

Böyle bir namazı her gün kılmaya gücün yeterse, her gün kıl; yetmezse, Cuma günleri, haftada bir kere kıl; bunu da yapamazsan, ayda bir defa kıl; buna da gücün yetmezse ömründe bir defa kıl!..

Tespihin okunuş hızına bağlı olarak yirmi ile otuz dakika arasında zaman alan, böyle bir namazın insana kazandırdıkları iyice bir düşünülürse; sanırım, en az haftada bir defa Cuma gecelerinde mutlaka bu namaz edâ edilmelidir...

Tasavvufla iştigal edenlerin ise, bu namazlara mümkün ise her gece yatmadan evvel veya gece kalktıklarında devam etmelerini özellikle ve önemle tavsiye ederiz. Zira, bu namazın getirdiği ruhanî güç, ancak tatbik edenler tarafından anlaşılır.

41

RASÛLULLÂH'IN ÖĞRETTİĞİ ÇOK ÖZEL DUALAR

"Allâhumme einniy alâ zikrike ve şükrike ve hüsni ibâdetik."

Anlamı:
"Allâh'ım seni zikretmemi, sana şükretmemi ve güzel bir şekilde kulluk etmemi arttır, kolaylaştır."

Bilgi:
Bize göre çok değerli olan bu duayı bütün zikir formüllerimizin ilk sırasına yerleştiririz... Bu duayı bize **Rasûlullâh** SallAllâhu Aleyhi ve Sellem **Muâz bin Cebel** vasıtasıyla öğretiyor.

♦ RASÛLULLÂH'IN ÖĞRETTİĞİ ÇOK ÖZEL DUALAR

Muâz bin Cebel (r.a.), Rasûl-ü Ekrem'in yakın ashabından ve çok sevdiği zâtlardan biri, şöyle anlatıyor olayı:
Rasûlullâh (s.a.v.) **bir gün elimi tutup bana şöyle dedi:**
— **Yâ Muâz... Vallâhi seni çok seviyorum!.. Sana bir şeyler tavsiye edeyim; onları her namazın sonunda** (selâm vermeden) **oku... Kesinlikle terk etme!.. Şöyle dersin:**
"Allâh'ım, seni zikretmek, sana şükretmek ve sana güzel bir şekilde kulluk etmek için bana yardım et!.."

Efendimiz AleyhisSelâm'ın sevgisini bu şekilde yeminle takviye ederek ifade ettiği bir Zât'a öğrettiği dua ne derece önemlidir, bunu takdirinize bırakıyorum...

♦ ♦ ♦

"Allâhumme elhimniy rüşdiy ve eızniy şerre nefsiy."

Anlamı:
"Allâh'ım bana rüşdümü İLHAM et nefsimin şerr olacak davranışlarından sana sığınırım."

Bilgi:
İmran bin Husayn (r.a.) **müslüman olduktan sonra gelip Rasûlullâh** (sallAllâhu aleyhi vessellem)**'e sordu...**
— **Müslüman olursam bana** (çok faydalı olacak) **iki kelime öğreteceğini vadetmiştin yâ Rasûlullâh..?**
— **Şöyle dua et yâ Husayn... "Allâh'ım bana rüşdümü ilham et, nefsimin şerr olacak davranışlarından sana sığınırım."**

İşte bu hadîs-î şerîf'teki işaret üzere, biz genellikle günlük zikirler arasında günde üç yüz defa bu duanın yapılmasını çok faydalı bulur ve dostlarımıza tavsiye ederiz!

"Allâhumme inniy es'elûke hubbeke ve hubbe men yuhıbbuke."

Anlamı:
"Allâh'ım senden aşkını, seni sevenleri sevmeyi dilerim."

Bilgi:
Ebu Derda Hazreti **Rasûlullâh**'ın **Davud** AleyhisSelâm için "**İnsanların en çok ibadet edeniydi**" dedikten sonra şöyle anlatıyor:

"Davud'un duasında sözü şuydu: Allâh'ım senden seni sevmeyi, seni seveni sevmeyi, senin sevgini ulaştıracak ameli sevmeyi dilerim. Allâh'ım, sevgini bana nefsimden, ailemden ve soğuk sudan daha sevgili kıl!.."

Keza yukarıda görülen dua da başta gördüğünüz tavsiyelerimiz, dua listemiz içinde yer alan bir duadır... Daha ne diyelim ki!..

♦ ♦ ♦

"Allâhumme inna nes'eluke min hayri ma seeleke minhu nebiyyuke Muhammedun (s.a.v.) ve neûzü bike min şerri mesteaze minhu nebiyyuke sallallâhu aleyhi ve sellem, ve ente MÜSTEAN!.."

Anlamı:
"Allâh'ım Nebin Muhammed AleyhisSelâm hayırdan neler istemişse senden ben de onları isterim; şerrden nelerden sığınmışsa sana, ben de onlardan sana sığınırım... MÜSTEAN (yardım istenilen - yardım eden) **sensin!**"

♦ RASÛLULLÂH'IN ÖĞRETTİĞİ ÇOK ÖZEL DUALAR

Bilgi:
Ebu **Umame** (r.a.) **anlatıyor:**
Bir gün Rasûlullâh SallAllâhu Aleyhi ve Sellem uzun bir dua etti ki, bundan hiçbir şey ezberleyemedik... Bunun üzerine dedik:
— Yâ Rasûlullâh öyle uzun bir dua ile dua ettiniz ki, biz bundan bir şey ezberleyemedik?..
Bunun üzerine buyurdu ki, Rasûlullâh AleyhisSelâm:
— Size bütün bu duayı toplayan bir şey göstereyim mi?..
Şöyle dua edersiniz: "Allâh'ım Rasûlün Muhammed'in hayırdan dilediklerinin aynısını ben de dilerim; Rasûlün Muhammed'in şerrden sığındığı şeylerden biz de sana sığınıyoruz. Yardım istenecek sensin. Varış sanadır. Kuvvet ve kudret ancak Allâh iledir."

Bütün istekleri ve de sığınılacak şeyleri içine alan en özlü duayı yukarıdaki şekilde gene Efendimiz **Rasûlullâh** SallAllâhu Aleyhi ve Sellem bize öğretiyor... Artık bu duayı da etmeyene diyecek söz yok!..

♦ ♦ ♦

"Yâ mukallibel kulûb sebbit kalbiy alâ diynike."

Anlamı:
"Ey kalpleri dilediği tarafa döndüren, kalbimi dinin üzere sâbitle!.."

Bilgi:
Ümmü Seleme (r.a.)'a soruldu:
— Ey müminlerin annesi, senin yanında olduğu zaman

Allâh Rasûlü'nün en çok duası ne idi?..

Rasûlullâh'ın kutlu zevcesi Ümmü Seleme (r.a.) anlattı:

— Rasûl-ü Ekrem'in en çok yaptığı dua şu idi: "Ey kalpleri çeviren, kalbimi dinin üzerine sâbit kıl!.."

Bunun üzerine sordum:

— Senin duanın en çoğu, neden, Ey kalpleri çeviren kalbimi dinin üzerine sâbit kıl, duasıdır?..

Rasûl-ü Ekrem buyurdu ki:

— Yâ Ümmü Seleme, gerçek şu ki, kalbi Allâh'ın iki parmağı arasında olmayan insan yoktur... Dilediğini sebât ettirir, dilediğini de kaydırır.

Yükselen burcu ya da ayı, İkizler, Yay, Başak ve Balık olanlara bu dua kesinlikle tavsiye edilir.

♦ ♦ ♦

"Allâhumme innâ nec'âluke fiy nuhûrihim ve neûzü bike min şurûrihim."

Anlamı:

"Allâh'ım, senin, onların karşısına çıkmanı ister; onların şerrlerinden sana sığınırız."

Bilgi:

Efendimiz, **Rasûlullâh** (s.a.v.)'in öğretmekte olduğu bu dua son derece önemli ve üzerinde dikkatle durulması zorunlu bir niyazdır! Niçin bu böyle?..

İnsanın, karşılaştığı tehlikeli olaylara ya da kişilere karşı, kendi beşerî imkânları ile mücadele vermesi son derece doğaldır...

Allâh'tan yardım isteyip O'na yönelmesi de doğaldır...

◆ RASÛLULLÂH'IN ÖĞRETTİĞİ ÇOK ÖZEL DUALAR

Ancak bu duada bir incelik vardır ki, ona çok dikkat etmek gerekmektedir... Efendimiz bu dua ile, kendilerinin yerine, ilâhî güçlerin karşılık vermesi için niyazda bulunuyor... Bu ilâhî güç, dışarıdan o kişiler üzerine karşı çıkabileceği gibi, kendilerinden de zuhur edebilir...

Nitekim böyle bir duruma işaret şu âyeti kerîmenin ışığında olayı anlamaya çalışırsak, meseleyi çok daha kolaylıkla çözeriz:

"... **Attığın zaman sen atmadın, ALLÂH ATTI!..**" (8.Enfâl: 17)

İşte aynı şekilde, Allâh'ın karşı çıkması için niyaz ediliyor burada da... Bu konuyu daha fazla açmak istemiyorum... Arzu eden anlamaya gayret göstersin!..

◆ ◆ ◆

"**Allâhumme ahricniy min zulûmatil vehmi ve ekrimniy binûril fehmi.**"

Anlamı:
"**Allâh'ım VEHİM karanlığından beni çıkart ve nûrunla anlayış ikram et!..**"

Bilgi:
Tasavvuf yolundakilerin bileceği gibi, insan için en büyük belâ "**VEHİM**" hükmü altında kalmaktır. Allâh'tan insanı ayrı düşüren en büyük perde "**VEHİM**" perdesidir...

"**VEHİM**" perdesi kalkıp, Allâh Nûru ile anlayış ikram olan kişi derhâl Allâh'a erer, **YAKÎN** sahiplerinden olur!.. Bunun, ne derece büyük bir nimet olduğunu, ancak bu nimete ermişler bilebilir!..

Şayet, dünyada yaşarken "**VEHİM**"den kurtulup "**YAKÎN**"e ermek istiyorsanız, mutlaka, en az günde yüz defa bu duaya devam ediniz...

"Rabbiy zidniy ilmen ve fehmen ve iymanen ve yakıynen sadıka."

Anlamı:
"Rabbim ilmimi, anlayışımı, imanımı ve sıdk üzere yakînimi çoğalt."

Bilgi:
Bu dua çok önemli bir kaç hususu içine alan geniş kapsamlı bir metindir.

Kur'ân-ı Kerîm'de **Rasûlullâh** AleyhisSelâm'a emir verilmiştir, "İlmimi arttır diye dua et" şeklinde...

Hadîs-î şerîflerde ise anlayışın, imanın ve sıdk üzere yakînin artması talep edilmektedir.

İmanın artması çok önemlidir... Çünkü, iman ne derece artarsa, beşer şartlanmasıyla bloke olmuş aklın kavrayıp kabul edemediği şeyler o nispette iman yollu kabullenilmeye başlar ve neticesinde de o şeylere vukuf meydana gelir... Bu konuda **"AKIL ve İMAN"** isimli ses kasetimiz ile **"AKIL ve İMAN"** isimli kitabımızda çok tafsilâtlı bilgi vardır... Nereye kadar akılla ve nereden sonra imanla gidileceği hususunu oradan tetkik edebilirsiniz...

Yakîn'e gelince...

Bir **"yakîn"** vardır ki sonunda **"küfür"** yani gerçeği örtmek vardır...

Bir **"yakîn"** vardır ki, neticesi **"sıdk"** üzere **"vuslat"**tır!..

"Yakîn", kişide **"Allâh BAKIY"**dır hükmünün yaşanmasıdır!..

Allâh kolaylaştıra!..

Hiç değilse günde yüz defa bu duaya devam edenler çok

♦ RASÛLULLÂH'IN ÖĞRETTİĞİ ÇOK ÖZEL DUALAR

büyük faydalarını birkaç ay içinde görürler...

♦ ♦ ♦

"EnzellAllâhu 'aleykel Kitâbe vel Hıkmete ve 'allemeke mâ lem tekün ta'lem..."

Anlamı:
Allâh sana Kitabı (Hakikat bilgisini) ve Hikmeti (Din ilmini, Sünnetullâh marifetini) inzâl etmiş (Esmâ boyutundan bilincine ulaştırmış) ve bilmediğini sana öğretmiştir. (4.Nisâ': 113)

Bilgi:
Rasûlullâh AleyhisSelâm'a gelen bu âyeti şayet günde üç yüz defa okumaya devam edersek, ilim ve sistemi kavrama yeteneğimizin şaşılacak ölçüde gelişmeye başladığını hayretle fark ederiz.

♦ ♦ ♦

Allemel'İnsane mâ lem ya'lem. (96.'Alak: 5)

Anlamı:
(Yani) insana bilmediğini talim etti.

Bilgi:
Bu âyeti kerîmeyi dahi günde üç yüz defa okuyanlar denenmiştir ki kısa zamanda büyük gelişme göstermişlerdir. Unutmayın Allâh'a yakîn, ilimle elde edilir!..

♦ ♦ ♦

Ve kezâlike evhaynâ ileyke rûhan min emriNÂ* mâ künte tedriy melKitâbu ve lel iymânu ve lâkin ce'alnâhu nûren nehdiy

Bihi men neşâu min 'ıbadiNÂ* ve inneke le tehdiy ilâ sıratın müstekıym; (42.Şûrâ: 52)

Anlamı:
Böylece sana hükmümüzden ruh (Esmâ mânâlarını şuurunda hissetmeyi) vahyettik... Sen, Hakikat ve Sünnetullâh BİLGİsi nedir, iman neyedir bilmezdin! Ne var ki, biz Onu (ruhu), kendisiyle hakikate erdirdiğimiz nûr (ilim) olarak meydana getirdik, kullarımızdan dilediğimize! Muhakkak ki sen de kesinlikle hakikate (sırat-ı müstakime) yönlendirirsin!

Bilgi:
Ruhaniyetin güçlenmesi, basîretin keskinleşmesi, verilenlerin daha iyi değerlendirilebilmesi ve çevreye daha yararlı olunabilmesi için okunması tavsiye edilen bir âyettir, bu yazdığımız âyet.

Şartları elverişli olanın, bir yetiştirici kontrolünde, elinden geliyorsa oruçlu olarak günde bin defa olmak üzere kırk veya seksen gün devam edilmesi tavsiye olunmaktadır. Biz, zamanında hayli nimetine kavuştuk, dileyene tavsiyemizdir.

♦ ♦ ♦

Kemâ erselnâ fiyküm Rasûlen minküm yetlû aleyküm âyâtinâ ve yüzekkiyküm ve yüallimükümül Kitâbe vel Hikmete ve yüallimüküm mâ lem tekünû ta'lemûn; (2.Bakara: 151)

Anlamı:
Nitekim, içinizden (hakikati dillendirmek üzere) **Rasûl irsâl ettik** (açığa çıkardık), **âyetlerimizi** (varlığın hakikati oluşumuza dair işaretleri) **size tilavet ediyor** (okuyup anlatıyor), **sizi**

◆ RASÛLULLÂH'IN ÖĞRETTİĞİ ÇOK ÖZEL DUALAR

arındırıyor ve **Kitabı** (hakikat ve Sünnetullâh bilgisini) **Hikmeti** (varlığın oluş sistem ve düzenini, oluş mekanizmasını) **ve bilmediklerinizi öğretiyor.**

Bilgi:
Bu âyeti (Bakara: 151), hemen öncesinde vermiş olduğum âyeti kerîmeyle birlikte bana öğreten **Abdülkerîm Ciylî** Hazretleridir... Bunlara devam ile sayısız faydalar hâsıl oldu... "**KİTABI OKU**"**MADA**, hikmete ermede, hiç aklıma gelmeyecek olan şeylerin sırlarına ermemde Takdir-i Hûda ile âyetlere devam etmenin çok büyük faydalarını gördüm!..

Biz fâniyiz, kısa bir süre sonra aranızdan ayrılır gideriz; ama isteriz ki biz de nicelerinin hayra hikmete ermesine vesile olalım, ardımızdan üç İhlâs bir Fâtiha ile, **"Allâh razı olsun"** diyenlerimiz olsun!

Bu sebeple, çok istifâde ettiğim bu âyetleri burada sizlere açıklıyorum... Arzu edenler bu âyetlere günde yüz defa devam ederler!

Veya daha âlâsı, önce birini günde bin defa ve oruçlu olarak kırk veya seksen gün devam ederler; sonra onu günde yüz defaya düşürüp ikincisini gene günde bin defa olarak kırk veya seksen gün yaparlar; sonra da her ikisine günde yüzer defa olarak devam ederler...

Kesinlikle bilelim ki bu âyetler Kur'ân-ı Kerîm'deki en değerli mücevherlerden ikisidir!

Allâh kolaylaştıra!..

42

◆

ÖZEL BİR 19'LU HÂCET DUASI

Başı dertte, sıkıntıda olan, büyük bir problemle karşılaşmış olan, herhangi bir düşmanından kurtulmak, selâmete çıkmak isteyen ya da daha başka talepleri olanlar için son derece tesirli bir dua formülü vermek istiyorum bu bölümde de...

Bu duayı tatbik eden pek çok kişi 19 güne kalmadan arzularına nail oldular, bunlara yakından şahidim!..

Yalnız şunu kesinlikle ifade edeyim... Haksız yere, başkalarına zulûm için, ya da kötü amaçlı olarak bu formül tatbik edilirse; bunu yapanın asla başı belâdan kurtulmaz; ettiği ters dönüp kendisini vurur.

Şimdi dua şeklini yazıyorum...

Önce şu altı **Allâh** ismini iyice ezberleyelim:

"**FERDÜN, HAYYUN, KAYYÛMUN, HAKEMUN,**

ÖZEL BİR 19'LU HÂCET DUASI

ADLUN, KUDDÛSUN."
Beş vakit namazın farzının arkasından on dokuz harfli bu altı isim her gün okunacak, on dokuzar defa... Evvelinde on defa **"ALLÂHU EKBER"** denildikten sonra!..
On dokuzuncu günden sonra, herhangi bir şekilde sıkıntın olduğu takdirde bu isimlere ilaveten **"...Seyec' alullâhu ba'de 'usrin yüsrâ"** (65.Talâk: 7) âyetini de okuyacaksın her defasında... Yani şöyle:
"Ferdün, Hayyun, Kayyûmun, Hakemun, Adlun, Kuddûsun... Seyec'alullâhu ba'de usrin yüsrâ."
Bu metin on dokuz defa tekrar edilecek, beş vakit namazın farzlarının arkasından, on dokuz gün süre ile...
Âyetin mânâsı da şudur:
"Allâh zorluktan sonra bir kolaylık oluşturur!.." (65.Talâk: 7)
Eğer talebiniz, sıkıntıdan kurtulmak değil de daha başka ise, o takdirde, yukarıda yazdığım âyeti kerîme yerine, yine on dokuzar harfli olan, konusuna göre, şu âyeti kerîmeleri okuyabilirsiniz:

İlim için:
Yuallimuhül Kitabe vel Hikmete;
"Kitabı (hakikat bilgisini), **Hikmeti** (Allâh Esmâ'sının âlemlerde oluşturduğu sistem ve düzenin çalışma mekanizmasını) **talim edecek** (varlığına nakşedecek - programlayacak)." (3.Âl-u İmran: 48)

Feth için:
İnnâ fetahnâ leke fethan mübiynâ;

ÖZEL BİR 19'LU HÂCET DUASI

"**Kesinlikle sana öyle bir fetih** (görüş açıklığı) **verdik ki**, (o) **Feth-i Mubiyn'dir** (apaçık açık hakikati - sistemi müşahede)!" (48.Fetih: 1)

FeasAllâhu en ye'tiye Bil fethı;

"**Umulur ki Allâh, açıklık veya** (HÛ) **indînden bir hüküm getirir.**" (5.Mâide: 52)

Vec'al lena min ledünKE Nasıyra;

"**Ledünnünden bir zafer oluştur.**" (4.Nisâ': 75)

Düşmanına galip gelmek için:

İnne hızbAllâhi hümül ğalibun;

"**Muhakkak Allâh taraftarları, galip gelecek olanların ta kendileridir!**" (5.Mâide: 56)

Felhükmü Lillâhil 'Aliyyil Kebiyr;

"**Hüküm, Alîy, Kebiyr olan** (açığa çıkan kuvvelerinin hükmediciliğini reddedemeyeceğiniz) **Allâh'ındır!**" (40.Mu'min: 12)

Düşmanından korunmak için:

HasbiyAllâhu lâ ilâhe illâ HÛ

"**Allâh bana yeter! Tanrı yoktur sadece 'HÛ'!**" (9.Tevbe: 129)

HasbünAllâhu ve nı'mel vekiyl;

"**Allâh yeter bize, O ne güzel Vekiyl'dir!**" (3.Âl-u İmran: 173)

Nı'mel Mevla ve nı'men Nasıyr;

"**Ne güzel Mevlâ'dır** (sahiptir O) **ve ne güzel Nasîr'dir** (zafere ulaştırıcı'dır O)!" (8.Enfâl: 40)

Rızık genişliği için:

VAllâhu yerzuku men yeşâu Bi ğayri hisab;

♦ ÖZEL BİR 19'LU HÂCET DUASI

"Allâh dilediğine hesapsız rızık verir." (2.Bakara: 212)
Ve a'tedna leha rizkan keriyma;
"Onun için cömert-zengin bir yaşam gıdası hazırlamışızdır."
(33.Ahzâb: 31)
İnnAllâhe "HÛ"velĞaniyyulHamiyd;
"Muhakkak ki Allâh Ğaniyy'dir, Hamiyd'dir." (57.Hadiyd: 24) (60.Mümtehine: 6)

Allâhû Teâlâ, hepimizi bu verilen **DUA** nimetini değerlendirebilenlerden eylesin. Amin.

43

◆

HÂCET (İHTİYAÇ) NAMAZI

"Lâ ilâhe illAllâhul Haliym'ül Keriym, subhanAllâhi rabbil ârşıl âzîm, elhamdulillâhi rabbil âlemiyn; es'elüke mûcibâti rahmetik, ve azâimi mağfiretik, velğaniymete min külli birr, ves selâmete min külli ism, lâ tedâ'liy zenben illâ ğaferteh, velâ hemmen illâ ferrecteh, ve lâ hâceten hiye leke rıdan illâ kadayteha yâ erhamer râhımiyn."

Anlamı:
"Tanrı yoktur. Haliym ve Keriym olan Allâh vardır; Aziym olan Arşın Rabbi Allâh'ı tenzih ederim. Hamd, âlemlerin Rabbi olan Allâh'a aittir. Yâ Rabbi, beni, rahmet ve merhametinin gerektirdiklerine ve her iyi olana mazhar kıl; her günahtan selâmete çıkar; affetmediğin günah, kurtarmadığın dert kalmasın. Amin ey merhametli Rahıym."

◆ HÂCET (İHTİYAÇ) NAMAZI

Bilgi:
HÂCET namazı diye bilinen, kişinin bir ihtiyacını, bir sıkıntısını, bir derdini Allâh'a arz edip, kurtuluş istemesi için önerilen namaz hakkında bakın **Rasûlullâh** (s.a.v.) Efendimiz ne buyuruyor:

"**Allâh'tan veya insanoğullarından birinden bir hâceti** (ihtiyacı) **olan kimse, hakkıyla abdest aldıktan sonra, iki rekât namaz kılsın; bundan sonra İSTİĞFARDA bulunsun ve Allâh Rasûlü üzerine salâvat getirip şu şekilde dua etsin...**"

Ve yukarıda naklettiğimiz duayı tavsiye ediyor **Efendimiz...**

Başı dertte, sıkıntıda, belâda olan, şayet belirtilen şekilde namazı edâ eder, arkasından yukarıdaki duayı okur ve arkasından da daha önce yazmış olduğumuz Talâk Sûresi'ndeki:

"**...Ve men yettekıllâhe yec'al lehû mahrecan ve yerzukhu min haysu lâ yahtesib, ve men yetevekkel alallâhi fehuve hasbüh...**"
âyetini bin defa tekrar ederse, Allâh'a en büyük ilticada bulunmuş olur...

Ayrıca bu âyete, belirtilen sayıda devam etmek suretiyle, muradı olana kadar okumak çok büyük fayda sağlar.

Hâcet konusunda pek çok evliyaullâhın en başta gelen tavsiyesi, istiğfardır...

"**Şayet kişi yaptığı çalışmalar ile Allâh indînde kendisi için takdir edilmiş bulunan dereceye hak kazanamazsa, Allâh ona birtakım sıkıntı ve dertler verir, bunlara katlandırır da neticede o dereceyi ihsan eder**" buyurulduğu için, bu durumu çok iyi anlamak icap eder.

Derecesini yükseltip, kusurlarını bağışlatan en tesirli şey de insan için "**İstiğfar**"dır... Bu yüzdendir ki, başı dertte olanların istiğfar bölümünde naklettiğimiz "**Seyyîdül İstiğfar**" denilen duaya devam etmeleri ve sabah akşam, ya da beş vakit namazın ardından okumaları pek faydalıdır... Yalnız şuna dikkat edilmelidir ki, **mânâsını bilerek ve hissederek istiğfarı yapmak** kesin kez gereklidir.

44

♦

İSTİHARE NAMAZI

"Allâhümme inniy estehıyrüke biılmike estakdirüke bikudretike ve es'elüke min fadlikel azıym. Feinneke takdirü ve lâ akdirü ve talemü ve lâ a'lemü ve ente allâmül ğuyûb. Allâhümme in künte ta'lemu enne hâzel emre hayrün liy fîy diynî ve meâşiy ve âkıbeti emriy fakdirhu liy ve yessirhü liy sümme barik liy fiyhi. Ve in künte ta'lemü enne hâzel emre şerrün liy fiy diynî ve meâşî ve âkıbeti emriy feasrifhü anniy veasrifnî ahnu vakdir lilhayre haysü kâne sümme ardınî bihi."

Anlamı:
"Allâh'ım ilminle bana hakkımda hayır olanı bildirmeni niyaz ederim. Gücün yettiği için bana güç vermeni isterim. Hayırlı olan tarafın bana açıklanması için, senin o büyük fazlı Kereminden dilerim. Çünkü sen güçlüsün, bense güçsüzüm. Sen

♦ İSTİHARE NAMAZI

bilensin, ben bilemem. Gaybın bütün sırlarını bilen sensin...
Allâh'ım, eğer..... (işini söylersin)..... benim dinim, hayatım, âhiretim için işimin sonucunun hayırlı olduğu bilgin içindeyse, bu işi bana kolaylaştır ve nasip et...
Allâh'ım eğer (işini söylersin) benim dinim, hayatım, âhiretim için işimin sonucunun hayırsız olduğu bilgin içindeyse, beni o işten soğut ve uzaklaştır ve nasip etme."

Bilgi:
"**İstihare**" İslâmiyet'te çok önemli bir hususdur!.. Yapılacak bir işte gaybı bilen **Allâh**'a danışmak, bütün inananlar için son derece önemli bir imkândır.

Bu yüzdendir ki **Rasûlullâh** AleyhisSelâm'a inanan yakın sahabesi şöyle derdi:

"**Rasûlullâh** (s.a.v.) **bize tüm işlerimizde istihareyi tavsiye ederdi!..**"

Hazreti **Rasûlullâh** AleyhisSelâm'ın tavsiye ettiği "**istihareyi**" bize Hazreti **Ebu Bekir, İbn Mes'ûd, Ebu Eyyûb el Ensarî, Ebu Saîd el Hudrî, Sâ'd bin Ebî Vakkas, Abdullah bin Abbas, Ebu Hureyre** gibi birçok önde gelen ashab-ı Rasûl nakletmekte...

Evet nedir bu nakil?.. Ne buyuruyor **Rasûlullâh** AleyhisSelâm:

"**Biriniz bir işi ciddi olarak düşünüp karar aşamasına geldiğinde, farzın dışında iki rekât namaz kılsın ve ardından şu duayı yapsın...**"

Dua, yukarıda verdiğimiz metindir.

Namazda bilenler, birinci rekâtta "**Kul yâ eyyühel kafirûn**" ikinci rekâtta da "**İhlâs**" Sûresi'ni Fâtiha Sûresi'nden sonra okurlar; bilmeyenler de her iki rekâtta da **"İhlâs"** okurlar.

Şayet o gece gerekli ve yeterli işaret alınmazsa, yediye kadar devam etmek icap eder. Çünkü **Rasûl-ü Ekrem** Enes bin Mâlik'e bu konuda şöyle demiştir:

"Ey Enes, bir işe teşebbüs etmek istediğinde, o iş hakkında yedi kere istihare et. Sonra gönlünden geçen karara, eğilime bak. Çünkü hayır, gönüldeki temayüldedir."

Ancak iş acele ise, daha fazla süre de yoksa?..

O zaman iki rekât namaz kılıp, istiğfar edip, salâvat getirdikten sonra şu şekilde dua edilmelidir:

"Allâh'ım her şeyi ve bütün gaybı, geçmişi ve geleceği bilen sensin. İçinde olduğum durum da bilgin içindedir. Beni nefsime, kendime bırakma; bana hayrı hissettir ve hayrı kolaylaştır. Beni şerri seçmekten koru ve şerr yolunu kapa! Senin mülkünde ortağın yoktur, her şeye gücün yeter, ben senin kulunum ve sen de benim rabbim olan Arşın Aziym Rabbisin. Lütfen bana yol göster, gerçeği ilham et."

Bundan sonra Allâh'a tevekkül edilip, içe doğan biçimde hareket edilir.

İstihare'de şayet güzel şeyler görülürse, din büyükleri görülürse, yeşil, beyaz gibi renkler görülürse, hayra; siyah, mavi, sarı gibi renkler görülürse de o işten uzak durmaya gayret edilir.

Özellikle, tasavvufla ilgilenmek isteyenlerin, yanlış bir kapıyı çalmamaları için istihare ehemmiyetle tavsiye olunur...

Bazıları, zaman zaman kendi durumlarını sorma amacıyla da istihare yaparak bir tür oto-kontrolde devam ederler.

Şunu unutmayalım ki;

Bize hayır gibi gelip, şiddetle arzuladığımız nice şeyler vardır ki, onlar gerçekte bizim için şerrdir...

Bize şerr gibi gelip, o şeyden uzak durmak için şiddetle di-

◆ İSTİHARE NAMAZI

rendiğimiz nice şeyler vardır ki, onlar da gerçekte hayırdır. Allâh bilir, biz bilemeyiz...

Öyle ise Allâh'a soran, kesinlikle bilelim ki, asla pişman olmaz!..

45

♦

BELÂLARDAN MUHAFAZA

"Allâhümme inniy eûzü Bike minel keseli vel heremi vel me'semi vel mağremi ve min fitnetil kabri ve azâbil kabri ve min fitnetin nâri ve 'azâbin nâri ve min şerri fitnetil ğinâ ve eûzü Bike min fitnetil fakri ve eûzü Bike min fitnetil mesiyhid deccâl… Allâhümme eğsil 'anniy hatâyâye bimâisselci velberedi ve nakkı kalbiy minel hatâyâ kemâ nekkaytes sevbel ebyada mineddeyni ve bâid beyniy ve beyne hatâyâye kemâ bâ'adte beynel maşrıkı vel mağrib"

Anlamı:
"Allâh'ım, tembellikten, bunamadan, günahtan (bedene tâbi olma bilincinden), ödleklikten/borçtan, kabir fitnesinden, kabir azabından, nâr (ateş) boyutunun fitnesinden, nâr'ın azabından, zenginlik imtihanının şerrinden, B mânâsınca, sana sığınırım…

◆ BELÂLARDAN MUHAFAZA

Fakirlik imtihanından sana sığınırım... Mesih Deccal'in fitnesinden (imtihanından) sana sığınırım... Allâh'ım (kendimi beden kabul etme hatam dolayısıyla olan) günahlarımın kirini (el değmemiş) kar suyu ve dolu ile yıka... Beyaz elbiseyi kirlerden pakladığın gibi, kalbimi günahlardan (beden kabul etme hatasından) arındır... Benimle, hatamdan kaynaklanan günahlarımın arasını doğu ile batı kadar uzak eyle."

Bilgi:
Hazreti **Âişe** (r.a.)'ın bize nakletmiş olduğu bu duayı yapan **Rasûlullâh** (s.a.v.), insan için çok büyük tehlike arz eden olayları son derece özetle bize bildirmekte ve bunlardan Allâh'a sığınmamızı öğütlemektedir...

Tembellik, insanlık kavramının işlevini ortadan kaldıran bir tür hastalıktır... **Bunaklık**, gene son yıllarda teşhis edilen ve insan şuurunu ortadan kaldıran, insanlık fonksiyonlarını yaşayamaz hâle getiren berbat bir hastalıktır... **Ödleklik**, fikri aksiyona dönmekten kesen, insana ilerleme yolunu kapatan büyük bir belâdır...

Diri diri, tüm zihnî fonksiyonları yerinde, şuurlu ve çevresini algılar bir hâlde kabre konan insanın ilk an dehşetini ve içinde bulunduğu yeni boyutun varlıklarıyla temasını düşünebiliyor musunuz?.. O ne korku verici, şok edici bir ortam ve yaşam biçimidir!.. Ya sonrasında o ortama hazır değilseniz, o içinde bulunacağınız yerin ve şartların size vereceği dehşetengiz azap!.. Bütün bunları mantığınız, yeterli ilminiz olmadığı için kabullenemiyorsa, elbette korkmazsınız **kabir fitnesinden ve azabından**... Ama, uyarıyor bu konuda da bizi **Rasûlullâh** (s.a.v.)... İsterseniz dikkate almayın!.. Neticesine katlanacak olan yine sizsiniz!..

DECCAL FİTNESİ... Sağ gözü kör, yani Hakk'ı, gerçeği görmekten perdeli, sahip olacağı olağanüstü güçlerle insanları kendine tapındıracak **YÜCE RAB** olduğunu iddia edecek varlık!!!..

Allâh'ın âdeti olduğu üzere, önce insanları **ALLÂH**'a inanmaya, O'nun **SONSUZ-SINIRSIZ TEK** olduğuna; tapınılacak bir **TANRI olmadığına**, her türlü, şekil, renk, ışık ve bu tür kavramlardan münezzeh yüce bilgi ve güç sahibi **evren üstü, enerji üstü bir kavram** olduğuna işaret edip uyaracak olan "**MEHDÎ**" lakaplı kişi çıkacak... Arkasından da bu anlayışın imtihanına tâbi tutulmak üzere insanlar, **DECCAL** ortaya çıkacak; ve insanların asırlardır tapındıkları **gökyüzündeki TANRI-SI** olduğunu bildirecek ve onları kendine tapınmaya, kendi **TANRI**'lığını kabul etmeye davet edecek...

"**MEHDÎ**"nin açıkladığı **ALLÂH** kavramını idrak etmiş olanlar, bu gerçeği fark ettikleri için, ne kadar olağanüstü olaylar ortaya koyarsa koysun, **DECCAL** lakaplı **TANRI**'lık iddiasındaki varlığa inanmayacaklar ve Hazreti **Muhammed**'in **Kur'ân-ı Kerîm** ile bildirmiş olduğu esaslara bağlı kalarak ölüm ötesi yaşama geçeceklerdir.

Kur'ân-ı Kerîm'de "**İHLÂS**" Sûresi'nde açıklanan "**ALLÂH**" kavramının mânâsını anlamamış; kafasında yarattığı bir **TANRI**'ya "**ALLÂH**" ismiyle yönelen insanlar ise, **tasavvurlarındaki gökte bir yerde yaşayan TANRI'larını** karşılarında bulunca, hemen O'na koşacaklar ve sonuçta, kendilerine yapılan uyarıya kulak vermemenin cezasını büyük bir hüsran ile alacaklardır.

DECCAL fitnesinden kurtuluş, ancak ve ancak Kur'ân-ı Kerîm'de "**İHLÂS**" sûresinde açıklanan "**ALLÂH**" ismiyle işa-

◆ BELÂLARDAN MUHAFAZA

ret edilen idrak edilerek mümkün olur; bunu hiç aklımızdan çıkartmayalım...

Zira, şu sıralar **CİNLER**, kendilerinin **UZAYLI VARLIKLAR**[2] **UFO**'larla aramıza gelip gittiklerinden sıkça söz etmeye başladılar... Yakında insanların **TANRI**'sının yeryüzüne geleceğinden de bahsediyorlar... Bunlar çok önemli işaretler olabilir... Bilemeyiz, **MEHDİ** ne zaman çıkar; bilemeyiz **DECCAL** ne zaman çıkar!.. Bunlar Allâh'ın ilminde olan hususlardır. Ne var ki, böyle bir belâya karşı tedbirli, bilgili olup, yeni yetişenleri bu konuda uyarmada kesinlikle büyük yarar vardır... Çünkü işaretler bu zamanın çok uzak olmadığını göstermektedir...

Kütübi Sitte denilen kesinlikle doğruluğu tartışılamayan hadis kitaplarında gerek **DECCAL** ve gerekse **MEHDİ** konusunda önemli hadisler vardır; arzu edenler mesela "**İbn MÂCE**"den MEHDİ ile ilgili Allâh Rasûlü açıklamalarını, "**Müslim**" - "**Buharî**" ve diğerlerinden **DECCAL**'la ilgili bahisleri tetkik edebilirler...

Mesela, Deccal'in kuş gibi uçarak dünyanın bir yerinden diğer bir yerine gidebileceği, kırk günde bütün dünyayı dolaşacağı, girmedik ev kalmayacağı, aynı anda dünyanın her yerinde görülüp, dinlenebileceğine işaret eden öyle tanımlamalar vardır ki; asırlar öncesinin şartları içinde, elbette ki uçak, televizyon gibi şeyler hayal bile edilemezken, olayın bu şekilde nesilden nesile aktarılması üzerinde hassasiyetle durmak gerektirir, bize göre!..

Çünkü **Rasûlullâh**, "**İnsanlık yaratıldığından beri böyle bir fitne görmemiştir**" diyerek DECCAL olayına son derece büyük önem vermektedir.

Çünkü, **Deccal** öylesine olağanüstü güçlere sahip olarak

---

[2] Bu konuda çok geniş açıklama "RUH İNSAN CİN" isimli kitabımızın "Uzaylıların İçyüzü" bölümündedir.

öyle hayret verici olaylar meydana getirecektir ki, buna inanmamak, ancak **Allâh**'ın muhafaza ettiği kişiler için söz konusu olabilecektir.

Ve **DECCAL**'ı yeryüzünden kaldıracak olan şahıs da Hazreti **İSA** AleyhisSelâm'dır.

İSA AleyhisSelâm'ın gelip gelmeyeceği ya da ne şekilde geleceği konusunda bir hayli fazla spekülasyonlar yapılmaktadır...

Biz, Cenâb-ı Hakk'ın verdiği ilim ve eriştirdiği müşahede nispetinde düşüncemizi arz edelim, belki meraklılarına faydalı olur...

Nakledilir ki, Hazreti **İSA** yeryüzünden ayrılmadan önce **"İki bin sene sonra tekrar aranıza döneceğim"** demiştir...

Rasûlullâh (s.a.v.) ise Kur'ân-ı Kerîm'den sonra gelen en itibarlı hadis kitaplarında kesinlikle vurgulandığı bir biçimde **İSA** AleyhisSelâm'ın yeryüzüne ineceğini ve **DECCAL**'ı yok edeceğini açıklamıştır...

İSA AleyhisSelâm bizim müşahedemize göre şu anda ruhanî bedeniyle serbest bir biçimde diğer Rasûller ve üst dereceli **fetih ehli evliyaullâh** ile birlikte "Berzah"ta yaşamına devam etmektedir.

KEŞİF, fizik bedene bağımlılık devam ederken manevî âleme vukuf ve onlarla irtibat hâlidir...

FETİH ise, fizik-biyolojik beden yaşamına devam ederken, ruh dediğimiz bir tür hologramik ışınsal bedenin bağımsızlığını kazanma hâlidir ki, bu durum tasavvufta, **"ÖLMEDEN ÖLMEK"** diye tanımlanır.

İşte bu **fetih** gelmiş, yani **ölmeden ölmüş**, ruhuyla, ışınsal âlemde yaşama yeteneğini elde etmiş kişiler; diledikleri takdirde bu bedeni yoğunlaştırmak suretiyle aramızda biyolojik bedenle görünebilirler ve çeşitli işler başarabilirler...

◆ BELÂLARDAN MUHAFAZA

Nitekim bunun bir örneği de **HIZIR** AleyhisSelâm'dır! Dilediği anda biyolojik bedene geçip görünür, dilediği anda da ışınsal boyutta yaşamına devam eder...

Bu esastan olmak üzere gerek **Abdülkâdir Geylânî** Hazretlerinin ve gerekse daha başka **fetih ehli** zevâtın aynı anda birkaç yerde görülüp yemek yemeleri, hep bu türden olaylardır.

Hazreti **İSA** da, şu anda yaşamakta olduğu RUH ya da bir tür hologramik ışınsal bedenini tekrar yoğunlaştırmak suretiyle yeni baştan aramıza dönecektir ki, bu dönüş yaşı da, ayrıldığı andaki otuz üç yaşın sûreti ve şekliyle gerçekleşecektir... Muhakkak gerçeği en mükemmel şekilde bilen Allâh'tır.

Evet, Rabbimin bu konuda müşahede ettirdiği bu... Şükründen aczimi itiraf ederim, bana öğrettiklerine...

◆ ◆ ◆

"Allâhümmerzuknâ iymânen dâimen, ve yakînen sâdıkan ve kalben hâşi'an, ve lisânen zâkiren, ve 'amelen makbûlen, ve rızkan vâsi'an, ve 'ılmen nâfi'an, ve dereceten refiy'âten, ve tevbeten nasûhaten kablelmevt, ve râheten 'ındel mevt, ve mağfireten bâ'del mevt, ve emnen min 'azâbil kabr"

Anlamı:

"**Allâh'**ım, daimî iman hâliyle, sıdk üzere yakînî, (korkan değil) **haşyet duyan bir kalbi, zikreden lisanı** (sürekli zikir hâlinde olmayı), **makbûl çalışmalar yapmayı, çok kapsamlı bir rızk, bana sonsuza dek faydalı olacak ilmi, yüksek derecelerin kemâlini, ölümü tatmadan önce nasuh tövbesi içinde olmayı, ölümü tatma anında rahatlığı, ölüm akabinde mağfireti ve kabir azabından emin olmayı bize ihsan et** (bunlarla bizi rızıklandır).''

BELÂLARDAN MUHAFAZA

Bilgi:
Rasûlullâh (s.a.v.)'in bize öğretmiş olduğu bundan evvelki ve bu dua hayatımızın bütün safhaları ile ilgili, tasavvur ve hayal edemeyeceğiniz kadar geniş alanı kapsamına alan dualardır. Birinci verdiğimiz dua, sakınılması, Allâh'a sığınılması gereken en önemli hususları vurgulamakta; ikinci olarak yukarıda naklettiğimiz de Allâh'tan acilen ve önemli olarak istenilmesi gereken hayatî öneme haiz hususları açıklamaktadır.

Lütfen, bu iki duanın anlamını dikkatle inceleyiniz ve ondan sonra da, sığınılan ve arzulanan şeylerin önemi hususunda fikir beraberliği içinde iseniz, mutlaka her gün sabah-akşam birer kere bu iki duayı okumaya kendinizi alıştırınız. Unutmayınız, sadece yaptıklarınızın neticesini elde edeceksiniz; size havadan bir şeyler verecek ötede bir TANRI mevcut değildir... ALLÂH, düzenini meydana getirmiştir, onda asla değişiklik olmaz!..

♦ ♦ ♦

"Allâhumme eslemtü nefsiy ileyke ve veccehtü vechiy ileyke ve fevvedtu emriy ileyke ve elce'tü zahriy ileyke, rağbeten ve rehbeten ileyke, lâ melcee ve lâ mencee minke illâ ileyke, amentü bikitabikelleziy enzelte ve nebiyyikelleziy erselte..."

Anlamı "özetle" şöyle:

"Allâh'ım, kendimi sana teslim ettim, bilincimde yalnız sen varsın, işimi sana havale ettim, sana güvendim, seni dilerim ve senden geleceklerden korkarım. Senden başka sığınacak ve senden başka himaye edecek yoktur. İnzâl ettiğin kitaba ve gönderdiğin Rasûl'üne iman ettim."

◆ BELÂLARDAN MUHAFAZA

Bilgi:
Berâ Bin Azib (r.a.) anlatıyor, Buharî naklediyor, **Rasûlullâh** (s.a.v.)'in gece yatağa yattığı zaman uyumadan önce okuduğu bu duayı bize...

Böylece Allâh'a yönelen kişi için **Rasûlullâh** (s.a.v.) şöyle diyor:

"Bir kimse bu duayı yapar da sonra o gece içinde ölürse, o kimse İslâm fıtratı üzerine ölümü tatmış olur."

46

◆

BÜYÜK HÂCET DUASI

"Allâhumme ileyke eş'kû dâ'fe kuvvetiy ve kıllete hiyletiy ve hevâniy alennâs; Yâ Erhamerrahimiyn, ente Rabbül müstad'âfiyn; ente erhamu biy min entekileniy ilâ aduvvin baiydin yetecehhemuniy, ev ilâ sadiykın kariybin mellektehu emriy. İn lem tekûn ğadbâne aleyye, felâ ubâliy, ğayre enne âfiyeteke evse'u liy. Eûzü binûri vechikelleziy eşrekat lehuz zulûmatu ve saluha aleyhi emruddünya vel âhıreti en yenzile biy ğadabüke ev yehılle aleyye sehatük; ve lekel utbâ hatta terdâ ve lâ havle velâ kuvvete illâ bike."

Anlamı:

"Allâh'ım, kuvvetimin yetersiz kaldığını, çaresiz olduğumu, halk nazarında hor hakir hâle düştüğümü görüyorsun. Yâ Erhamer Rahımiyn, zayıf görülüp ezilenlerin Rabbi sensin. Kötü huylu ve kötü tavırlı yabancı düşmanın eline beni terk etmeye-

◆ BÜYÜK HÂCET DUASI

cek, hatta himayemi ellerine verdiğin akrabadan bir dosta bile beni bırakmayacak kadar Rahıymsin. Allâh'ım, bana karşı gazaplı değilsen; çektiğim eziyet ve belâlara hiç aldırış etmem... Ancak şu da var ki, koruma sahan bunları da çektirmeyecek kadar geniştir. Allâh'ım, gazabına maruz kalmaktan, yahut rızasızlığından, senin bütün zulmeti pırıl pırıl aydınlatan, dünya ve âhiret hâllerinin yegâne selâmete çıkartıcısı olan NÛR'u Vechine sığınırım... Allâh'ım rızan olasıya senden affını diliyorum. Havl ve kuvvet ancak seninledir."

Bilgi:
Efendimiz **Rasûlullâh** (s.a.v.) görev alışının ilk zamanlarında, gerçeği tebliğ etmek üzere Taif şehrine gitmişti...

Taif halkına elinden geldiğince gerçekleri göstermek için gayret sarf etti ama onlardan aldığı cevap sadece hakaret oldu... Hatta bu kadarla da kalmayıp çoluk çocuk onu şehirden kovup, taş yağmuruna tuttular... Atılan taşlardan mübarek ayakları kanter içinde kalmıştı...

Nihayet akrabalarından birinin bağına ulaşarak, bu son derece insafsız saldırıdan kurtulabildiler... Ama çok da gücüne gitmişti bu davranışları.

O hiçbir karşılık beklemeden, sadece gerçeği tebliğ etmek üzere onların ayaklarına gidiyor, aldığı cevap ise hakaret ve taşlanmak oluyordu... Gayrı ihtiyarî gözünden yaşlar dökülerek yukarıda verdiğimiz **DUA**'yı yaptı...

İşte o zaman, Allâh'ın emri ile dağlara vazifeli melek huzuru Rasûle gelerek, vazifeli olduğunu ve şayet isterse, iki dağı birleştirerek Taif halkını helâk edebileceğini söyledi.

Oysa Hazreti **Rasûl** intikam peşinde bir kişilik sahibi değil-

BÜYÜK HÂCET DUASI

di! "**Umarım Allâh onların neslinden İslâm'a hizmet verecek imanlı bir topluluk getirir...**" diye duada bulundu ve Mekke'ye döndü.

Cenâb-ı Hak, O'nun bu duasını kabul etmişti. Bir süre sonra, Taif'te iman nûrları yayıldı ve Taif müslüman oldu!

Büyük belâya, haksızlığa, derde, azaba düşenlerin okumasını hararetle tavsiye edeceğimiz bir duadır bu... Gece kılınan namazdan sonra, mümkünse secdede; veya beş vakit namazın farzlarının arkasından devam edilirse bu duaya, kısa zamanda selâmete erilir inşâAllâh...

♦ ♦ ♦

"**Allâhumme inniy eûzü birızake min sehatike ve bimuâfâtike min ukubetike ve eûzü bike minke. Lâ uhsiy senâen aleyke ente kemâ esneyte alâ nefsik.**"

Bilgi:
Mevcut kaynaklardan **Rasûlullâh** (s.a.v.)'in bu duayı, gece namazında, secdede yaptığını öğreniyoruz.

"**Hoşnutsuzluğundan rızana,
Cezalandırmandan bağışlamana,
SENDEN SANA
Sığınırım...
Senin kendine olan senân gibi senâ etmekten aczimi itiraf ederim.**"

Bu harika bir duadır. Hele son iki bölüm tasavvufun hakikat ve marifetibillâh mertebelerine işaret etmektedir, ehli için değerlendirilmesi zorunlu olan bir hususdur. Ehli için uyarıyorum; bu hususlara çok dikkat ederek, **Rasûlullâh** (s.a.v.)'in bize öğretmek istediğini iyi anlamalıyız.

47

◆

RIZKIN ARTMASI VE BORÇLAR İÇİN DUALAR

"Allâhümmekfiniy bihelâlike an harâmike ve ağniniy bifadlike ammen sivâk..."

Anlamı:
"**Allâh'ım, haramından** (berî) **helal** (rızık) **ile bana yet** (kâfi gel) **ve beni lütfunla gayrına muhtaç olmayacak zengin kıl.**"

Bilgi:
Rasûlullâh (s.a.v.) bu duayı öğretirken şöyle buyurmuştur:
"Bir kimsenin dağ kadar borcu olsa, bu duaya devam etse, Cenâb-ı Hakk o kula borcunu ödettirir..."
Borç sıkıntısı içinde onlanların günde üç yüz defa bu duaya

♦ RIZKIN ARTMASI VE BORÇLAR İÇİN DUALAR

devam etmelerini önemle tavsiye ederiz.

♦ ♦ ♦

"Allâhumme rahmeteke ercû, felâ tekilniy ilâ nefsiy tarfete aynin, ve aslıhliy şa'niy küllehu, lâ ilâhe illâ ente."

Anlamı:
"Allâh'ım rahmetini umuyorum, beni göz kırpması kadar bile nefsime terk etme, her an'ımı düzelt, tanrı yok ancak Sen varsın."

Bilgi:
Bu duayı **"Sıkıntıda, zarurette kalan insanların devam etmesi gereken duadır bu"** buyurarak bize tavsiye eden **Rasûlullâh** AleyhisSelâm'dır.

Sıkıntısı, derdi, borcu, sorunu olan insanlara bu duayı tavsiye ederiz, günde hiç olmazsa kırk defa devam edilebilir.

48

♦

ÇOK FAYDALI BAZI DUALAR

"Eûzü BiVechillâhil Keriym, ve kelimâtillâhit tâmmâtilletiy lâ yücâvizhünne berrun velâ fâcirun, min şerri mâ yenzilu minesSemâi ve mâ ya'rucu fiyhâ, ve min şerri mâ zerae fil ardı ve mâ yahrucu minhâ, ve min fitenilLeyli venNehâri, ve min şerri külli târikın illâ târikan yatruku bihayrin, yâ RAHMÂN!.."

Anlamı:
Sığınırım Keriym Allâh vechine ve O'nun kelimelerinin tamamına ki, iyi kötü hiçbir şey onları tecavüz edemez... Semâdan inenin (Fitne fikirlerden) ve semâya yükselenin (vehmimi tahrik eden fikirlerin) **şerrinden, arzda üreyenin** (bedenselliğimden kaynaklanan) **ve arzdan çıkanın** (bedenimin dürtülerinin) **şerrinden, gecenin** (iç dünyamın) **ve gündüzün** (dış dünyamın) **fitnelerinden, hayırla olan müstesna, geceleyin kapıyı çalanın** (içime doğanların) **şerrinden, yâ RAHMÂN!..**

♦ ÇOK FAYDALI BAZI DUALAR

Bilgi:
"**Medineli Hacı Osman Efendi**" diye bilinen "**Beykozlu**" da dedikleri bir zât vardı İstanbul'da; hayatının elli senesi Medine'de geçmiş ve Medine kitaplıklarında okumadık eser bırakmamış bir zât!.. **Es Seyyid Mehmed Osman Akfırat**... Allâh rahmet eylesin; nûrunu arttırsın keremiyle... 1960 başlarında elini öptüğüm zaman o seksen altısında idi, bense on sekizlerde... Bana önce zâhirin sonra da bâtının kapısını açan **Rasûlullâh** (s.a.v) ile tanıştıran zât!.. Hayatımın en önemli olaylarında manevî müdahalesini gördüğüm zât!.. Allâh indînden rahmet eylesin, indînden benim tarafımdan ihsanda ikramda bulunsun kendisine sonsuza dek!..

İşte bu Zât, **Rasûlullâh** (s.a.v.)'in yukarıdaki duasını bana öğretmişti... Ve çeşitli sıkıntıda olanlara karşı bu duayı bir kağıda yazar, üzerlerinde taşımalarını tavsiye ederdi... Elbette biz de ederiz... Zira...

CİNLERİN aralarından **İFRİT** diye bilinen en güçlüleri, **Rasûlullâh** AleyhisSelâm'ın "Mi'râc" olayında semâya yükseldiğini haber alınca, büyük telâşa düşüyorlar... "**Şayet Muhammed semâları tanır, Allâh'la bir araya gelirse, artık önüne geçilemez olur**" diyerek bütün güçleri ile **Rasûlullâh** AleyhisSelâm' ın üzerlerine saldırıyorlar.

İşte o zaman Cebrâil AleyhisSelâm, **Rasûlullâh** AleyhisSelâm'a bu duayı vahyederek korunmasını öğretiyor ve **Rasûlullâh** AleyhisSelâm bu duayı okuyunca da hepsi yanıyorlar!.. İşte böyle bir olay vesilesiyle öğrenilen duayı artık nasıl istersek öylece değerlendirelim.

♦ ♦ ♦

"Yâ Hayyu Yâ Kayyûm Yâ Zül'Celâli vel'İkrâm es'eluke en

tuhyiye kalbiy binûri mâ'rifetike ebeden Yâ Allâh Yâ Allâh Yâ Allâh Yâ Bedî'es semâvâti vel ard."

Anlamı:
"Mutlak diri ve kendisiyle kaîm yüce Zâtıyla ikram edici!.. Dilerim senden ebeden marifet nurûyla kalbimi diriltmeni!.. Yâ Allâh!.. Ey gökleri ve yeri bir örneği olmaksızın meydana getiren."

Bilgi:
Sabah namazının farzını kılmadan önce kırk defa okuyup buna kırk gün devam edenler, faydasını derhâl kendilerinde fark etmeye başlarlar.

Kalbin marifet nûruyla diriltilmesi demek şudur: İslâm terminolojisinde **"şuur"** ya da bugünkü deyimiyle **"bilinç"**, **"kalp"** kelimesiyle, **"gönül"** kelimesiyle tanımlanır. Bilincin dirilmesi ise ancak marifet nûruyla mümkündür... **"Marifet nûru"** nedir?

İnsan, **"iman nûru"** ile bilincin sınırlarını aşar, **"marifet nûru"** ile de bilincin sınırları dışında yer alan gerçekleri değerlendirebilecek kapasiteyi elde eder!

Allâh tüm yaşamımız boyunca, kesintisiz olarak, bir an bile **"iman nûru"**ndan ve **"marifet nûru"**ndan mahrum bırakmasın...

Zira, **"iman nûru"**ndan mahrum olan bloke olmuş bir bilinçle **"kör"** yaşar ve **"marifet nûru"**ndan mahrum olan da, bilincinin sınırları ötesindeki gerçekleri asla düşünemez ve değerlendiremez.

Bu yüzdendir ki, her vesileyle Allâh'tan **"iman nûru"** ve **"marifet nûru"** istemeliyiz ve bunun sonsuza dek kesintisiz bir şekilde bağışlanmasını niyaz etmeliyiz.

◆ ◆ ◆

ÇOK FAYDALI BAZI DUALAR

"Rabbi inniy mağlubun fantasır, vecbür kalbil münkesir, vecmâ' şemlil müddesir, inneke enter rahmânül muktedir; ikfiniy yâ Kâfiy fe enel abdul muftekır ve kefâ Billâhil veliyyen ve kefâ Billâhil nasıyra; inneş şirke lezûlmün aziym. Ve mallâhu yuriydu zulmen lil ibad. Fekutia dabirul kavmilleziyne zalemû, velhamdulillâhi rabbil âlemiyn."

Anlamı:
"Rabbim, yenildim; behemehal yardım et - nusretinle muzaffer eyle... **Parçalanmış kalbimi** (hakikati hissediş nesnemi) **birleştir bütünleştir - tekleştir...** (Orijinalliği) **örtülmüş şemlimi** (bütünsellik ortaya koymayan dağınık anlayışımı) **cem eyle...** Zira sen, evet sen kesinlikle Muktedir Rahmân'sın... Bana yet, ey Kâfiy; zira ben, senin hiçbir şeyi olmayan (tüm varlığı sana ait mutlak muhtaç) **kulunum... Veliyy olarak "Allâh" ismiyle işaret edilen** (hakikatiniz) **yeter, Nasıyr** (düşmanının aleyhine kuluna yardım eden) **olarak da "Allâh" ismiyle işaret edilen** (hakikatiniz) **yeter.... Kesinlikle şirk Aziym bir zulümdür; ve Allâh, kulları için zulüm irade etmez... Zulmeden topluluğun arkası kesilmiştir; Hamd, âlemlerin Rabbi olan Allâh'a aittir...**

Bilgi:
Gavs-ı Â'zâm Abdülkâdir Geylânî Hazretlerinin öğretmiş olduğu bu duayı teberrüken hazırlamış olduğumuz bu kitaba ekliyoruz...

Her devirde başı sıkışanların ruhaniyetinden medet umdukları **Gavs-ı Â'zâm Abdülkâdir Geylânî**'nin, bütün başı dertte olanlara çok faydalı bir tavsiyesidir bu dua. **Sabah akşam yedişer kere** okunması kifayet eder... İnşâAllâh bu duadan istifâde edenlerden oluruz.

49

◆

BAZI NAMAZ SÛRELERİ VE DUALARI

SUBHANEKE

"Subhanekellâhümme ve Bi-Hamdike ve tebârekesmüke ve teâlâ ceddüke (ve celle senâuke) ve lâ ilâhe ğayrüke."

Anlamı:

"Allâh'ım! Hamdinle Subhansın!.. Senin ismin mübarektir!.. Senin şânın âlidir!.. (Senin senân -ihsa edilemez- yücedir!..) Senin gayrın ULÛHİYET sahibi de yoktur."

◆ ◆ ◆

ET-TEHİYYÂTÜ

"Ettehıyyatu lillâhi vassalevâtu vattayyibâtu, esSelâmu aleyke eyyuhennebiyyu ve rahmetullâhi ve berakâtuhu, esSelâmu aleynâ ve a'la i'badillahissalihiyn, eşhedu en lâ ilâhe illAllâhu,

♦ BAZI NAMAZ SÛRELERİ VE DUALARI

ve eşhedu enne Muhammeden abduhû ve Rasûluhu."

Anlamı:
"Bütün tâzimler, dua ve talepler ile en temiz ibadetler Allâh için olup, O'nun ULÛHİYET hükmüncedir. Ey Nebi! Selâm, Allâh'ın Rahmeti ve bereketi senin üzerine olsun!.. Selâm, bizim ve Allâh'ın sâlih kullarının üzerine de olsun!.. Şahidim ki: Tanrı yoktur, sadece ALLÂH vardır!.. Ve yine şahidim ki: Hz. MUHAMMED O'nun kulu ve Rasûlüdür!.."

♦ ♦ ♦

SALÂVATLAR (SALLİ – BARİK)

"Allâhümme salli alâ Muhammedin ve alâ âli Muhammedin kemâ salleyte alâ İbrahime ve alâ âli İbrahim, inneke Hamiydun Meciyd.

Allâhümme barik alâ Muhammedin ve alâ âli Muhammedin kemâ barekte alâ İbrahime ve alâ âli İbrahim, inneke Hamiydun Meciyd."

Anlamı:
Allâh'ım! İbrahim'e ve Âl-u İbrahim'e salât ettiğin gibi, Muhammed'e ve Âl-u Muhammed'e de salât et!.. Muhakkak ki sen, Hamiyd ve Meciydsin...

Allâh'ım! İbrahim'i ve Âl-u İbrahim'i mübarek kıldığın gibi, Muhammed'i ve Âl-u Muhammed'i de mübarek kıl!.. Muhakkak ki sen, Hamiyd ve Meciydsin...

'ASR SÛRESİ (103. Sûre)

"Eûzü Billâhi mineş şeytânir raciym"

"B"ismillâhir Rahmânir Rahıym

(1) **Vel 'asri;** (2) **İnnel İnsâne le fiy husrin;** (3) **İlelleziyne âmenû ve amilus sâlihâti ve tevâsav bil Hakkı ve tevâsav Bis Sabr.**

Anlamı:

1. Yemin ederim O Asra (içinde akıp giden insan ömrüne) ki,
2. Muhakkak ki insan, hüsran içindedir!
3. Ancak (hakikatlerine) iman edip imanın gereğini uygulayanlar, birbirlerine Hak olarak tavsiye edenler ve birbirlerine Sabrı tavsiye edenler hariç!

FİYL SÛRESİ (105. Sûre)

"Eûzü Billâhi mineş şeytânir raciym"

"B"ismillâhir Rahmânir Rahıym

(1) **Elem tera keyfe fe'ale Rabbüke Bi ashâbil fiyl;** (2) **Elem yec'al keydehüm fiy tadliyl;** (3) **Ve ersele aleyhim tayren ebâbiyl;** (4) **Termiyhim Bi hıcâretin min sicciyl;** (5) **Fece'alehüm ke'asfin me'kûl.**

Anlamı:

1. Görmedin mi Rabbin nasıl yaptı, ashab-ı fil'e?
2. Onların tuzaklarını boşa çıkarmadı mı?
3. İrsâl etti üzerlerine tayrân ebabil'i (Ebabil kuşları).
4. Atıyorlardı onlara, kurumuş çamurdan taşlarını.
5. Nihayet onları yenmiş ekin yaprağı gibi kıldı.

◆ BAZI NAMAZ SÛRELERİ VE DUALARI

KUREYŞ SÛRESİ (106. Sûre)

"Eûzü Billâhi mineş şeytânir raciym"

"B"ismillâhir Rahmânir Rahıym

(1) Li iylâfi Kureyşin; (2) İylâfihim rıhleteş şitâi vas sayf; (3) Felya'budû Rabbe hâzelBeyt; (4) Elleziy at'amehüm min cû'ın ve âmenehüm min havf.

Anlamı:
1. Kureyş'in ülfet ve hürmete mazhariyeti için,
2. Kış ve yaz seferinde rahat ve ülfetleri için.
3. Bu Beyt'in Rabbine (tevhid ehli olarak) **kulluk etsinler!**
4. O ki, onları açlıktan doyurdu ve korkudan emin etti.

MÂÛN SÛRESİ (107. Sûre)

"Eûzü Billâhi mineş şeytânir raciym"

"B"ismillâhir Rahmânir Rahıym

(1) Eraeytelleziy yükezzibü Bid diyn; (2) Fezâlikelleziy yeduul yetiym; (3) Ve lâ yehuddu 'alâ ta'âmil miskiyn; (4) Feveylün lil musalliyn; (5) Elleziyne hüm 'an Salâtihim sâhûn; (6) Elleziyne hüm yurâun; (7) Ve yemne'ûnel mâ'ûn.

Anlamı:
1. Gördün mü dinini (Sünnetullâh'ı) **yalanlayan şu kimseyi?**
2. İşte o, yetimi azarlayıp iter-kakar,
3. Yoksulları doyurmaya teşvik etmez (cimri, bencil)!
4. Vay hâline o (âdet diye) **namaz kılanlara ki;**
5. Onlar, (iman edenin mi'râcı olan) **salâtlarından** (okunanların mânâsını yaşamaktan) **kozalıdırlar** (gâfildirler)!
6. Onlar gösteriş yapanların ta kendileridirler!
7. Hayrı da engellerler!

BAZI NAMAZ SÛRELERİ VE DUALARI ♦

KEVSER SÛRESİ (108. Sûre)

"Eûzü Billâhi mineş şeytânir raciym"

"B"ismillâhir Rahmânir Rahıym

(1) İnnâ a'taynâkel Kevser; (2) Fe salli li Rabbike venhar; (3) İnne şânieke hüvel'ebter.

Anlamı:
1. Muhakkak ki biz verdik sana O Kevser'i!
2. O hâlde Rabbin için salâtı yaşa ve kurbanı (benlik) kes!
3. Muhakkak ki sana hıncı olan var ya, asıl odur ebter (soyu kesik)!

KÂFİRÛN SÛRESİ (109. Sûre)

"Eûzü Billâhi mineş şeytânir raciym"

"B"ismillâhir Rahmânir Rahıym

(1) Kul yâ eyyühel kâfirûn; (2) Lâ a'budu mâ ta'budûn; (3) Ve lâ entüm 'âbidûne mâ a'bud; (4) Ve lâ ene 'abidün mâ 'abedtüm; (5) Ve lâ entüm 'âbidûne mâ a'bud; (6) Leküm diynüküm ve liye diyn.

Anlamı:
1. De ki: "Ey hakikat bilgisini inkâr edenler!"
2. "Sizin tapındığınıza (Nefsi emmârenize - bağırsak beyninize) ben tapınmam!"
3. "Siz de benim ibadet ettiğime abidler (ibadet eden kullar) değilsiniz."
4. "Sizin tapındıklarınıza ben abid (ibadet eden kul) değilim."

♦ BAZI NAMAZ SÛRELERİ VE DUALARI

5. "Siz de benim kulluk ettiğime abidler (kullar) değilsiniz."
6. "Sizin din (anlayışınız) size, benim din (anlayışım) banadır!"

NASR SÛRESİ (110. Sûre)

"Eûzü Billâhi mineş şeytânir raciym"

"B"ismillâhir Rahmânir Rahıym
(1) İzâ câe nasrullahi velfeth; (2) Ve raeytenNâse yedhulûne fiy diynillâhi efvâcâ; (3) Fesebbıh BiHamdi Rabbike vestağfirHU, inneHU kâne Tevvâbâ.

Anlamı:
1. **Nasrullâh** (Allâh nusreti) **ve el Feth** (mutlak açıklık-şuur bakışı) **geldiğinde,**
2. **İnsanları öbek öbek Allâh'ın dinine girer** (Allâh sistemine uyar) **hâlde gördüğünde,**
3. **Rabbinin Hamdi olarak tespih et ve O'ndan mağfiret dile! Muhakkak ki O, Tevvab'dır.**

TEBBET SÛRESİ (111. Sûre)

"Eûzü Billâhi mineş şeytânir raciym"

"B"ismillâhir Rahmânir Rahıym
(1) **Tebbet yedâ ebiy lehebin ve tebbe;** (2) **Ma ağnâ 'anhü maluhû ve mâ keseb;** (3) **Seyaslâ nâren zâte leheb;** (4) **Vemraetüh * hammâletel hatab;** (5) **Fiy ciydiha hablün min mesed.**

BAZI NAMAZ SÛRELERİ VE DUALARI ◆

Anlamı:
1. Ebu Leheb'in elleri kurusun... Kurudu da!
2. Ne zenginliği ve ne de kazandığı ona fayda vermedi!
3. Alevli bir ateşe maruz kalacaktır (o)!
4. Onun karısı da... Odun hamalı olarak!
5. Boynunda hurma lifinden bir ip olduğu hâlde!

İHLÂS SÛRESİ (112. Sûre)

"Eûzü Billâhi mineş şeytânir raciym"

"B"ismillâhir Rahmânir Rahıym
(1) Kul HUvAllâhu Ehad; (2) Allâhus Samed; (3) Lem yelid ve lem yûled; (4) Ve lem yekün leHÛ küfüven ehad.

Anlamı:
1. De ki: "HÛ Allâh EHAD'dır! (son-sınır kavramsız TEK'tir)"
2. "Allâh SAMED'dir (Som, kendisine bir şey eklenmesi, genişlemesi ya da kendisinden bir şey açığa çıkması söz konusu olmayan);"
3. "Doğurmamış ve doğurulmamıştır; (kendisinden varolmuş, meydana gelmiş, ikinci bir yapı yoktur ve kendisini var eden de yoktur)"
4. "O'na hiçbir küfuv (denk) olmadı! (hiçbir düşünülen O'na denk özellikler açığa çıkaramaz)"

50

◆

VEDA

Programımızda olmadığı hâlde, çok değerli bazı yakın dostlarımızın ısrarları üzerine, on beş gün evvel başladığımız bu kitapta da Allâh bizi mahçup etmedi ve lütfu inayeti ile tamamlamayı nasip etti...

DUA VE ZİKİR'in ne olduğunu; önemini, ihmal edenlerin neler kaybedeceğini; değerlendirenlerin neler kazanacağını, yarının neslinin anlayacağı bir biçimde ancak sen yazabilirsin; diye ısrar eden bu dostları kırmak asla mümkün olamazdı... Lütfu ve keremi sonsuz Allâh'a sığınıp daktiloyu aldık önümüze ve başladık...

Şayet DUA ve ZİKİR'in ne olduğunu, neden olduğunu ve nasıl olması gerektiğini açıklamayı başarabildiysek; bu sadece Allâh istediği ve muvaffak kıldığı; insanların bu bilgilere ulaşmasını murad ettiği içindir!

Başarılı olamadıysak, kusur elbette bizim yetersizliğimizdendir... İyi niyetimiz gözönüne alınarak, kusurlarımız bağışlana...

Arş'ın ve Âlemlerin Aziym ve Keriym Rabbi olan Allâh'tan niyaz ederim ki; Habibi Muhammed Mustafa AleyhisSelâm hürmetine, bu ilmin yazılmasına vesile olan fakire, okuyana, okunmasına vesile olanlara indînden rahmet ihsan eyleye, "iman ve marifet nûru" bağışlaya, sadık yakîne erdire, her türlü tefrika ve nifaktan muhafaza eyleye!.. İlmince Rasûlüne salât ve selâm eyleye bizim tarafımızdan.

Allâh cümlemize bu kitabı değerlendirenlerden olmayı nasip etsin!.

Amin... Amin... Amin...

Ahmed HULÛSİ
22 Eylül 1991, Antalya

AHMED HULÛSİ KİMDİR? AMACI NEDİR?

Değerli okurum;

Ahmed Hulûsi kimdir, amacı nedir diye çok merak ediliyor... Çok özetle anlatalım...

21 Ocak 1945 tarihinde İstanbul, Cerrahpaşa'da dünyaya gelmiş bulunan çocuğa annesi **Ahmed**, babası da **Hulûsi** adlarını koymuşlar.

18 yaşına kadar Hazreti **Muhammed**'i dahi tanımayan bir zihniyetle yalnızca bir yaratıcıya inanmış ve **Din** konusundaki her sorusuna karşılık olarak *"sen bunları sorma, sadece denileni yap"* cevabını aldığı için de, hep **din** dışı yaşamıştır çevresindekilere göre!

Babasının vefatından üç gün sonra 10 Eylül 1963 günü annesinin ısrarıyla gittiği Cuma namazında, içine gelen bir ilhamla Din konusunu tüm derinlikleriyle araştırma kararı almış, o günden sonra beş vakit namaza başlamış ve abdestsiz dolaşmamaya karar vermiştir.

Din konusuna önce Diyanet'in yayınladığı on bir ciltlik **Sahihi Buhari** tercümesini, sonra tüm **Kütübi Sitte**'yi ve Rahmetli **Elmalılı**'nın **"Hak Dini"** isimli tefsirini okuyarak girmiştir. İki yıla yakın bir süre zâhir ilimleri itibarıyla olabildiğince geniş kaynakları incelemiş, yoğun riyâzatlar ve çalışmalarla kendini tasavvufa vermiş; ilk kitaplarını 1965 yılında yazdıktan sonra **kendindeki açılım ve hissedişleri** 1966 yılında yazdığı **TECELLİYÂT** isimli kitabında yayınlamıştır. Bu kitap onun 21 yaşındaki bakış açısını ve değerlendirmelerini ihtiva etmesi itibarıyla geçmiş yaşamı hakkında önemli bir değerlendirme kaynağıdır. 1965 yılında tek başına hacca gitmiş ve hayatı boyunca kendi yolunda hep tek başına yürümüştür!

Prensibi, **"kimseye tâbi olmayın, kendi yolunuzu kendiniz çizin, Rasûlullâh öğretisi ışığıyla"** olmuştur.

1970 yılında AKŞAM Gazetesi'nde çalışırken RUH ve ruh çağırmalar konusunu incelemeye almış ve bu konuda Türkiye'de konusunda ilk ve tek kitap olan **"RUH, İNSAN, CİN"**i yayınlamıştır.

Kurân'daki **"dumansız ateş"** ve **"gözeneklere nüfuz eden ateş"** uyarılarının **"ışınsal enerjiye"** işaret ettiğini keşfetmesinden sonra, **Kurân**'ın işaret yollu açıklamalarını değerlendiren, bundan sonra dinsel anlatımdaki işaretlerin bilimsel karşılıklarını deşifre etmeye çalışan **Ahmed Hulûsi**, bu alanda ilk çalışmasını 1985 yılında **"İNSAN ve SIRLARI"** isimli kitabında açıklamıştır.

Daha sonraki süreçte **Kurân**'da kelimeler bazında yaptığı çalışmalarla keşfettiği gerçekleri hep çağdaş bilgilerle bütünleştirmiş; kendisini, **"DİN"** olayını, **ALLÂH** adıyla işaret edilen tamamen entegre bir Sistem ve Düzen'i temeline oturtarak, Hazreti **Muhammed** (AleyhisSelâm)'ın neyi anlatmak istediğini **"OKU"** maya vermiştir. Bu yolda edindiği bilgilerin bir kısmını kitapları ve internet aracılığıyla da toplumla paylaşmıştır.

<u>**İslâm Dini'ni, Kur'ân-ı Kerîm, Kütübi Sitte** (altı önde gelen kitap) **hadisleri temelinde**</u> kabul ederek inceleyen, geçmişteki ünlü tasavvuf sîmalarının çalışmalarını değerlendirerek **gereklerini yaşadıktan sonra,** bunları <u>**günümüz ilmiyle de birleştirerek değerlendiren ve mantıksal bütünlük içinde BİR SİSTEM olarak açıklayan**</u> Ahmed Hulûsi, insanların, kişiliğiyle değil, düşünceleriyle ilgilenmesini istemektedir.

Çünkü, bu alanda tek örnek Hazreti Muhammed'dir!

Basit beyinler yaşamlarını, kişiliklerle ve doğal sonucu olarak dedikodu ve gıybetle tüketirlerken; gelişmiş beyinler, fikirlerle ve düşünce dünyasının verileriyle ömürlerini değerlendirirler!

Bu nedenledir ki, **Ahmed Hulûsi** kendisini ön plana çıkartmamakta, kitaplarına 40 yıla yakın zamandır **"soyadını"** koymamaktadır; insanların şu veya bu şekilde çevresinde bir halka oluşturmaması için... Bugün dahi, görüştüğü çok az sayıda insan vardır. Bu yüzden aşırı boyutlarda tepki almasına rağmen bu konudaki tutumunu ısrarla sürdürmektedir.

Anadolu'nun beş-altı yerinde bazı kişilerin kendilerini *"Ahmed Hulûsi benim"* şeklinde tanıtıp, çevrelerine insanlar toplayıp, onlardan maddi menfaat toplama girişimlerini duyunca da, kitaplarına resim koymak zorunda kalmış, bu suretle söz konusu sahtekârlığı önlemiştir.

Sürekli Sarı Basın Kartı sahibi gazeteci **Ahmed Hulûsi**, bu alan dışında profesyonel olarak hiçbir işle uğraşmamış, **hiçbir teşkilat, dernek, parti, cemaat üyesi olmamıştır**. Bütün yaşamı, **çağdaş bilimler-İslâm-Tasavvuf** araştırmalarıyla devam etmiş, **kitap ve yazılarıyla, sesli ve görüntülü sohbetlerinin tamamını internet üzerinden okuyucularına ücretsiz ve tam metin olarak indirilebilir şekilde yayınlamış İLK yazardır.** Tüm düşünce ve bakış açılarıyla beklentisiz olarak apaçık ortadadır!

28 Şubat öncesi şartlar dolayısıyla, eşi **Cemile** ile önce Londra'da bir yıl yaşayan **Ahmed Hulûsi**, 1997 yılında Amerika'ya yerleşmiş ve hâlen orada yaşamını sürdürmektedir.

Mevcut bilgileri ışığında, tamamen insanlardan uzak kendi *"köy"*ünde yaşamayı tercih edip, herkese, orijinal kaynaklara göre **Rasûlullâh'ı ve Kurân'ı aracısız olarak yeniden değerlendirmeyi** tavsiye etmektedir!

Zira, Hazreti **Muhammed**'in açıkladığı **SİSTEM**'e göre, *"DİN ADAMI"* diye bir sınıf asla söz konusu değildir! Her fert direkt olarak **Allâh Rasûlü**'nü muhatap alıp O'na göre yaşamına yön vermek zorundadır! Tâbi olunması zorunlu tek kişi, **ALLÂH Rasûlü MUHAMMED MUSTAFA** AleyhisSelâm'dır. O'nun dışındaki tüm kişiler istişari mahiyetteki kişilerdir ve yorumları kimseyi bağlamaz!

Herkes yalnızca **Allâh Rasûlü** ve **KUR'ÂN** bildirilerinden me'sûldür! Bunun dışında kalan tüm veriler kişilerin göresel yorumlarıdır ve kimseyi **BAĞLAMAZ!**

İşte bu bakışı dolayısıyla da **Ahmed Hulûsi** insanların kendi çevresinde toplanmasını veya kendisine tâbi olmasını kesinlikle istememektedir. Anlattıklarının sorgulanmasını, araştırılmasını tavsiye etmektedir. Bana inanmayın, yazdıklarımın doğruluğunu araştırın demektedir!.. Bu yüzden de insanlardan uzak yaşamayı tercih etmektedir.

Bu bakışı dolayısıyladır ki, Ahmed Hulûsi'nin ne bir tarikatı vardır, ne bir cemiyeti ve ne de herhangi bir isimle anılan topluluğu!

Ahmed Hulûsi, çeşitli çevrelerce **kendisine yakıştırılan her türlü pâye, ünvan ve etiketlerden berîdir! O, sadece Allâh kuludur!**

Kimseden **maddi veya siyasî, ya da manevî** bir beklentisi olmayıp, yalnızca **kulluk ve bir insanlık borcu** olarak **bilgilerinin bir kısmını okuyucularıyla paylaşmaktadır.**

Ahmed Hulûsi, yalnızca...

Düşünebilen beyinlerle düşüncelerini paylaşmaya çalışan bir düşünürdür!

Hepsi, bundan ibaret!

Hiçbir yazılı, sesli veya görüntülü eserinin TELİF HAKKI OLMAYAN yazarın eserleri, pek çok değerlendiren tarafından orijinaline uygun olarak bastırılıp, karşılıksız olarak çevrelerine dağıtılmaktadır... Bugün milyonlarca ailenin evinde **Ahmed Hulûsi** imzalı eserlerin var olması, onun için yeterli şereftir.

Bu konulardaki detaylı çalışmaları aşağıdaki bazı internet sitelerinden inceleyebilir, dilediklerinizi tümüyle kendi bilgisayarınıza indirebilirsiniz.

www.ahmedhulusi.org
www.okyanusum.com
www.allahvesistemi.org

Sonuç olarak şunu vurgulayayım...
Herkesin görüşü kendi bilgi tabanının sonucu kadardır! **Bu eserleri kendiniz değerlendirmeye çalışın! Yazarla değil, yazılanla ilgilenin.** Sizlere karşılıksız olarak verilen bu **Allâh hibesi ilmi** hakkıyla inceleyin.

<u>**Ebedî yaşamınıza yön verebilecek düzeyde Allâh ve Sistemi'ni (Sünnetullâh'ı) anlatan**</u> bu eserler umarım sizlere yeni ufuklar açar.

Saygılarımla,
AHMED HULÛSİ

AHMED HULÛSİ'NİN DİĞER KİTAPLARI

1. MANEVÎ İBADETLER REHBERİ, 1965
2. EBU BEKİR ES SIDDÎK, 1965
3. TECELLİYÂT, 1967
4. RUH İNSAN CİN, 1972
5. İNSAN VE SIRLARI (1-2), 1986
6. DOST'TAN DOSTA, 1987
7. HAZRETİ MUHAMMED'İN AÇIKLADIĞI ALLÂH, 1989
8. EVRENSEL SIRLAR, 1990
9. Gavsı Â'zâm ABDULKÂDİR GEYLÂNÎ "GAVSÎYE" AÇIKLAMASI, 1991
10. DUA VE ZİKİR, 1991
11. HAZRETİ MUHAMMED NEYİ "OKU"DU?, 1992
12. AKIL VE İMAN, 1993
13. MUHAMMED MUSTAFA (a.s.) (1-2), 1994
14. KENDİNİ TANI, 1994
15. TEK'İN SEYRİ, 1995
16. İSLÂM, 1996
17. İSLÂM'IN TEMEL ESASLARI, 1997
18. OKYANUS ÖTESİNDEN (1-2-3), 1998
19. SİSTEMİN SESLENİŞİ (1-2), 1999
20. "DİN"İN TEMEL GERÇEKLERİ, 1999
21. CUMA SOHBETLERİ, 2000
22. MESAJLAR, 2000
23. YAŞAMIN GERÇEĞİ, 2000
24. BİLİNCİN ARINIŞI, 2005
25. B'SIRRIYLA İNSAN VE DİN, 2005
26. YENİLEN, 2007
27. ALLÂH İLMİNDEN YANSIMALARLA KUR'ÂN-I KERÎM ÇÖZÜMÜ, 2009

- Ahmed Hulûsi'nin tüm eserlerine ulaşmak için **www.ahmedhulusi.org**
- Ahmed Hulûsi'nin tüm eserleri KİTSAN'dan temin edilebilir.

AHMED HULÛSİ'NİN SESLİ SOHBETLERİ

1. İNSANIN GERÇEĞİ
2. İNSAN VE ÖLÜM ÖTESİ-1
3. İNSAN VE ÖLÜM ÖTESİ-2
4. OKUMAK
5. KORUNMAK İÇİN
6. AMENTÜ-1
7. AMENTÜ-2
8. İSLÂM
9. GERÇEKÇİ DÜŞÜNCE
10. AKIL VE İMAN
11. TEKLİĞE GİRİŞ
12. TEKLİĞİN ESASLARI
13. Mİ'RÂC
14. RUH İNSAN CİN MELEK
15. KADİR GECESİ
16. HALİFETULLÂH
17. NEFS NEDİR?
18. BİLİNCİN ARINIŞI
19. ÖZ'ÜN SEYRİ
20. TEK'İN TAKDİRİ
21. ÜST MADDE
22. KAZA VE KADER-1
23. KAZA VE KADER-2
24. KADER VE ASTROLOJİ

◆ Ahmed Hulûsi'nin tüm eserlerine ulaşmak için **www.ahmedhulusi.org**
◆ Ahmed Hulûsi'nin tüm eserleri KİTSAN'dan temin edilebilir.

AHMED HULÛSİ'NİN VİDEO SOHBETLERİ

1. DOSTÇA BİR SÖYLEŞİ
2. "TANRI" MI "ALLÂH" MI
3. ALLÂH'I TANIYALIM-1
4. ALLÂH'I TANIYALIM-2
5. SOHBET
6. HAKİKAT
7. UYANIŞ+ÜST MADDE
8. DOST'TAN DOST'A
9. RUH CİN MELEK
10. SORULAR VE CEVAPLAR
11. KAZA VE KADER
12. KADER VE ASTROLOJİ
13. İZMİR KONFERANSI
14. ANTALYA KONFERANSI
15. ANTALYA FALEZ SOHBETİ

◆ Ahmed Hulûsi'nin tüm eserlerine ulaşmak için **www.ahmedhulusi.org**
◆ Ahmed Hulûsi'nin tüm eserleri KİTSAN'dan temin edilebilir.

AHMED HULÛSİ'NİN TV SOHBETLERİ
(EXPO CHANNEL)

1. SELÂM
2. SÜNNET
3. KURÂN'IN RUHU
4. 'B' SIRRI
5. BİSMİLLÂH
6. ALLÂH'İ İMAN
7. KİLİTLENMİŞLİK
8. İSİMLER
9. NEYİ 'OKU'DU
10. SÜNNETULLÂH
11. DİN ADINA
12. MUHAMMED FARKI
13. ÖLÜM
14. İBADET
15. NAMAZ
16. İLİM-İRADE-KUDRET
17. TANRI MERKEZLİ
18. RUHLAR
19. REENKARNASYON
20. SİSTEM
21. ORUÇ VE ZEKÂT
22. BEYİN-DUA
23. HAC
24. KADİR
25. AKIL-İMAN
26. KANMAYIN
27. FAYTONCU
28. MUHAMMEDÎ
29. HAZİNE
30. VEDA

- Ahmed Hulûsi'nin tüm eserlerine ulaşmak için **www.ahmedhulusi.org**
- Ahmed Hulûsi'nin tüm eserleri KİTSAN'dan temin edilebilir.

AHMED HULÛSİ'NİN YABANCI DİLLERE ÇEVRİLMİŞ KİTAPLARI

1. HAZRETİ MUHAMMED'İN AÇIKLADIĞI ALLÂH
   İngilizce, Almanca, Fransızca, İspanyolca, Rusça, Azerice, Arnavutça
2. İSLÂM
   İngilizce, Almanca, Fransızca, İspanyolca, Rusça, Azerice, Arnavutça
3. SİSTEMİN SESLENİŞİ 1-2
   İngilizce, Almanca, Fransızca
4. DİN'İN TEMEL GERÇEKLERİ
   İngilizce, Almanca, Fransızca
5. YAŞAMIN GERÇEĞİ
   İngilizce, Almanca, Fransızca
6. DOST'TAN DOSTA
   İngilizce, Fransızca
7. EVRENSEL SIRLAR
   İngilizce, Fransızca
8. MESAJLAR
   İngilizce, Fransızca
9. TECELLİYÂT
   İngilizce
10. RUH İNSAN CİN
    İngilizce
11. DUA VE ZİKİR
    Almanca
12. İSLÂM'IN TEMEL ESASLARI
    Azerice

Ahmed Hulûsi'nin eserlerinde yer alan kavramlara ilişkin eserler;
Ahmed Hulûsi'de KAVRAMLAR (A'dan-Z'ye), **Av. Asuman Bayrakçı**
www.allahvesistemi.org

NOTLAR